Cerámica común en la Gallaecia romana

Estudio y sistematización crono-tipológica basada en tres yacimientos del área de Lugo

SARA BARBAZÁN DOMÍNGUEZ

BAR INTERNATIONAL SERIES 3100 | 2022

Published in 2022 by
BAR Publishing, Oxford, UK

BAR International Series 3100

Cerámica común en la Gallaecia romana

ISBN 978 1 4073 6019 5 paperback
ISBN 978 1 4073 6020 1 e-format

DOI https://doi.org/10.30861/9781407360195
A catalogue record for this book is available from the British Library

COVER IMAGE *Common pottery from the Roman period of the hillforts of Viladonga and Agra dos Castros (Lugo, Spain) / Cerámica común de época romana de los castros de Viladonga y Agra dos Castros (Lugo, España).*

BAR titles are available from:

BAR Publishing
122 Banbury Rd, Oxford, OX2 7BP, UK
info@barpublishing.com
www.barpublishing.com

OTROS TEXTOS DE INTERÉS

De íberos a romanos
Poblamiento y territorio en el Sureste de la Península Ibérica (siglos IV a.C.-III d.C.)
Leticia López-Mondéjar
BAR International Series **2930** | 2019

Links to Late Antiquity
Ceramic exchange and contacts on the Atlantic Seaboard in the 5th to 7th centuries AD
Maria Duggan
BAR British Series **639** | 2018

Poblamiento ibérico (ss V-III a.n.e.) en el sureste de la península ibérica
Nuevos datos para el estudio a través de la arqueología del paisaje
Francisco Ramos Martínez
BAR International Series **2903** | 2018

Vida y muerte en el asentamiento del Neolítico Antiguo de El Prado (Pancorbo, Burgos)
Construyendo el Neolítico en la Península Ibérica
Edited by Carmen Alonso-Fernández
BAR International Series **2876** | 2017

La aparición de la tecnología cerámica en la región cantábrica
Miriam Cubas
BAR International Series **2566** | 2013

La cerámica medieval de la Basílica de Santa María de Alicante
Arqueología, arquitectura y cerámica de una excavación arqueológica insólita en España
José Luis Menéndez Fueyo
BAR International Series **2378** | 2012

Clasificación tipológica de la cerámica del yacimiento de la Edad del Bronce de la Motilla del Azuer (Ciudad Real, España)
Sergio Fernández Martín
BAR International Series **2377** | 2012

Learning Technology: Cultural Inheritance and Neolithic Pottery Production in the Alcoi Basin, Alicante, Spain
Sarah B. McClure
BAR International Series **2300** | 2011

Secuencias de cambio social en una región mediterránea
Análisi sarqueológico de la depressión de Vera (Almeria) entre los siglos V y XI
Montserrat Menasanch de Tobaruela
BAR International Series **1132** | 2003

For more information, or to purchase these titles, please visit **www.barpublishing.com**

Agradecimientos

La realización de esta investigación ha sido un camino arduo y complejo que no se podría haber llevado a cabo sin el apoyo y la ayuda de muchas personas. Me gustaría expresar un sincero agradecimiento al profesor José Manuel Caamaño Gesto, que lamentablemente ya no se encuentra con nosotros, y al profesor Eduardo Ramil Rego, por el apoyo, el asesoramiento y la formación facilitada durante el transcurso de toda esta investigación. Quisiera extender este agradecimiento al profesor Francisco Javier González García, por la ayuda prestada en la gestión de todos los trámites administrativos necesarios para llevar a cabo este trabajo.

Agradecer asimismo a todas las instituciones y profesionales que han facilitado el acceso a las colecciones estudiadas y han proporcionado la documentación administrativa que se ha usado como apoyo para la investigación, de manera especial quisiera mencionar al Museo de Arqueología del Castro de Viladonga y a todas las personas que trabajan en él por abrirnos las puertas de su institución y facilitarnos el trabajo en la medida de lo posible y a los arqueólogos Roberto Bartolomé Abraira y Emilio Ramil González por poner a mi disposición los informes y memorias técnicas de los yacimientos estudiados. Desde una óptica profesional, pero también personal, quiero agradecer al Museo de Arqueología y Prehistoria de Vilalba el apoyo que me ha brindado todos estos años, proveyendo todos los recursos necesarios para que pudiera completar mi formación dentro del ámbito de la arqueología y la investigación, constituyéndose como un apoyo incondicional para que esta investigación pudiera llevarse a cabo.

Quisiera expresar también un cálido agradecimiento a la profesora Manuela Martins por su supervisión, acogida y buena disposición en el desempeño de la estancia de investigación que realicé en Braga a través de la Beca *Iacobus*, y también a todos los compañeros de la Unidade de Arqueología de la Universidade do Minho, en especial a Fernanda Magalhães por la ayuda que me prestó y que sigue prestando a nivel profesional y también personal, para el desarrollo de esta investigación.

También quiero agradecer a toda mi familia el apoyo ofrecido durante estos años, en especial a mis padres por el soporte que han sido desde todos los puntos de vista, ellos, que siempre han estado a mi lado apoyándome y animándome a seguir adelante, son los auténticos mecenas de esta investigación. Sin ellos este trabajo nunca habría sido posible. También quisiera agradecer a todos los amigos que me han ayudado, animado y escuchado con paciencia y cariño a lo largo de estos años y, en especial, quisiera agradecer a mi pareja, Hugo Lozano, compañero también de profesión, por el apoyo que siempre me ha prestado, animándome a no rendirme y perseguir el sueño de la arqueología y facilitándome siempre todo lo que estaba en su mano, e incluso lo que no, para que pudiera realizarlo.

Por último, quiero expresar mi más profundo agradecimiento al equipo editorial del *BAR Publishing* por brindarme la oportunidad de publicar este trabajo y por acompañarme y asesorarme a lo largo del arduo proceso editorial.

Indice

Lista de Figuras

Lista de Tablas

Resumen

El objetivo principal de este trabajo es la caracterización de las producciones cerámicas presentes en contextos romanos de yacimientos situados en el entorno de la antigua ciudad romana de *Lucus Augusti*. La cerámica es un recurso muy útil por su gran abundancia y su permeabilidad a los cambios que se producen en una sociedad, por lo que la comprensión de las diferencias entre estas colecciones puede ayudar a interpretar las transformaciones que se produjeron tras la integración de este territorio en el mundo romano. A lo largo de este estudio se aboga por un enfoque basado en un intercambio cultural bidireccional que resultará en una cultura híbrida que tiene su eco en el registro cerámico.

Abordamos el estudio de la cerámica común procedente de los castros de Saa (A Pastoriza), Agra dos Castros (Marcelle) y Viladonga (Castro de Rei). Se trata de tres lugares que se encuentran a diferentes distancias de la ciudad y tienen ocupaciones en periodos distintos comprendidos entre el s. I a.C. y el s. V d.C. Se procede al análisis de las colecciones poniendo en relación el registro estratigráfico con la clasificación tipológica para intentar acotar la cronología de las ocupaciones. Finalmente se analizan todos estos materiales en conjunto, estudiando los aspectos formales, tecnológicos y decorativos de las producciones, atendiendo a los debates respecto a la cronología de algunos tipos, el lugar de fabricación o su expansión. Este análisis pormenorizado se pone en valor con otros trabajos realizados en el mismo ámbito.

A través de la caracterización de estas producciones se construye una visión complementaria de las distintas realidades de los castros dentro de este territorio, observando como la proximidad a los núcleos romanos y el paso del tiempo aumentan la influencia romana en los asentamientos.

Abstract

The main goal of this thesis is the characterization of the pottery productions present in Roman contexts of sites surrounding the ancient Roman city of *Lucus Augusti*. Pottery is a very useful resource due to its great abundancy and permeability to changes taking place in a society, therefore, the comprehension of the differences between these collections can help to understand the transformations generated after the integration of this territory into the Roman World. Throughout this study we advocate for a focus based on a cultural bidirectional interchange that will result in a hybrid culture with echoes in the ceramic register.

We tackle the study of common pottery from the hillforts of Saa (A Pastoriza), Agra dos Castros (Marcelle) and Viladonga (Castro de Rei). Those three are places situated at different distances from the city and with occupations at different time periods between the 1st century BC and 5th century AD. The analysis of the collections links the stratigraphic register with the typological classification to try to narrow the chronology of the occupations. Finally, all the materials are analyzed altogether, studying the formal, technological, and decorative aspects of the productions, paying attention to debates regarding the chronology of some types, instead of the fabrication or its expansion. This detailed analysis is put in value with other works realized on the same field.

Through the characterization of these productions is constructed a complementary vision of the different realities of the hillforts inside this territory, noticing how the proximity of the Roman nucleus and the pass of time increase the Roman influence in the settlements.

Introducción

Este trabajo tiene como principal objetivo la caracterización de las producciones cerámicas presentes en contextos romanos de yacimientos situados en el área de influencia de la antigua ciudad romana de *Lucus Augusti*. En última instancia, la comprensión de las diferencias entre estos ajuares puede ayudarnos a interpretar las transformaciones que trajeron la conquista e implantación romana en el territorio. Por su gran abundancia y su permeabilidad a los cambios de gustos, modas, etc., la cerámica puede ser un recurso muy útil para detectar estos cambios.

A lo largo de este libro se sintetizará el estudio de los restos cerámicos procedentes de los castros de Saa (A Pastoriza), Agra dos Castros (Marcelle) y Viladonga (Castro de Rei). Se trata de tres lugares diferentes entre sí, que nos permiten construir una visión complementaria de las distintas realidades dentro del territorio y a lo largo del tiempo, ya que se encuentran a diferentes distancias de la ciudad y tienen ocupaciones en periodos distintos comprendidos entre el s. I a.C. y el s. V d.C.

Desde el punto de vista de su estructura este libro podría considerarse dividida en tres partes: una primera de carácter teórico que englobaría los tres primeros capítulos; una segunda comprendida por el análisis pormenorizado de los restos procedentes de los distintos yacimientos y sus contextos de origen recogido a lo largo del capítulo 5 y, por último, la valoración de los resultados de este estudio en relación con otros trabajos realizados en el mismo ámbito, junto con las conclusiones.

La primera parte comprende un capítulo titulado "La aportación del estudio de la cerámica común a la superación del concepto de romanización", en el que sintetizamos brevemente los distintos debates que se han suscitado en las últimas décadas en torno a este concepto como marco interpretativo de las relaciones entre conquistadores y conquistados. En él abogamos por un enfoque basado en un intercambio cultural bidireccional que resultará en una cultura híbrida. Esta hibridación cultural tiene su eco en el registro cerámico a través de recipientes que combinan rasgos propios de la tradición local con innovaciones traídas por los romanos. En base a esta hipótesis de partida se construyen, en los dos siguientes capítulos, una lista de objetivos y una metodología de trabajo que permita alcanzarlos.

El estudio pormenorizado de cada uno de los conjuntos cerámicos se encuentra en el capítulo titulado "Los yacimientos y sus materiales". En él se recogen las características geográficas, espaciales y estratigráficas de cada uno de los yacimientos, así como una breve explicación sobre las intervenciones e investigaciones que en ellos se realizaron. En cada yacimiento se han dividido las colecciones por zonas y producciones poniendo en relación el registro estratigráfico con la clasificación tipológica para intentar acotar la cronología de las ocupaciones.

Los resultados de este estudio se analizan en conjunto en el capítulo titulado "La cerámica común del s. I a.C. al s. V d.C. en castros de la provincia de Lugo", donde la reflexión se centra en las producciones, en términos generales, sin atender a la procedencia de las piezas. El discurso abarca desde aspectos formales y tecnológicos hasta decorativos, sin dejar de lado los principales debates respecto a la cronología de algunos tipos, el lugar de fabricación o su expansión.

Cierran el volumen el capítulo de conclusiones y la bibliografía. Al igual que el resumen previo, el capítulo de conclusiones se agrega también en inglés para la mejor comprensión del libro en el ámbito internacional. El formato elegido para las referencias bibliográficas se basa en el estilo Harvard, optando por los dos apellidos para los autores nacionales, y por un único apellido para los extranjeros. Al existir poca bibliografía respecto a muchas de las intervenciones sobre los yacimientos estudiados, hemos recurrido a documentación administrativa inédita (memorias, informes técnicos, fichas museográficas, etc.) que; no obstante, están a disposición de los investigadores en sus respectivas administraciones. Cada uno de estos documentos está referenciado de manera individual, a excepción de las fichas museográficas del Museo del Castro de Viladonga que hemos englobado bajo una única referencia para evitar multiplicidades.

Aún condicionados por las dimensiones reducidas que establecen las normas de edición, no hemos querido renunciar a las ilustraciones a lo largo del volumen. Por su carácter analítico y su valor intrínseco, se han incluido tantos dibujos de piezas como ha sido posible. Para facilitar las referencias a las figuras la numeración se reinicia en cada capítulo, destinando las últimas páginas de cada capítulo a una selección de fotografías que complementan la información dada en el texto.

Marco Teórico. La aportación del estudio de la cerámica común a la superación del concepto de romanización

En este apartado desarrollamos el marco teórico y conceptual en el que está basada esta investigación. Por un lado, analizaremos el concepto de romanización y su evolución a lo largo del tiempo para, a continuación, revisar la aplicación de este mismo concepto en el marco territorial en el que se inscribe este trabajo, el Noroeste de la Península Ibérica.

Después estableceremos las aportaciones que los estudios de cerámica común pueden hacer al respecto de este tema y definiremos en profundidad qué entendemos por cerámica común y los distintos grupos en los que la dividimos en este trabajo. Por último, repasaremos los estudios de referencia llevados a cabo sobre cerámica común en el Noroeste de la Península Ibérica que nos servirán de base para realizar esta investigación.

2.1. El concepto de romanización y su aplicación en el Noroeste de la Península Ibérica

2.1.1. La romanización entendida como hibridación cultural

La llegada de los romanos al Noroeste de la Península Ibérica supuso numerosos cambios para las sociedades preexistentes en el territorio. El concepto de romanización, que se puede entender como el proceso a través del cual los territorios conquistados se integraron en el Imperio romano, ha sido objeto de debate a lo largo de todo el s. XX (Sánchez Albornoz, 1956; Blázquez Martínez, 1974 y 1975; Hopkins, 1996, Keay, 1996) y parte del XXI (Hales y Hodos, 2010; Mattingly, 2011). A lo largo de los años se ha intentado dar una explicación a cómo Roma integró a estas comunidades dentro de su territorio y, en las últimas décadas (Fernández Ochoa y Morillo Cerdán, 2015; Hales y Hodos, 2010), se ha propuesto el abandono de este concepto en favor de otros que reflejen mejor el mosaico social y cultural que conformó el Imperio Romano.

La pugna tradicional entre las corrientes historiográficas que apuestan por una papel marginal de la Romanidad en la configuración de las sociedades posteriores a la conquista, que permanecerían esencialmente igual que antes de la invasión (Hopkins, 1996), y las que defienden un papel más central de la aculturación y la integración progresiva de las sociedades indígenas en las dinámicas socioeconómicas y políticas del Imperio (Blázquez Martínez, 1974), ha dado paso a un enfoque sincrético que apuesta por el concepto de "intercambio cultural" (Keay, 1996: 19) como marco para entender los procesos de "hibridación cultural" (Hales y Hodos, 2010) que darán como resultado una cultura híbrida, que será la categorización específica para las sociedades resultantes de la mezcla entre la tradición local y la cultura latina.

T. Hodos y S. Hales (2010) plantean la necesidad de contemplar este fenómeno de las culturas hibridas y de delimitar su papel en la percepción de la realidad cultural romana, abogando por la posibilidad de estudiar el proceso de formación de la cultura romana tomando como punto de partida para su edificación a las culturas locales. En este marco, C. Fernández Ochoa (2002, 2007, 2015) también entiende el proceso como un fenómeno que no debió darse de manera homogénea en todo el Imperio debido a las distintas realidades culturales presentes en cada territorio antes de la presencia romana, abogando por el abandono de "modelo único de romanización" (Fernández Ochoa y Morillo Cerdán, 2007), y contemplando la existencia de un fenómeno progresivo y desigual que debe ser analizado siempre desde una perspectiva regional y nunca desde un punto de vista generalista. Para Hingley (1996), la clave explicativa es la naturaleza heterogénea de las culturas regionales que trabajan juntas para formar un sentimiento de unidad cultural superior al mismo tiempo que enfatizan sus diferencias, así se establece una relación de retroalimentación cuando el producto de ese trabajo colectivo vuelve a cada una de las culturas locales y se fusiona con ellas. Todos estos autores, junto con otros (Wolf, 1998), abogan por un proceso de intercambio cultural que fluirá bidireccionalmente, abandonando la perspectiva colonialista que contrapone la visión del conquistador con la del conquistado.

A lo largo de este estudio seguiremos estas líneas de investigación, entendiendo los cambios que se introdujeron en época romana como un fenómeno de intercambio cultural que dará lugar a un proceso de hibridación cultural de carácter regional, entendido como la perduración de las tradiciones anteriores junto con la integración de tradiciones nuevas, constituyendo así un enfoque abierto e integrador a través del cual analizaremos la cultura material presente en estos yacimientos.

2.1.2. El concepto de romanización aplicado al Noroeste de la Península Ibérica

Durante la primera mitad del s. XX se consideró al Noroeste de la Península Ibérica como un lugar cuya romanización era menor respecto a la que se podía observar en otras zonas del Imperio (Sánchez Albornoz, 1956). Algunos autores, como Blázquez Martínez (1975: vol. II, 19-20), concluyen que las estructuras indígenas persisten en la Meseta Central y en el Norte debido a que la administración romana las utilizará para sus fines, mientras que desaparecen al Sur del Guadiana porque no resultan útiles. Según este autor (Blázquez Martínez, 1975: vol. II, 19-20):

> La romanización trajo consigo en la mayor parte de la Península- con las salvedades de las áreas indicadas: a grandes rasgos, desde el Norte del Guadiana hasta el Cantábrico- la desaparición de la vida de tipo indígena, es decir, el cambio de las viejas estructuras políticas, sociales y económicas de los pueblos hispanos por otras nuevas.

A. Balil (1973) realizó la primera revisión a este respecto, comprendiendo la necesidad de cambiar esta idea sobre la romanización del Noroeste a la luz de los testimonios arqueológicos. Es en este momento cuando se comienza a apuntar que la ausencia o la escasez de restos respecto a otras zonas no tendría por qué obedecer a una menor presencia romana en el territorio, sino a la existencia de un modelo de implantación diferente al del mediterráneo, abogando por un mayor protagonismo de la arqueología en el estudio del proceso de romanización y una reinterpretación de los textos clásicos, muchos de ellos sesgados (Fernández Ochoa y Morillo Cerdán, 2007). Hoy en día, la idea del Noroeste como una zona marginal y "no romanizada" ya se encuentra totalmente desfasada (Fernández Ochoa y Morillo Cerdán, 2002 y 2015) debido a las numerosas fuentes que señalan la presencia romana en este territorio.

Dentro de la arqueología del Noroeste, la mayoría de los autores trabajan con el concepto tradicional de romanización (Arias Vilas, 1992a; Suarez Piñeiro, 2006, Fernández Ochoa y Morillo Cerdán, 2015), aunque algunos inciden más en el factor diferencial de la *Gallaecia* indígena (Arias Vilas, 1992a: 25) mientras que otros ponen el acento sobre el legado romano y reivindican su papel frente al menosprecio sufrido desde ciertas corrientes historiográficas (Suarez Piñeiro, 2006: 199). C. Fernández Ochoa y A. Morillo Cerdán (2002), siguiendo el esquema explicado anteriormente en el que el sustrato anterior a la conquista dará como resultado distintos procesos, diferenciarán en el Noroeste varios modelos zonales, distinguiendo principalmente dos: el territorio galaico compuesto por la fachada atlántica y el territorio interior. La primera región estaría conformada por las áreas costeras del norte del Miño y el territorio del norte de Portugal situado entre el Duero y el Miño. Las áreas interiores de Galicia serían Lugo y Orense junto con el norte de Portugal (Tras Os Montes) que comparten rasgos que las acercaran a las áreas montañosas colindantes de Asturias, León y Zamora. Estableciendo así una división entre la costa y el interior apoyada en los restos materiales y las características topográficas del terreno (Fernández Ochoa y Morillo Cerdán, 2002: 269).

Aunque no estamos de acuerdo con la totalidad de estos postulados, sí creemos que los aspectos de algunos de ellos deben ser tenidos en cuenta (Hodos y Hales, 2010; Fernández Ochoa y Morillo Cerdán, 2015). Considerando

que el proceso de hibridación cultural que se produjo en época romana viene marcado por las culturas ya existentes en un territorio, debemos tener en cuenta una serie de condicionantes que pueden diferenciar el proceso que tuvo lugar en esta zona del documentado en otros sitios: Por un lado hay que recordar que en esta zona la conquista fue un acontecimiento tardío (finales del s. I a.C.) si lo comparamos con otros territorios, algo que puede diferenciar los cambios que se introdujeron aquí respecto a los de otros sitios (Fernández Ochoa y Morillo Cerdán, 2002). Por otro lado, hemos de considerar las condiciones topográficas y climáticas de esta zona, diferentes a las de otros territorios y que pueden marcar una distinta adecuación al medio; así como las infraestructuras preexistentes. Respecto a este punto tampoco debemos olvidar la importancia de la navegación con una red comercial atlántica consolidada ya a mediados del s. I d.C. (Fernández Ochoa y Morillo Cerdán, 2002) a través de la cual se importarán y exportarán productos y se establecerá contacto con el resto del mundo romano. Todos estos factores marcarán un proceso diferente y característico en este territorio que deberá ser analizado de manera específica, teniendo en cuenta que las particularidades documentadas se deben más a ausencias que a diferencias patentes.

Para el ámbito de estudio que nos ocupa, hemos decidido descartar un modelo unitario de análisis que estudia la comunidad autónoma de Galicia como un todo y también dejar a un lado la dicotomía norte-sur gallega que considera al sur como un territorio "muy romanizado" respecto al norte "menos romanizado" (Fernández Ochoa y Morillo Cerdán, 2015: 184), intentando no establecer "grados de romanización" basados en prejuicios. Es probable que el estudio que proponemos refute las líneas actuales de investigación que apuntan a un paisaje diverso, constatando que el proceso de hibridación varía dependiendo la zona, la situación geográfica de las áreas estudiadas y la proximidad o no a núcleos urbanos. Consideramos que profundizar en el estudio de las zonas periféricas del Imperio es de vital importancia para entender el proceso de construcción de la cultura romana en su totalidad, ya que será en ellas donde se pueda observar mejor y caracterizar el intercambio cultural que se produjo en esta época. Como ya señalan algunos investigadores (Martins, 1987: 31), este tipo de estudios regionales nos permitirán una evaluación más rigurosa de la evolución de estas comunidades en el noroeste de Hispania y su integración en el mundo romano. Será la suma de los distintos estudios zonales lo que propiciará la construcción de una perspectiva más completa que ayude a entender este proceso en toda su complejidad.

2.2. La cerámica común como factor de intercambio cultural en época romana

C.M. Antonaccio (2010: 35) considera que estudiar la etnicidad exclusivamente a través de los textos significa otorgar primacía al discurso escrito, sabiendo que éste es un discurso fragmentario y a menudo construido por la élite; insuficiente para explicar a toda una sociedad. Por esta razón defiende la posibilidad de encontrar un discurso alternativo en la cultura material partiendo de la premisa de que los objetos retienen ciertas particularidades que pueden proporcionar datos acerca del pueblo que los elaboró o los usó.

Siguiendo esta premisa, el estudio de las colecciones cerámicas halladas en los yacimientos puede suponer un importante avance para comprender lo que supuso la integración de un territorio dentro del mundo romano. La cerámica, uno de los materiales más abundantes en los contextos arqueológicos de época romana, resulta fundamental a la hora de tratar de entender el devenir de estas sociedades:

> Los materiales cerámicos pueden proporcionar tres tipos de información: evidencia para la datación, evidencia distribucional, por ejemplo, relativa al comercio y evidencia para la función o estatus (Orton et al, 1997: 38).

Es por ahondar en estos conocimientos que, dentro de las distintas producciones de cerámica existentes, nos centraremos en el estudio de la cerámica común dejando de lado otras producciones como la *terra sigillata* o las paredes finas. Debido a su marcado carácter cotidiano y su permeabilidad a casi todos los aspectos que tienen lugar dentro de la vida diaria de una sociedad, aporta información indirecta sobre los gustos, usos y costumbres culinarias y su variación temporal y espacial (Huguet Enguita, 2013; Sutton, 2018). Esto la hace idónea para rastrear los procesos de hibridación cultural en los momentos que nos ocupan. Para poder llevar a cabo esta investigación, primero debemos definir en profundidad qué entendemos como cerámica común, un término tradicionalmente ambiguo y confuso dentro de los estudios ceramológicos.

2.2.1. Cerámica común. Problemas de identificación y clasificación

N. Lamboglia (1950: 57) será el primero en definir cerámica común como "aquella cerámica no fina determinada por un origen local o regional". Vegas (1973) continuará con esta premisa, pero se centrará en producciones de mayor difusión, ignorando en cierta medida las producciones locales o regionales, y establecerá su clasificación siguiendo criterios de funcionalidad, teniendo siempre en cuenta que muchas de ellas pudieran resultar polivalentes (Vegas, 1973: 1-7). Siguiendo esta línea, durante años se ha entendido como cerámica común únicamente al conjunto de producciones de cocina y de mesa considerados como romanos, ignorando en muchos casos al resto de las producciones locales documentadas copiosamente en los yacimientos, atribuyéndole como criterio diferenciador un uso cotidiano: se la interpreta como la vajilla de uso diario empleada tanto para comer como para cocinar, almacenar o incluso transportar.

Los debates en torno a esta definición son numerosos (Olcense, 1993; Paunier, 1981; Truffeau-Libre, 1980) y en la actualidad se apuesta por mantener este término en uso para evitar mayores confusiones, estableciendo qué cerámicas se engloban dentro de él por exclusión, tomando consciencia de que, a medida que se vayan definiendo producciones, el propio término de cerámica común quedará carente de contenido (Martínez Salcedo, 2004: 32).

Estas definiciones entrañan una serie de problemas si intentamos aplicarlas a los yacimientos estudiados. Por un lado, propician que, en muchos casos, se pueda dejar de lado un grueso importante de producciones de origen local o regional que, aunque no se elaboraron con técnicas romanas sí se recogen en contextos ya romanizados. Por otro lado, el empleo de la función del recipiente para establecer una categoría dificulta la clasificación de unas piezas que pueden ser multifuncionales (Blanco García, 2017: 148), estar muy fragmentadas, y que presentan un gran deterioro, por lo que nos parece esta una categorización demasiado estricta para definir estas producciones.

En este sentido y por cuestiones pragmáticas hemos decidido englobar dentro del término cerámica común a todas aquellas producciones que, independientemente de las técnicas implementadas para su elaboración o de la función y uso que pudieran haber tenido, no encajan dentro de otras producciones que cuentan con su propia idiosincrasia y estudios tipológicos, como la *terra sigillata* (Dragendorff, 1895; Lamboglia, 1952; Mezquíriz, 1961; Rigoir, 1968, Mayet, 1983-1984; Roca Roumens et al., 2005), las ánforas (Beltrán Lloris, 1970; Peacock y Williams, 1986), las lucernas (Dressel, 1899; Bisi, 1977; Amaré Tafalla, 1987) y las paredes finas (Marabini, 1973; Mayet, 1975), así como las cerámicas importadas (Aguarod Otal; 1991), entre otras. Esta definición engloba a un conjunto muy amplio de producciones que, a pesar de ser las más abundantes en todos los yacimientos estudiados, no se suelen priorizar en su estudio debido a las dificultades metodológicas y a la falta de estudios sistemáticos que ralentizan su identificación y clasificación.

Dentro de esta definición tan genérica diferenciamos varios conjuntos. Nos encontramos en primer lugar con varias producciones comúnmente englobadas bajo el nombre de cerámica común romana, que podemos considerar como la cerámica que muestra las técnicas y las formas importadas por los romanos tras la conquista y que no se puede encajar dentro de las otras producciones romanas conocidas. Esta definición no está exenta de problemas metodológicos, algunos autores (Beltrán Lloris, 1990, Huguet Enguita 2013, Hevia González y Montes López, 2009) han hecho referencia en sus trabajos a la enorme imprecisión que presenta el término, aludiendo a este como un "cajón de sastre o baúl sin fondo al que se arrojan los restos de cerámica que no se pueden adscribir dentro de las grandes clasificaciones romanas" (Huguet Enguita, 2013: 293), no estando muy claro en ocasiones que rasgos convierten una producción en cerámica común romana y cuales permiten excluirla de este epígrafe. Además, por su carácter cotidiano, es una cerámica que está fuertemente influenciada por los gustos locales y por las tradiciones alfareras propias de cada zona, lo que provoca que los límites entre producciones no sean netos.

Este conjunto de producciones suele estar caracterizado por una gran variabilidad formal y tecnológica. Está compuesto por cerámicas comúnmente englobadas dentro del servicio de cocina o de mesa, aunque en muchas ocasiones también se incluyen cerámicas destinadas a almacenar, como los *dolia*. Incluimos aquí producciones que, en ocasiones, algunos autores clasifican aparte (Beltrán Lloris, 1990) como los morteros, los platos que imitan a los recipientes de engobe rojo pompeyano, o las imitaciones o importaciones de época tardía. A nivel tecnológico es un conjunto muy heterogéneo, predominando el torno rápido sobre otras técnicas de elaboración, con pastas que presentan gran variedad cromática en superficie y que, dependiendo del tipo, tendrá una factura menos cuidada, con pastas poco depuradas y un menor cuidado en el tratamiento superficial, o más fina, con pastas más depuradas y tratamientos cuidados a base de alisados en la parte externa e interna de la pieza.

No somos partidarios de asumir como común romana cualquier producción que aparezca en un contexto romanizado sin contemplar que pueda tratarse de una continuidad de tradiciones anteriores o de una hibridación entre ambas. En esta línea, existe otra producción que supone una parte significativa de la cerámica presente en los castros de época romana. Se trata de una cerámica que parece de elaboración local o regional y que a menudo ha sido puesta en relación con la cerámica anterior a la conquista (Maya González, 1988: 153), recibiendo distintos nombres a lo largo de los años en la bibliografía: cerámica indígena (Rey Castiñeira, 1991), de tradición indígena (Maya González, 1988; Alcorta Irastorza, 2001), de tradición astur (Carretero Vaquero, 2000: 574), cerámica castrexa o castreña (Arias Vilas, 1985: 15; Esparza Arroyo, 1987: 294; Berrocal-Rangel, 2002: 161; Fernández Fernández, 2008), etc. A lo largo de esta investigación la denominaremos de manera genérica como cerámica común de tradición indígena, para no generar una mayor confusión terminológica dentro de los estudios cerámicos.

Sus marcos cronológicos tampoco están claros, ya que se sugiere que comienza a elaborarse a lo largo de la Edad del Hierro (Rey Castiñeira, 1991; Maya González, 1988), y continúa durante la época romana. Algunos autores incluso apuntan a la continuidad de una tradición que tiene su origen ya en la Edad del Bronce (Carretero Vaquero, 2000: 574), aunque nos parece poco probable dadas las características de las vasijas de esta época documentadas en la zona de Lugo (Piay Augusto et al., 2015). Asimismo, sus marcos geográficos no están del todo definidos, situándose en la actual Galicia (Hidalgo Cuñarro y Rodríguez Puentes, 1984; Rey Castiñeira, 1991; Concheiro Coello, 2008), el Norte de Portugal (Martins, 1987; Silva, 1997), León y Zamora (Esparza Arroyo, 1987; Carretero Vaquero, 2000), y Asturias (Maya González, 1988; Maya

González y Cuesta Toribio, 2001), llegando a establecer algunos autores (Hidalgo Cuñarro 1988, Maya González, 1988, Carretero Vaquero, 2000: 574) una posible conexión entre algunas de sus formas y la cerámica de tradición indígena propia de otras zonas atlánticas como la *Black-Burnished Industry* de la Britania (Peacock, 1977: 174).

De este modo, cerámica común de tradición indígena sería toda aquella cerámica común que presenta unas características formales y tecnológicas habitualmente relacionadas con las técnicas usadas antes de la llegada de Roma a este territorio y distintas a las de la cerámica común romana. Sin embargo, debemos tener en cuenta que nuestro grado de conocimiento sobre las características de las producciones prerromanas es muy limitado. Lo cierto es que no son demasiados los trabajos sobre estos materiales que se han realizado hasta el momento en castros de Lugo (Ramil Rego, 1997a, 1997b; Lozano et al., 2015, Vigo García, 2007; Fernández Ochoa y Rubio (1983), Barbi Alonso, 1991, Álvarez González et al., 2006; Arias Vilas, 1985), por lo que es poca la información de la que disponemos pero, en ocasiones (Arias Vilas, 1985; Bartolomé Abraira, 2008a, 2008b), la aparición de esta producción ha bastado para otorgar una cronología a los asentamientos anterior a la época romana.

Esta producción se diferencia de la cerámica común romana en que suelen ser recipientes hechos a mano o a torno lento, con pastas negras, grises o marrones que muestran abundantes desgrasantes de mica y cuarzo. La cocción suele ser irregular, mostrando un mismo fragmento distintas estructuras cromáticas. La coloración de las superficies oscila entre marrón, naranja, ocre, negra o gris oscuro, presentando, en escasas ocasiones, un gris claro. El tratamiento de las superficies se hará con someros alisados, mostrando a menudo acabados más cuidados, existiendo, en ocasiones, un bruñido continuo. La decoración que presentan estas piezas, aunque no es muy abundante, se realizará a base de la adhesión de elementos plásticos, acanalados y líneas bruñidas en la cara externa del cuerpo y el borde.

A pesar de que existe una gran homogeneidad morfotecnológica en casi toda la cerámica de tradición indígena, dentro de esta producción separamos un subgrupo que difiere ligeramente a nivel morfotecnológico, aquí se han incluido tanto las piezas que presentan formas propias de la cerámica común de tradición indígena ejecutadas con técnicas romanas, como las que presentan formas que veremos después en la cerámica romana, pero elaboradas con técnicas y decoraciones propias del sustrato indígena.

Esta producción ha recibido distintos nombres por parte los investigadores. En ocasiones se la engloba sin más dentro de la denominada "cerámica castreña" (Arias Vilas, 1985), mientras que algunos autores optan por establecer una diferenciación en base a su hibridación morfotecnológica, denominándola "local influenciada" (Alcorta Irastorza, 2001). En algunos lugares de Asturias recibe el nombre de "cerámica romana altoimperial de fabricación regional"

(Hevia González y Montes López, 2009), evitando así una acotación geográfica estricta que, en ocasiones, limita el estudio de estas cerámicas. Dado que con los datos de los que disponemos, no se puede dilucidar el origen de su fabricación, se ha decidido denominarla simplemente cerámica común altoimperial, encuadrándola como un subgrupo dentro de la cerámica común de tradición indígena que se ha puesto en relación con tipos y formas cronológicamente situadas en el s. I d.C.

Estas piezas presentan pastas oscuras con menor presencia de desgrasantes que el resto de la cerámica de tradición indígena, unos tratamientos superficiales más cuidados con exhaustivos bruñidos y cepillados, especialmente en la cara interna del cuerpo. Sus formas difieren de las habituales, constatándose una mayor variabilidad respecto al resto de la cerámica de tradición indígena, con tipos definidos por los investigadores y normalmente adscritos a época altoimperial. En esta etapa (s. I y II d.C.) parece que asistimos a la confrontación de dos tradiciones diferentes que comienzan su convivencia y proceso de hibridación. Como ya apuntan algunos autores (Hevia González y Montes López, 2009: 177), parece que este cambio detectado en la cerámica podría constituir una de las manifestaciones al respecto de la cultura hibrida formada a raíz de la introducción de la región en el mundo romano.

Esta ambigüedad y falta de definición de la cerámica común a la que aludíamos anteriormente provoca que, en muchos casos, exista una confusión entre la cerámica común romana y las producciones que se presuponen como puramente regionales y que beben de tradiciones anteriores, dando lugar a una extensa bibliografía y un debate todavía abierto (Hevia González y Montes López, 2009: 30). En los últimos años se han producido diversos intentos de redefinición de todos estos conjuntos, existiendo en la bibliografía un consenso sobre la necesidad de abandonar denominaciones generalistas a favor de fórmulas conceptuales más concretas (Hevia González y Montes López, 2009: 30), que tengan en cuenta las características regionales de cada zona estudiada. Es necesario un esfuerzo colectivo para definir claramente las distintas producciones de cerámica común que aparecen en cada región en época romana, junto con un estudio pormenorizado de las técnicas alfareras que existieron en este territorio previamente y que pudieron condicionar la implantación o no de los modelos romanos, así como los cambios en los mismos. La caracterización de las producciones inmediatamente anteriores permitirá realizar una diferenciación de las particularidades regionales frente a las características generales de las cerámicas romanas, posibilitando el saber si los recipientes estudiados son producto de la hibridación entre ambas culturas o no.

2.2.2. Los estudios de cerámica común en el Noroeste de la Península Ibérica

En este marco de estudios la arqueología del noroeste peninsular adolece de una serie de condicionantes propios que convierten la investigación sobre estas cuestiones

desde un enfoque arqueológico en una tarea compleja. El condicionante más relevante en esta área es el diferente grado de desarrollo de las investigaciones en las distintas zonas. La ausencia de proyectos de investigación y excavaciones sistemáticas en muchos lugares, como la mariña lucense (Lozano Hermida et al., 2015; Lozano Hermida et al., 2021) o el interior de Lugo (Ramil Rego, 1997a) contrasta con el relativo avance en otras, como la Asturias Transmontana y el Norte de Portugal, donde existen trabajos de referencia tanto para la excavación como el estudio de yacimientos y sus materiales (Alarçao, 1975; Delgado y Morais, 2009; Hevia González y Montes López, 2009; Villa Valdés et al., 2008; Villa Valdés, 2002), incluyendo algunos de los trabajos de la zona de Zamora y León (Esparza Arroyo, 1987; Sánchez Palencia y Fernández Posse, 1985; Díaz Álvarez y Garín García, 1999).

Así pues, aunque el estudio de la cerámica común está muy extendido dentro del ámbito de la arqueología de la Península Ibérica y así lo demuestran investigaciones como las de M. Vegas (1973), M. Beltrán Lloris (1990), C. Aguarod Otal (1991), A. Martínez Salcedo (2004) R. Luezas Pascual (2001), J.L. Maya González (1988) o J.M. Abascal Palazón (1986), por citar algunos, habitualmente en Galicia estas se han llevado a cabo de manera menos intensiva y algo desigual, dando como resultado trabajos sobre colecciones concretas procedentes de distintas intervenciones (Arias Vilas, 1985; Peña Santos, 1983; Calo Lourido y Soeiro, 1984; Romero Masiá, 1984; Carballo Arceo, 1984, Alcorta Irastorza, 2005a, 2005b; Barbazán Domínguez, 2014 y 2020, entre muchos otros) y algún libro sobre cerámica (Alcorta Irastorza, 2001).

El estudio de referencia para la cerámica común de *Lucus Augusti* (Alcorta Irastorza, 2001), aunque es de indispensable uso, en ocasiones presenta una clasificación ambigua debido al uso de criterios como la decoración o la presencia de asa como condicionantes tipológicos. Si tenemos en cuenta la alta fragmentación que existe en todas estas colecciones, esto dificulta mucho las tareas de clasificación. Además, la mayoría de estas formas presentan una adscripción cronológica muy amplia, establecida en muchos casos en función de su documentación junto con ciertos tipos de la *terra sigillata* en contextos revueltos. Esto merma su utilidad a la hora de concretar las ocupaciones de los asentamientos.

Respecto a la cerámica de tradición indígena, pocos son los trabajos pormenorizados que se han llevado a cabo sobre esta producción o conjunto de producciones en Galicia (Rey Castiñeira, 1991) y en ellos no se establecen tipologías claras que poder aplicar a las producciones estudiadas. Estos estudios constituyen un compendio morfológico por partes que no se basa en su mayoría en formas completas, lo que da como resultado "meras clasificaciones de borde, de cuellos, etc., no permitiendo la estructuración de las formas ni su atribución cronocultural" (Ramil Rego, 2010: 161). En el camino correcto para solventar estas carencias apostando por repertorios de formas completas asociados a momentos cronológicos está el trabajo de A. Rodríguez Novoa (2020, 2021). Sin embargo, las diferenciadas características morfotecnológicas y decorativas de la muestra estudiada las alejan de estas colecciones, por lo que apenas podrán ser usadas como marco de referencia en nuestro trabajo.

Todos estos problemas han suscitado que las producciones de este tipo, que son muy numerosas y complejas en el noroeste, hayan sido sistemáticamente ignoradas a lo largo de las décadas, lo cual ha provocado muchas dificultadas a la hora de identificar tipos cuando aparecen y de diferenciarlos de otras producciones.

Hipótesis de partida y objetivos

3.1. Hipótesis de partida

Siguiendo lo establecido en el capítulo anterior al respecto de la importancia del estudio de la cerámica común dentro de la arqueología y lo que puede aportar al conocimiento de los procesos de hibridación cultural, partiremos de una premisa básica, las colecciones de cerámica común, por su cotidianeidad y su sensibilidad al cambio, pueden ayudar a interpretar las transformaciones que se produjeron tras la integración de este territorio en el mundo romano. El estudio de estos materiales permitirá documentar algunos de los cambios y las continuidades que se dieron a lo largo del tiempo en este territorio.

3.2. Objetivos principales y secundarios

En base a esto, el objetivo principal de este trabajo será la caracterización de las producciones cerámicas presentes en contextos romanos de yacimientos situados en el entorno de la ciudad de *Lucus Augusti*. De aquí se desprenderán una serie de objetivos secundarios:

- Trataremos de caracterizar la alfarería romana frente a la producción alfarera previa en el territorio, intentando documentar la continuidad o no de las técnicas, formas y decoraciones propias del sustrato anterior, estableciendo una serie de características comunes a cada producción que ayuden a definir las distintas tradiciones implementadas en esta área durante esta época.
- Intentaremos acotar la cronología de las formas cerámicas, las producciones y de los propios yacimientos arqueológicos estudiados, tomando como referencia la bibliografía y la información estratigráfica.
- Distinguiremos los tipos más frecuentes frente a los que tienen una menor presencia, tratando de entender cómo se relacionan unos con otros dentro de un yacimiento y comparándolos con el conjunto del territorio estudiado, intentando dilucidar si esto se debe a una característica particular del yacimiento o si es algo común en la zona.
- Documentaremos la presencia de cerámicas con características particulares dentro de la cerámica común de este territorio, es decir, con una manufactura propia de otras zonas del Imperio, o que presentan una forma diferenciada, intentando, a través del análisis comparativo, establecer si se alejan o se acercan a las características observadas en las cerámicas locales.
- Realizaremos un estudio comparativo entre las cerámicas estudiadas y las producciones presentes en otras zonas, estableciendo si guardan similitudes o si, por el contrario, presentan características propias que las diferencian. Para realizar este análisis priorizaremos los territorios cercanos a nuestro ámbito de estudio,

ampliando el marco geográfico cuando sea necesario para la investigación.
- Intentaremos establecer si los datos obtenidos con el estudio de la cerámica común en este territorio encajan con la teoría de hibridación cultural, reflejando las distintas realidades presentes en esta zona a partir de la integración en el mundo romano
- Pondremos sobre la mesa las dificultades a las que nos enfrentamos cuando nos acercamos a los estudios de cerámica de época romana en la provincia de Lugo, como los problemas de definición de los estudios de referencia o la ausencia de registro estratigráfico, y trataremos de buscar una solución que nos posibilite el seguir avanzando en este tipo de investigaciones.
- Por último, intentaremos que los resultados de este estudio contribuyan a incrementar el conocimiento sobre la época romana en Galicia y sus formas culturales a través de sus restos materiales, aportando nuevos datos al conocimiento de la cerámica en esta zona que puedan servir de ayuda a futuras investigaciones.

3.3. Límites geográficos y temporales. Yacimientos estudiados

A partir de esta hipótesis y de los objetivos descritos, delimitamos nuestro objeto de estudio con unos límites espaciales y temporales. De manera general este trabajo pretendía abordar el estudio de la cerámica común de varios yacimientos de la provincia de Lugo con ocupaciones entre la Segunda Edad del Hierro y finales de la época romana, sin embargo, los yacimientos seleccionados para este estudio para los que la bibliografía existente señalaba ocupaciones muy antiguas (Arias Vilas et al., 2016; Bartolomé Abraira 2008a y 2009) finalmente no mostraron indicios de ocupaciones claramente prerromanas.

Como marco temporal, nos centraremos en los yacimientos que presentan ocupaciones situadas entre el s. I a.C. y el s. V d.C., un arco cronológico necesario para poder analizar correctamente los cambios introducidos a partir de la anexión de este territorio a la Romanidad. Aunque la entrada en el mundo romano se produce de manera efectiva a principios de. s. I d.C., su influencia se podrá detectar ya a lo largo de los siglos anteriores a través de diversos restos materiales romanos presentes en los castros de la zona.

Como límite geográfico hemos delimitado la provincia de Lugo debido a que, a pesar de contar con numerosos yacimientos y un gran volumen de restos cerámicos asociados a época romana, adolece de una escasez de estudios arqueológicos de este tipo. Otro de los motivos por los que hemos acotado este territorio es porque es una zona de contacto entre el área bracarense y el área asturicense, zonas con producciones alfareras de época romana estudiadas y caracterizadas (Delgado et al., 2009; Morillo Cerdán et al., 2005).

Nuestro interés reside en comprobar cómo se comportaba aquí la actividad alfarera tras la llegada de Roma y que similitudes y diferencias podíamos encontrar con las zonas mencionadas anteriormente.

Seleccionamos yacimientos del entorno de *Lucus Augusti* (fig. 3.1), algunos próximos a la ciudad como el castro de Agra dos Castros (Marcelle), y otros algo más alejados como el castro de Viladonga (Castro de Rei) y el castro de Saa (A Pastoriza). Esta selección obedecía a un intento por dilucidar si sus producciones se asemejaban más a las colecciones documentadas en el oeste asturiano, la zona norte de la provincia de Lugo y la ciudad de *Lucus Augusti,* que a la cerámica documentada en lugares más distantes.

Hemos estudiado todas las colecciones cerámicas procedentes del yacimiento del castro de Saa (A Pastoriza,

Lugo) de las excavaciones realizadas entre 2016 hasta 2018. A este yacimiento se le presuponía una ocupación prerromana y altoimperial (Ramil González, 2018) por lo que su estudio, en principio, permitirá comenzar a perfilar las características de las producciones presentes antes de la llegada de Roma y los cambios introducidos durante el s. I y II d.C.

También hemos estudiado todas las colecciones de cerámica común del castro de Agra dos Castros (Marcelle, Lugo), un yacimiento situado en las proximidades de la antigua ciudad de *Lucus Augusti* y al que se le atribuye una ocupación entre el s. IV a.C. hasta época Bajoimperial (Bartolomé Abraira, 2009), aunque el conjunto más importante estaría encuadrado en época altoimperial. El estudio de los materiales de este yacimiento permitirá documentar las características que muestra la cerámica común en un yacimiento que se encuentra muy cercano a la ciudad de *Lucus Augusti*, permitiéndonos documentar cómo influye la ciudad sobre los castros de la zona más próximos a su entorno durante los primeros siglos de la presencia romana.

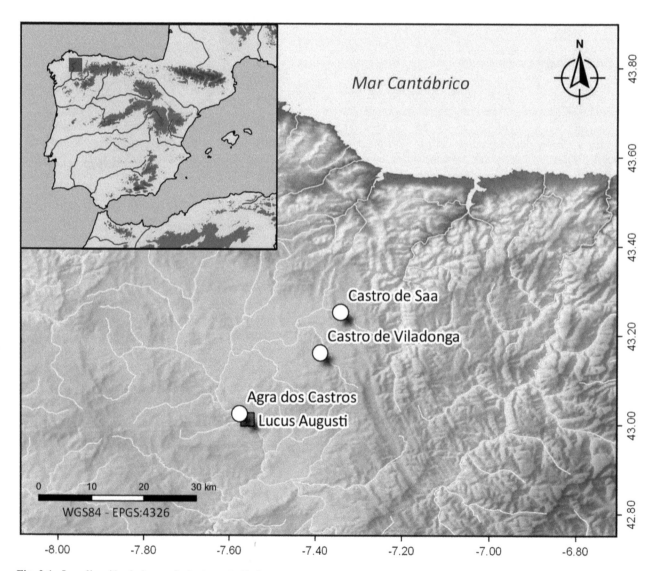

Fig. 3.1. Localización de los yacimientos estudiados.

En último lugar, nos centraremos en algunas de las colecciones procedentes del castro de Viladonga (Castro de Rei, Lugo) un yacimiento de bastante entidad situado a unos 23 km de la actual ciudad de Lugo, y al que tradicionalmente se le atribuye una cronología que lo sitúa entre el s. II al V d.C. (Arias Vilas, 2000: 189). Al tratarse de un yacimiento del que se ha excavado un gran porcentaje de superficie y que, por lo tanto, cuenta con un altísimo volumen de materiales, seleccionaremos a modo de muestreo una serie de zonas situadas en diferentes sectores del yacimiento que servirán como muestra representativa y que nos ayudarán a entender la secuencia cronológica del yacimiento. Este estudio nos permitirá documentar ampliamente los cambios que se introdujeron en la cerámica común a lo largo de toda la época romana.

Este trabajo nos permitirá analizar las técnicas de elaboración y la distribución de la cerámica en esta zona en época romana, así como constatar la influencia romana y las dinámicas de consumo en yacimientos que, aunque están situados en zonas separadas, comparten rangos temporales similares en algunos de sus contextos.

4

Metodología

Para el estudio de las colecciones cerámicas emplearemos la metodología clásica que se suele seguir en este tipo de trabajos. La selección, caracterización e identificación de las piezas se ha realizado de manera macroscópica por observación directa con luz natural.

Hemos dividido este capítulo en criterios de selección y recogida de datos, parámetros de identificación y clasificación de la cerámica y, por último, procedimiento para el análisis tipológico y el estudio comparativo con el trabajo de otros investigadores en zonas cercanas geográficamente. Explicaremos también a lo largo del mismo los problemas metodológicos que hemos ido encontrando y que han dificultado los distintos análisis que se han realizado sobre las colecciones.

4.1. Procedimiento para la selección de la cerámica y recogida de datos para el estudio

4.1.1. Criterios de selección de la muestra

Teniendo en cuenta los objetivos establecidos para este estudio, destinado a documentar las características de las producciones de cerámica común que proliferaron aquí durante época romana y a identificar los cambios que sufrieron, hemos predeterminado la recogida de todos aquellos fragmentos cerámicos que posean características formales, tecnológicas o decorativas que aporten datos relevantes para la investigación, es decir, que puedan proporcionarnos información que ayude a caracterizar las piezas tipológicamente u ofrezcan testimonios interesantes acerca de las características y el proceso de elaboración de una producción en concreto.

Para ello hemos seleccionado aquellos fragmentos que presentan un desarrollo formal identificable, descartando los que no tienen suficiente desarrollo del perfil y no nos pueden aportar ninguna información sobre la forma. Tras esta preselección, hemos descartado aquellos fragmentos que, por sus escasas dimensiones o su mala conservación, no proporcionan apenas información, priorizando aquellos de los que se puede extraer un diámetro frente a los que no.

Además, hemos recogido todos aquellos fragmentos que, al margen de su forma, pueden aportar otro tipo de datos, como los que poseen decoración o distintas marcas de elaboración, los que muestran unas pastas que difieren respecto al conjunto de la muestra, o los que presentan un tratamiento superficial relevante. También hemos documentado los fragmentos de elementos plásticos que pueden ayudar a caracterizar estas cerámicas, como las asas, los picos vertedores, los pies, o los mamelones u elementos de sujeción, entre otros.

4.1.2. Documentación de la muestra

Después de realizar la selección de las piezas, se documenta todo el material a través de la fotografía y el dibujo arqueológico, se toman aspectos métricos y se analizan aspectos morfológicos y tecnológicos, incorporándolos a una base de datos para un análisis posterior.

Para realizar este análisis macroscópico hemos utilizado como apoyo estereoscopios o lupas binoculares. En orden de tomar los datos con la mayor precisión, seguimos las indicaciones de Ramil Rego (2010: 157) al respecto:

> Los recipientes se orientarán con la boca hacia arriba y la base hacia abajo, se toman las medidas mayores del fragmento o recipiente, teniendo en cuenta que la anchura máxima del recipiente coincide con el diámetro mayor, mientras que el espesor se anota el de las paredes, ya que en las formas circulares el espesor máximo coincide con la anchura. También se calcula, cuando sea posible, el diámetro exterior de la boca y del fondo.

Respecto al tamaño de los recipientes, tenemos como referencia los diámetros tomados en la zona del borde, estableciendo tres clasificaciones para agrupar los recipientes estudiados: pequeño (<15 cm), mediano (15 -30 cm), grande (30-35 cm) y muy grande (>35 cm). Para el tamaño de las paredes, al que haremos referencia a lo largo de la investigación, tomamos como medida el espesor de la zona media del fragmento analizado, distinguiendo entre paredes gruesas (>10 mm), medias (5-10 mm), finas (3-5 mm) y muy finas (<3 mm).

Para evitar sesgos en la recogida de datos de todos estos parámetros, hemos adaptado la base de datos a las características de cada yacimiento, en orden de construir una base de datos de carácter analítico con la que poder trabajar para realizar comparaciones dentro de las colecciones y entre unas colecciones y otras. Esto permite establecer un compendio formal que ayudará a observar las similitudes y las diferencias entre los grupos estudiados, estableciendo características generales y específicas para cada producción, y permitiendo, a su vez, caracterizar los yacimientos.

4.2. Procedimiento para la identificación y clasificación de la cerámica

Para el estudio de estas colecciones hemos utilizado una metodología empleada habitualmente en este tipo de investigaciones y basada en los trabajos de Llanos y Vegas (1974) y Ramil Rego (2010) que estipulan la observación de una serie de parámetros morfológicos, técnicos y decorativos que permiten la posterior clasificación de las cerámicas.

Siguiendo a estos autores, para el análisis morfológico nos hemos ceñido al estudio del desarrollo geométrico de las piezas para así evitar confusiones basadas en una terminología confusa y poco clara (Llanos y Vegas, 1974: 266). En cuanto a las características tecnológicas, hemos tratado de discernir la composición de las pastas, las particularidades de la cocción y el empleo de tratamiento superficial en la pieza con el objetivo final de establecer unas fábricas, que serán los distintos grupos en los que dividiremos las características tecnológicas observables en las cerámicas estudiadas.

4.2.1. Análisis morfológico

El análisis de las formas de los recipientes supone una de las partes más importantes de la investigación cerámica, no solo porque es una de las bases para el posterior análisis tipológico, sino por la información que se desprende de las formas que presentan las cerámicas. La forma puede darnos información acerca de la posible función del recipiente, un ejemplo lo tendríamos en las vasijas grandes de paredes gruesas y bocas amplias, que se suelen considerar como recipientes de almacenaje. Sin embargo, no será esta una característica en la que incidiremos demasiado debido al carácter polivalente de la mayoría de las cerámicas analizadas. La forma también puede ser un marcador de progresión cronológica: el cambio en el grosor o largura de algunos bordes, la adición de cuello o pies realzados, o la presencia de asas, puede marcar cambios a lo largo del tiempo o la influencia de otras producciones. La forma también será la base sobre la que se realizará el posterior análisis tipológico, constituyendo las características morfológicas de las piezas la parte fundamental de la construcción de un tipo.

E. Ramil Rego (2010, 157) propone, a partir de M.R. Seronie-Vivien (1975), un cuadro para la clasificación de las formas de los recipientes cerámicos (fig. 4.1):

Las formas simples (Shepard, A.O., 1956; Seronie-Vivien, M.R. 1975) se clasifican por su semejanza con sólidos geométricos (esféricos, hemiesférico, ovoide, cono, etc.), indicando su son abiertas (exvasadas) o cerradas (reentrantes). Las formas complejas se estudian según el perfil que desarrollan, para ello se han establecido numerosos métodos entre los que destaca el de A. Llano e I. Vegas (1974), en él se distinguen una serie de zonas del perfil, para luego describir su geometría.

En orden de distinguir las distintas zonas del perfil, se toman como líneas de delimitación de zonas los puntos donde existe un cambio por flexión (Llanos y Vegas, 1974: 273) de cada zona a estudiar (fig. 4.2). Aunque delimitar estas zonas puede parecer sencillo, este trabajo suele resultar arduo debido a que habitualmente no contamos

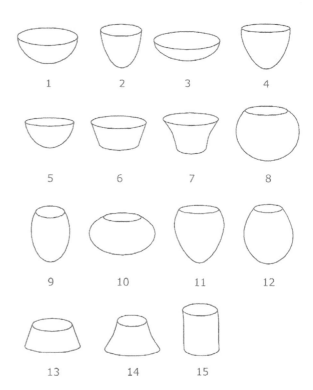

Fig. 4.1. Formas cerámicas, 1-7 formas simples, 8-14, formas cerradas. 1 y 8, esférica; 2-3 y 9-10, elipsoidal; 4-5 y 11-12, ovoidal; 6 y 13, cónica; 7 y 14, hiperbólica; 15, cilíndrica (Ramil Rego, 2010: 157).

con puntos de inflexión marcados entre zonas por la configuración del recipiente o por su proceso de deterioro, lo cual puede provocar que el cambio de una zona a otra a veces resulte difícil de apreciar.

Para describir las distintas partes de un recipiente, debemos tener en cuenta únicamente su forma resultante y final (Llanos y Vegas, 1974: 268), en donde distinguiremos las partes esenciales como el labio, el cuerpo y la base, sin las cuales el recipiente no sería posible, de las no esenciales como el borde, cuello o pie (fig. 4.2), y de los elementos añadidos como las asas o los mamelones.

La heterogeneidad terminológica existente dentro de la bibliografía respecto al nombre que se le da a cada parte de la pieza puede generar confusión entre los investigadores Para evitar esto, seguimos el trabajo de Ramil Rego (2010), que nombra cada una de ellas según sus características geométricas reconocibles (tabla 1). A continuación, pasamos a describir las distintas zonas que hemos diferenciado dentro de los perfiles de los recipientes:

– Labio: Extremo superior del recipiente. Se une al borde, al cuello o directamente al cuerpo en el caso de algunas formas abiertas como cuencos, platos o fuentes.
– Borde: Situado inmediatamente después del labio, normalmente lo encontramos entre el labio y el cuerpo, aunque puede estar seguido por el cuello. Es característico de las formas cerradas, como las ollas o las jarras, aunque también se encuentra en fuentes y cuencos.

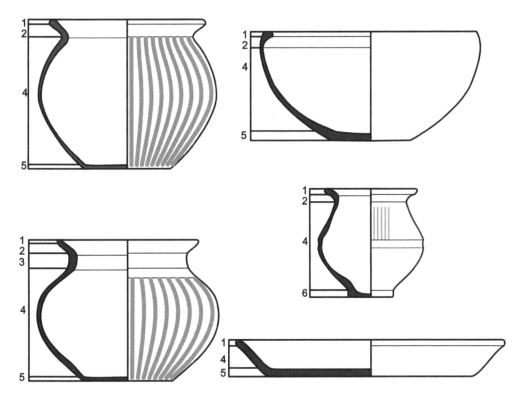

Fig. 4.2. División por zonas de los recipientes cerámicos. 1. Labio, 2. Borde, 3. Cuello, 4. Cuerpo, 5. Base, 6. Pie.

– Cuello: Zona del perfil cuya presencia documentamos en menor medida. Su morfología es similar a la del borde y está situado entre el borde y el cuerpo. Se suele definir como una "estrangulación que se sitúa entre estas zonas, pudiendo presentar perfiles rectilíneos o curvos (Ramil Rego, 2010: 158). También es característico de las formas cerradas, especialmente de las jarras y botellas.

– Cuerpo: Parte central del recipiente y, habitualmente, la zona que presenta un mayor desarrollo formal. Normalmente se sitúa entre el borde o cuello y la base o pie. Su morfología es muy variada, pudiendo ser simple o compleja, determinada por una línea de varias direcciones (Ramil Rego, 2010: 159).

– Ocasionalmente podemos identificar en el cuerpo un elemento denominado hombro (Ramil Rego, 2010, 159), que se trata de una inflexión situada en la parte final del cuello o borde que da paso al cuerpo. También una carena, que se produce cuando el paso de una curva a otra forma una arista exterior, normalmente situada en la parte media o inferior del cuerpo.

– Base: Es la zona de apoyo. Situada en la parte inferior de la pieza tras el cuerpo, su morfología no varía mucho, dependiendo de si está precedida por un pie realzado o no. Su parte externa a menudo presenta rebordes de diferentes características (Ramil Rego, 2010: 159, Fig. 38). Denominamos fondo a la parte interna de la base.

– Pie: Está situado después del cuerpo y, normalmente, se encuentra hueco hacia el interior. Aunque en menor medida, se suele documentar en la cerámica común romana.

– Elementos de sujeción o prensión: Denominamos así a todas aquellas zonas del recipiente destinadas a sujetarlo o levantarlo. Normalmente se trata de elementos plásticos añadidos *a posteriori* mientras la arcilla aún está fresca como las asas o los mamelones, o de perforaciones en la zona del borde realizados sobre la arcilla fresca o sobre la cerámica cocida, cuya finalidad es de suspensión.

4.2.2. Análisis tecnológico

El propósito del análisis tecnológico es, teniendo en cuenta características como la fractura, los desgrasantes, los tipos de cocción, la técnica empleada y el tratamiento superficial, definir las piezas estudiadas. Analizar el proceso de elaboración de la cerámica y establecer fábricas permite definir en profundidad las producciones y poder comparar las colecciones seleccionadas entre ellas y con las colecciones de otras zonas. Como señalan algunos autores (Orton et al., 1997: 133):

Antes de examinar las vasijas encontradas en un yacimiento arqueológico o los restos procedentes de un centro de producción hemos de entender el proceso por el que la materia prima se transforma en un producto cerámico. Si queremos establecer un sistema para clasificar la cerámica hemos de conocer las características físicas de la materia prima y entender cómo les afectan todas las etapas del proceso de fabricación, así como reconocer e identificar correctamente las huellas que dejan estas actividades.

Debemos resaltar aquí que, siguiendo el trabajo de otros investigadores, al hablar de los distintos procesos con los que se lleva a cabo la cerámica, preferimos optar por

Tabla 1. Descripción de las denominaciones de las zonas de los recipientes cerámicos

Zona	Tipo de elemento	Variantes
Labio	Esencial	1, recto; 2, oblicuo exterior; 3, oblicuo interior; 4, achaflanado; 5 biselado; 6, acanalado; 7, redondeado; 8, cóncavo; 9 engrosado.
Borde	No esencial	1, vertical; 2, con desplazamiento horizontal cerrado; 3, con desplazamiento horizontal abierto; 4, oblicuo abierto; 5 oblicuo cerrado; 6, curvado abierto; 7, curvado cerrado; 8, oblicuo inferior cerrado; 9, oblicuo inferior abierto; 10, acodado abierto; 11, acodado cerrado; 12, con desplazamiento horizontal bilateral.
Cuello	No esencial	1, vertical; 2, oblicuo abierto; 3, oblicuo cerrado; 4, convexo; 5, cóncavo; 6, convexo oblicuo cerrado; 7, convexo oblicuo abierto; 8, cóncavo oblicuo abierto; 9, cóncavo oblicuo cerrado.
Cuerpo	Esencial	(Línea simple) 1, vertical; 2, oblicuo abierto; 3, oblicuo cerrado; 4, convexo; 5, cóncavo; 6, convexo oblicua cerrada; 7, convexo oblicua abierta; 8, cóncavo oblicua abierta; 9, cóncavo oblicuo cerrado. (Línea compleja), 10, angulado rectilíneo saliente; 11, angulado rectilíneo entrante; 12, angulado convexo saliente; 13, angulado cóncavo entrante; 14, angulado cóncavo saliente; 15, angulado convexo entrante; 16, oblicuo convexo; 17, oblicuo cóncavo; 18, convexo oblicuo; 19, cóncavo oblicuo; 20, cóncavo convexo con arista; 21, convexo cóncavo con arista; 22, convexo cóncavo enlazado; 23, cóncavo convexo enlazado.
Base	Esencial	1, plano; 2, cóncavo angular; 3, cóncavo curvilíneo; 4, convexo; 5, convexo con depresión. Borde inferior, 1, sin reborde; 2, vertical; 3, oblicuo; 4, biselado saliente; 5, biselado entrante; 6, redondeado saliente; 7, redondeado entrante.
Pie	No esencial	1, vertical; 2, oblicuo abierto; 3, oblicuo cerrado; 4, vertical cóncavo; 5, vertical cóncavo cerrado; 6, vertical cóncavo abierto; 7, vertical convexo; 8, vertical convexo abierto; 9, vertical convexo cerrado.
Elementos de sujeción o prensión	No esencial	1, perforación; 2, mamelón o muñón; 3, lengüeta; 4, asa cilíndrica; 5, asa tubular; 6, mango.

el término de elaboración y no fabricación debido a sus connotaciones:

El primero tiene unas connotaciones puramente artesanales, mientras que el segundo implica una organización industrial, con producciones en grandes cantidades, que no creemos sea el caso de la cerámica común. (Luezas Pascual, 2001: 31).

Hasta hace relativamente poco el análisis de todos estos parámetros se realizaba a través del examen visual, pero, hoy en día, los investigadores abogan por complementar este análisis macroscópico con el empleo de análisis químicos y mineralógicos sobre las pastas, como apuntaba Peacock (1977: 26)

Se puede considerar la cerámica como una roca sedimentaria transformada, por lo que debiéramos estudiarla de una forma similar a como hacemos el estudio geológico de la materia prima de la que procede.

Los análisis mineralógicos y químicos sobre las cerámicas, que cada vez se llevan a cabo con más frecuencia por parte de los investigadores, pueden aportar algunos datos acerca de los procesos de elaboración de esta, así como acerca de el origen de las arcillas empleadas en este proceso. Sin embargo, su consecución, lamentablemente, implica un aumento de coste a la vez que un descenso de accesibilidad (Orton et al., 1997: 154). El análisis visual, si se realiza siguiendo una metodología analítica y precisa, puede aportar datos relevantes que ayudarán a definir las

características tecnológicas de las cerámicas, facilitando la caracterización tipológica y permitiendo la comparación entre colecciones.

4.2.2.1. Pastas

La observación de las arcillas que componen las piezas puede aportar información acerca de la procedencia de las cerámicas y su proceso de elaboración. Para realizar este análisis tendremos en cuenta parámetros como la porosidad de la arcilla, el deterioro que presenta la pieza y la propia composición de la pasta. En contra de lo que pueda parecer a simple vista, la mayoría de las pastas, ni siquiera las más finas, son homogéneas. Su composición como por los distintos procesos que sufre la cerámica a lo largo de su elaboración que pueden añadir componentes nuevos a las arcillas (Orton et al., 1997).

Hemos de tener en cuenta que las características que observamos en las pastas pueden verse fuertemente condicionadas por la técnica de elaboración de la cerámica, el tipo de cocción al que someten a los recipientes, el uso que se hace después de ellos y los procesos posdeposicionales.

Por este motivo descartamos el análisis sobre las pastas de un parámetro como es el de la dureza, que se suele definir como la resistencia al rayado medido según la escala de Mons (Orton et al., 1997: 159) y que, de manera malentendida, se suele asociar con el nivel de desgaste de la superficie de la cerámica asociado al proceso de cocción, ignorando los procesos posdeposicionales u otras alteraciones que pudieron haber afectado a la pieza. Como señalan algunos autores (Orton et al., 1997: 86):

> La dureza nos da una indicación aproximada de la temperatura de cocción y puede sernos útil en la clasificación de la cerámica cocida a altas temperaturas, como el gres o la porcelana, pero pocas veces es un rasgo determinante en la clasificación de los grupos de pastas.

4.2.2.2. Desgrasantes

Consideramos desgrasantes a cualquier inclusión apreciable en la pasta cerámica. De manera visual, documentaremos su presencia desde varios puntos de vista (tabla 2).

Por un lado, analizaremos su composición, tratando de determinar qué tipo de inclusiones están presentes. En este tipo de cerámicas solemos identificar cuarzos y micas, aunque también podremos documentar desgrasantes de pizarra, vegetales, latericios o calcáreos, junto con otros materiales difíciles de identificar, de los que nos limitaremos a proporcionar una simple descripción de color y aspecto. Estos desgrasantes pueden aparecer solos o mezclados, en cuyo caso los denominaremos mixtos (tabla 2).

Por otro lado, analizaremos su tamaño, que normalmente es inferior al milímetro, tomando varias medidas en distintos puntos de la superficie de la pieza y estableciendo una media.

En último lugar, tendremos en cuenta su frecuencia, esto es su presencia superficial en relación con la superficie total de la pieza, para ello tomaremos como referencia una parte representativa de la superficie de esta (1 cm^2), contabilizando el número total de inclusiones (tabla 2) y empleando una lupa binocular como apoyo visual. Para esta medición tendremos en cuenta que, en ocasiones, la erosión que haya sufrido la pieza puede provocar que la superficie de esta se haya desgastado, haciendo que los desgrasantes, que anteriormente se encontraban en la parte interna de las pastas, hayan salido a la superficie.

Tabla 2. Caracterización de los desgrasantes

Tipo	Micaceos Cuarzos Pizarras	Calcareos Latericios Vegetales	Otros Mixtos
Tamano	Pequeno <0,5 mm Grande 1-1,5 mm	Mediano 0,5-1 mm Muy grande >1,5 mm	
Frecuencia	1-5 5-10 10-15 15-20 20-25 25-30 +30		

4.2.2.3. Técnica

Este apartado se centra en el análisis de la técnica con la que fue realizado el recipiente estudiado. Existen muchas técnicas dentro de la elaboración de la cerámica, pero la cerámica común se suele elaborar o bien con torno rápido, evidenciado por dejar líneas o estrías regulares y homogéneas en la superficie en ocasiones sin alisar y mostrando fuertes aristas, o bien con torno lento, caracterizado por dejar huellas de líneas irregulares y no muy marcadas también en la superficie de la pieza. Intentaremos distinguir la elaboración puramente manual, esto es la elaboración de la cerámica sin el uso de ninguna fuerza rotatoria que, a veces, puede dejar restos de marcas de impresiones digitales. Hay que tener cuenta que estas marcas pueden ser producto de una combinación de técnicas, como el uso de torno lento y, posteriormente, el retoque manual de la pieza. La técnica a molde no ha sido documentada en estas cerámicas ya que mayoritariamente era usada para la elaboración de otras producciones como la *terra sigillata*.

Para su identificación documentaremos las distintas huellas que se pueden observar en la superficie externa e interna de la pieza. La tipificación del uso del torno rápido y del torno lento a veces resulta difícil debido al mal estado de conservación de la superficie de las piezas. Además, hay que tener en cuenta que las huellas dejadas por el uso del torno lento resultan muy poco claras y en ocasiones pueden confundirse con las marcas producidas por un tratamiento superficial realizado posteriormente, como un cepillado o peinado. Este mismo tratamiento superficial puede contribuir a la eliminación de dichas marcas de elaboración, algo que tendremos en cuenta a la hora de analizar la pieza. También hay que tener presente el uso de técnicas compuestas, la utilización de varios métodos para obtener el mismo recipiente. En ocasiones el modelado a mano se practicaba después del torneado para elaborar algunos accesorios o modificar algunas formas torneadas (Luezas Pascual, 2001: 32, Orton et al., 1997: 138). El uso de varias técnicas sobre la misma pieza también puede dificultar la identificación de las marcas por parte del investigador.

4.2.2.4. Cocción

Se considera la cocción como el proceso químico y físico a través del cual las arcillas cambian su composición. Esta puede darse a distintas temperaturas y ambientes, condicionando el resultado el tipo de cámara donde se produzca. La analizaremos en base a la observación de la coloración de la superficie, del núcleo y la textura de las pastas resultantes.

Al respecto de la manera en la que estas piezas pudieron ser cocidas, existen dos modalidades principales para la cerámica común, la cocción a fuego abierto, donde las vasijas y el combustible están en contacto en un hoyo excavado en el terreno, y la cocción a fuego cerrado en la que la cerámica y el combustible están separados por una parrilla (Orton et al., 1997: 147). Aunque normalmente se suele relacionar la cerámica hecha a mano y factura tosca con la cocción a fuego abierto y la cerámica a torno con la cocción en horno esto no tiene por qué ser siempre así (Miller, 1985).

Para analizar la temperatura de cocción no tenemos muchos recursos, ya que se trata de una medición indirecta basada en la identificación de los cambios producidos en el cuerpo de la arcilla cuando se somete a temperaturas elevadas, tales como la porosidad y el nivel de vitrificación de las pastas (Orton et al., 1997: 153). Este es un parámetro que también se puede medir por termoluminiscencia. Analizar este dato puede ser importante para entender el proceso de elaboración de las piezas y la función de estas. Siguiendo lo dicho por Orton en el manual de "La cerámica en Arqueología" (1997: 153):

> La temperatura de cocción es importante en dos aspectos de la cerámica. En primer lugar, debemos tener en cuenta la relación entre la temperatura y la tecnología de cocción. Una colección de vasijas cocidas en una estrecha gama de temperaturas podría sugerirnos la existencia de un nivel razonablemente sofisticado de control sobre el proceso de cochura. En segundo lugar, si se pretende que una colección de vasijas no sea porosa se cocerá a una temperatura que exceda el punto de vitrificación, lo que nos puede indicar su función original.

Respecto al ambiente de cocción, dentro de los estudios de cerámica común se suelen distinguir tres tipos. El primero es la cocción reductora, caracterizada por un ambiente de cocción en el que falta oxígeno y donde los recipientes se someten directamente al calor del aire de las llamas; el segundo es la llamada cocción oxidante, llevada a cabo con abundante oxigeno que produce pastas más rojas (Beltrán Lloris, 1990: 24). Estos dos ambientes de cocción, dentro de la cerámica común romana, se pueden combinar como en el caso de la campaniense, donde primero se somete a la cerámica a una atmósfera oxidante, para después cerrar la ventilación (Beltrán Lloris, 1990: 24). Por último, nos encontramos con una cocción mixta producida en un ambiente no controlado, que da como resultado una coloración irregular tanto en la superficie como en el núcleo de la pieza.

Dentro de este apartado, debemos tener en cuenta que los colores en superficie que muchas veces entendemos como resultado de un proceso de cocción en ocasiones son las evidencias de procesos posdeposicionales que provocan cambios en la pieza, o producto del uso continuado de un recipiente. No se debe establecer una relación entre la coloración de la pieza y su cocción sin tener en cuenta todos estos factores.

4.2.2.5. Fractura

El análisis de la fractura de las piezas nos dará información acerca del tipo de cocción y de la calidad de las pastas.

Algunos autores (Orton et al., 1997: 85) postulan que esta parte de la pieza es la que mejor preservada está del proceso de cocción y los procesos posdeposicionales. Sin embargo, sabemos que el proceso de cocción le afecta tanto en cuanto condiciona el color que presenta. Esta parte de la pieza, al llegar hasta los investigadores rota y desgastada, está condicionada por los procesos posdeposicionales prácticamente de la misma manera que el resto del recipiente, encontrándose erosionada y cubierta de tierra y otros materiales.

Por un lado, analizaremos la factura teniendo en cuenta los colores presentes en el núcleo y los márgenes situados entre el núcleo y la superficie de la pieza. Determinaremos si hay un color homogéneo o heterogéneo y, si este último es el caso, documentaremos de qué manera están dispuestos los colores: si uno está seguido por el otro, si el color es degradado, o si un color rodea al otro formando la llamada fractura tipo sándwich. Todos ellos nos hablan de cambios dentro del proceso de cocción del recipiente. Debemos tener en cuenta que, en un mismo recipiente, pueden aparecer distintos colores a lo largo de la fractura, mostrándose en distintas disposiciones. Teniendo en cuenta que analizamos fragmentos pequeños que no muestran la dinámica total del recipiente, no debemos tomar este dato como determinante a la hora de establecer una fábrica o una clasificación tipológica.

Por otro lado, analizaremos la forma de la fractura, si muestra una línea lisa, característica de pastas de mucha calidad como las de la *terra sigillata* o cerámicas cocidas a una alta temperatura como la porcelana o si, por el contrario, muestra una línea ondulada o rugosa que nos indica el uso de pastas menos depuradas o cocidas a una menor temperatura.

4.2.2.6. Color

Existen diferentes factores que pueden condicionar el color de las cerámicas, la temperatura y el ambiente de cocción, y la propia composición de la pasta en base a los componentes que contenga la arcilla y como están distribuidos (Orton et al., 1997: 85 y 153). Al igual que en el apartado anterior, pensamos que este parámetro también está muy condicionado por factores ambientales, dependiendo en muchas ocasiones el color o colores presentes en la superficie de las cerámicas de los distintos usos que se le dieron al recipiente durante su vida útil y de los procesos posdeposicionales que sufrió.

La observación de este parámetro por parte de los investigadores está siempre sujeta a condicionantes subjetivos, sin ir más lejos la propia luz bajo la que se observa la cerámica, sea esta natural o artificial, condiciona la percepción que tendremos del color, La presencia de varias coloraciones en una misma pieza también da a entender un proceso de elaboración poco preciso a este respecto en el que no se debían tener en cuenta estos factores a la hora de realizar el recipiente. Siguiendo a Ramil Rego (2010: 161):

Sorprende la atención que tradicionalmente se le dispensa a la coloración de las cerámicas, la deseada relación directa entre la coloración y el sistema de cocción no es cierto, ya que su color depende de muchos factores, unos previos a la cocción, otros en el trascurso de la misma y otros relacionados con la funcionalidad de los recipientes [...] la exageración viene dada en definir los colores según tablas de descripción de suelos (Munsell, A.H., 1998; Cailleux, A., 2000), sistemas complejos que se utilizan con escaso o nulo aprovechamiento.

Teniendo en cuenta estas reservas y tendiendo a disminuir la importancia que se le otorga a este apartado, hemos seguido esta línea de investigación y empleado una tableta de colores reducida (Tabla 3) con una denominación sencilla en base a categorías generales que permitan atribuir el color de la pieza fácilmente dentro de un apartado. Esta paleta se podrá traspasar a componentes CMYK para poder reproducirla con seguridad (Ramil Rego, 2010: 161).

4.2.2.7. Tratamiento superficial

Consideramos tratamiento superficial al proceso al que se somete la superficie de la pieza antes de la cocción para darle determinadas características o funcionalidades al recipiente o para homogeneizar las superficies internas y externas del mismo, intentando aportar una mayor calidad al resultado final.

Existen muchos tipos de tratamientos superficiales dentro de la cerámica, para la cerámica común algunos son tan someros que resultan difíciles de identificar, como los alisados que dejan la superficie lisa y regular, que a veces se presentan tan sutiles que no seremos capaces de diferenciar si son intencionados o una consecuencia del uso del torno. Otros, como los cepillados o peinados, regularizan la superficie de la pieza utilizando un instrumento de púas gruesas (peine) o múltiples cerdas finas (cepillo) y pueden generar marcas similares a las producidas en otros momentos del proceso de elaboración de la cerámica. En

Tabla 3. Paleta de colores empleada

	C	M	Y	K
Marrón	40	52	78	48
Marrón claro	31	37	56	22
Marrón oscuro	44	65	86	69
Ocre	7	68	100	63
Siena	23	21	45	8
Naranja	0	49	74	0
Naranja claro	13	48	58	8
Gris	67	57	81	76
Gris claro	29	28	34	10
Gris oscuro	64	53	66	59
Negro	80	81	64	89

ocasiones no habrá ningún retoque intencional, por lo que consideraremos que la pieza tendrá un tratamiento grosero (Llanos y Vegas, 1974: 295).

Otros tratamientos resultan más fáciles de identificar, como el bruñido, realizado con un instrumento pulidor cuya punta roma le da a la pieza una superficie compacta y brillante (Orton et al., 1997: 146), o el engobado, considerado como una técnica romana a través de la cual una arcilla muy fina, es depositada sobre la pieza para disminuir su porosidad y homogeneizar su superficie, evitando que los alimentos se peguen (Santrot, 1979: 237). Citando a C. Aguarod Otal (1984: 146):

> Simplemente se trata de una arcilla liquida que, junto a una determinada cocción, dominada por los alfareros locales, daba lugar a estas cerámicas.

Para su análisis, debemos tener en cuenta que el deterioro sufrido por las piezas tras su uso o el efecto de los procesos posdeposicionales, condicionará el aspecto actual de la superficie de la cerámica, pudiendo mostrarse a veces muy deteriorada por el paso del tiempo e incluso habiendo perdido su tratamiento superficial por completo.

4.2.2.8. Fábricas

Teniendo como base los parámetros analizados, hemos establecido una serie de fábricas, construidas a través los datos que proporciona el análisis tecnológico. Las fábricas son consideradas como "conjuntos o pastas-tipo, cuya homogeneidad pone de manifiesto un mismo origen" (Orton et al., 1997: 154). Aunque las fábricas establecidas no aseguran un mismo origen para estas cerámicas, si pensamos que su creación nos facilitará la clasificación de las cerámicas y la comparación entre colecciones. Hemos decidido adelantar en este apartado del libro una descripción de cada fábrica, para facilitar la comprensión del análisis cerámico a lo largo de los siguientes capítulos:

– Fábrica 1: Pastas grises y marrones no homogéneas poco depuradas, con abundantes desgrasantes de mica y cuarzo, aunque de pequeño tamaño y con paredes medianas. De núcleo gris/gris oscuro o marrón y superficie del mismo color los acabados no están cuidados, mostrando alisados poco cuidados. Suelen estar elaboradas a torno rápido. Está asociada a platos y ollas de cocina de la cerámica común romana, por lo que es habitual encontrar restos de exposición al fuego en la superficie externa, que suele estar muy deteriorada.

– Fábrica 2: Pastas grises, de color homogéneo en superficie y bastante depuradas, la superficie presenta pequeños desgrasantes micáceos y en ocasiones aun muestran fuertes marcas de torno rápido en la cara interna de la pieza. Las paredes son más delgadas que en las del anterior grupo. El núcleo es gris o gris claro y la superficie suele ser del mismo color. Respecto al tratamiento superficial muestra alisados muy cuidados y bien acabados. En muchas ocasiones suelen estar asociadas a decoración realizada con técnicas bruñidas o acanaladuras, conformando motivos reticulados a veces. Están modeladas con torno rápido. Relacionada con formas no muy grandes, como ollitas, jarras pequeñas, tazones, vasos y, en ocasiones a fuentes asociadas a periodos tardíos.

- Fábrica 3: Pastas naranjas de color no muy homogéneo y, normalmente, no muy depuradas. Presentan una superficie repleta de abundantes desgrasantes de cuarzo y mica. En muchas ocasiones no se perciben líneas de torno rápido debido al cuidadoso alisado al que fueron sometidas. Núcleo gris o siena claro y superficie naranja o naranja claro cercano al siena. Están bien alisadas para permitir la adhesión homogénea del engobe externo e interno que muchas tienen. Suelen estar asociadas a los platos engobados y las jarras.

- Fábrica 4: Pastas naranjas homogéneas y muy depuradas, con abundante mica en superficie y bastante porosas. El núcleo es de un fuerte naranja y la superficie externa es del mismo color. El tratamiento superficial suele hacerse a base de un cuidado alisado. A veces tienen engobe, no pudiendo identificar marcas de elaboración.

- Fábrica 5: Pastas gris oscuro, marrones y negras muy poco depuradas con abundante presencia de desgrasantes en superficie (predominan los cuarzos y las micas) y con paredes bastante gruesas. Tanto la superficie como el núcleo presentan un color heterogéneo debido a la cocción irregular. Están elaboradas a mano o con torno lento. El núcleo es gris oscuro, o marrón oscuro y la superficie es de color gris oscuro, marrón o marrón rojizo, aunque en ocasiones puede presentar varios colores en una misma pieza. Los acabados son muy leves, basándose en alisados poco cuidados y bruñidos en la cara externa e interna de la pieza. A veces suele estar asociada a decoraciones con líneas rectas, verticales u oblicuas, bruñidas en el cuerpo, o en la zona del cuello y del borde. Excepcionalmente hemos asociado a esta fábrica decoraciones plásticas más complejas formadas a base de cordones plásticos con decoración incisa en su parte superior, mamelones, punteados o escisiones en la cara externa del cuerpo. Es la fábrica mayoritaria dentro de los recipientes de la cerámica de tradición indígena, como las ollas y los cuencos.

- Fábrica 5A: Está fábrica es un grupo intermedio situado entre la 1 y la 5. Las pastas son de color gris, gris claro o marrón claro, son homogéneas y con menos desgrasantes que la anterior, mostrando una superficie micácea y con paredes no muy gruesas. El núcleo es marrón claro o gris y las superficies son grises y marrones. Los acabados están conformados por alisados relativamente cuidados, mostrando marcas de torno lento en la cara interna de la pieza. Estas pastas se corresponden a formas como ollas de tamaño medio y se, asocian a cerámicas tanto de tradición indígena como romanas.

- Fábrica 6: Pastas negras o marrón oscuro, homogéneas y bastante depuradas, con abundante mica y algún cuarzo, de paredes bastante delgadas. El núcleo es oscuro y la superficie es del mismo color. El tratamiento superficial se compone de alisados y bruñidos bastante cuidados que suelen ir acompañados de un cepillado en la cara interna de la pieza. Generalmente presentan decoración incisa, acanalada o estampillada, mostrando en ocasiones una combinación de varias técnicas. Están hechas con torno lento. Suele estar asociada a ollas de borde facetado, ollas con decoración estampillada y vasos con decoración bruñida reticulada, la mayoría tipos de la cerámica común altoimperial. Se ha documentado una variante de esta fábrica con pastas naranjas.

4.2.3. *Análisis de la decoración*

Debemos resaltar aquí la excesiva importancia que tiene la decoración a la hora de diferenciar producciones y construir tipologías. Respecto a su uso como identificador tipológico (Alcorta Irastorza, 2001), consideramos esto un error desde el punto de vista práctico, ya que la mayoría de las piezas que llegan hasta los investigadores no suelen ser muy grandes, siendo fragmentos que bien pudieron haber perdido su decoración, o simplemente no presentarla en la parte que ha llegado hasta nosotros. Opinamos que usar la decoración como requisito para construir un tipo puede limitar en muchos casos la correcta identificación de las cerámicas.

La decoración ha sido empleada desde un punto de vista técnico para diferenciar a la cerámica común del resto de producciones, arrogándole una menor calidad a estas cerámicas respecto a otras por el simple hecho de tener o no decoración. Para algunos autores (Orton et al., 1997) la decoración marca un empleo decorativo o simbólico que no concuerda con el uso que se le debió dar a la cerámica común: "Es importante distinguir los recipientes sin decorar, a los que se debía dar un uso útil, de los que se pudieron utilizar para exhibirlos (Orton et al., 1997: 95)". Estas producciones son consideradas como un conjunto que presenta muy poca decoración, aludiendo a su "escaso valor simbólico y en cambio un alto grado de funcionalidad (Huguet Enguita, 2013: 118)". Si se la compara con otras como la *terra sigillata* decorada, caracterizada por sus elaborados patrones decorativos, esto podría ser cierto, sin embargo, ya sea por características regionales o por otros motivos, sí que se han documentado en esta zona bastante variedad de técnicas y motivos decorativos en los conjuntos estudiados hasta el momento (Alcorta Irastorza, 2001).

4.2.3.1. *Técnicas*

En este apartado nos referimos al método con el que fue realizada la decoración, normalmente implementado antes de la cocción (Luezas Pascual, 2001: 32). Los métodos que se pueden diferenciar en la cerámica común son de diverso tipo (tabla 4).

4.2.3.2. *Motivos y patrones decorativos*

El empleo de estas técnicas tendrá como resultado una serie de motivos y patrones decorativos que debemos

Tabla 4. Descripción de técnicas decorativa de la cerámica común

Técnica	Descripción
Incisión	Se produce al pasar un instrumento fino y punzante sobre la superficie fresca del recipiente.
Acanalado	Se denomina acanalado cuando el instrumento que se pasa por la superficie es grueso de punta roma.
Excisión	Técnica con la que se extraen fragmentos de arcilla para dibujar un motivo sobre la superficie fresca.
Digitación	Huella realizada con un dedo u otro objeto similar sobre la arcilla fresca.
Impresión/estampillado	Realizada a través de la presión de un instrumento, como un sello o rodillo, que posee el negativo del motivo a implementar.
Plástica	Se incorporan nuevos elementos de arcilla al recipiente quedando estos en relieve sobre la superficie lisa de la pieza.
Bruñido	Tratamiento superficial empleado a modo de decoración puliendo determinadas zonas de la superficie para realizar líneas o combinaciones de líneas que a veces son difíciles de distinguir cuando están asociadas a grandes superficies como los cuellos.
A peine/ estriada	Tratamiento superficial empleado a modo de decoración empleando un peine se realizan líneas rectas oblicuas en la superficie externa de la pieza.
Pintada	Uso de la pintura para trazar motivos o composiciones decorativas. No es habitual en esta zona.

analizar. Entendemos motivo como la unidad básica en la que se puede desglosar la decoración, y patrón decorativo a la combinación de diversas técnicas o motivos que se repiten en una serie de piezas. El uso de varias técnicas sobre un recipiente no tiene por qué dar origen a un patrón, solo se considerará como patrón cuando se produzca de igual manera en una serie extensa de recipientes. Por esta razón, en lugar de utilizar este último término, denominaremos a la combinación de varias técnicas como modelo decorativo, ya que se ajusta mejor a la realidad artesanal observable en la cerámica estudiada.

4.2.4. Análisis tipológico

En último lugar, realizaremos un análisis tipológico de las piezas seleccionadas. La tipología nace ante "la necesidad de dotarse de un lenguaje común que permita la comparación de diferentes series industriales" (Demars, P.Y., 1990: 191), por lo tanto, implica "una serie de divisiones dentro de un sistema organizado que obedece a ciertas leyes o principios" (Krieger, A.D., 1960: 143), para ello, según Brézillon, M.N., (1983: 28):

Será necesaria la utilización de "una morfología descriptiva con la función de disociar los diversos componentes de la morfología del objeto, para resaltar sus particularidades, no pudiendo adscribirse a un tipo los objetos que no presenten una serie de caracteres morfológicos comunes

En una tipología cada tipo representa un grupo de vasijas o "familia o grupo tipológico" (Fortea Pérez, 1973: 45), que comparten unas características similares. La tipología será "la ordenación de los distintos grupos y, dentro de ellos, de los propios tipos" (Ramil Rego, 2011: 97). Los parámetros para elaborar una tipología son formales, aunque algunos autores (Luezas Pascual, 2001; Alcorta Irastorza, 2001), suelen tener en consideración otros criterios como la relación entre forma y función, la evolución cronológica, y las características técnicas de las piezas.

En orden de realizar el análisis tipológico hemos primado las características morfológicas documentadas en los recipientes, dejando otras características, como las tecnológicas, en segundo lugar y abogando por no

Tabla 5. Descripción de motivos decorativos

Motivo	Descripción
Geométricos	- Líneas: Pueden ser rectas, zigzagueantes u onduladas, presentándose horizontales, verticales y oblicuas. Pueden aparecer solas, agrupadas paralelamente, o pueden entrecruzarse, formando en ocasiones un motivo reticulado compuesto por varias líneas oblicuas que se cruzan de un lado a otro. - Círculos: rosetas o círculos y semicírculos consecutivos o concéntricos, en ocasiones ambas. - Bandas: Series de motivos dispuestos paralelamente en disposición oblicua o formando "eses", situados consecutivamente a lo largo de la superficie de la pieza.
Vegetales	- Espigados: conjunto de líneas consecutivas que conforman un motivo de espiga o espigado. - Florales: motivos con forma de flor. - Foliáceas: motivos con forma de hoja o pétalos.
Zoomorfos	Representaciones de animales de diverso tipo. No son habituales en la cerámica común de esta zona.

dar especial importancia a la función de las piezas a la hora de asignarles un tipo. Aunque seguimos la línea de la mayoría de los investigadores (Vegas, 1973; Alcorta Irastorza, 2001; Aguarod Otal, 1991), que denominan las piezas según "clases funcionales básicas" (Orton et al., 1997: 95), también llamadas formas (Ollas, cuencos, jarras, etc.), no consideramos que a partir de una forma se pueda adscribir un uso concreto o inferir información muy precisa sobre las actividades que se realizaban con estos recipientes:

> No todas las vasijas se utilizaban solo para el propósito para el que habían sido diseñadas en su origen, había y sigue habiendo muchos tipos de vasijas que se reutilizaban una vez cumplido su propósito original. Por eso resulta arriesgado asumir que la presencia de vasijas de una clase funcional concreta en un yacimiento implique que allí se llevó a cabo una actividad determinada (Orton et al., 1997: 95).

Respecto a las clases funcionales o formas a través de las que asignamos un nombre a las piezas, hay que destacar que, debido a la alta fragmentación que suelen presentar estas cerámicas y el escaso desarrollo del perfil de estas, muchas veces resulta difícil, por no decir imposible, determinarlas. En ocasiones la propia diferenciación entre clases resulta complicada. Por ejemplo, en el caso de los platos y de las fuentes, o las fuentes y los cuencos las similitudes suelen ser mayores que las diferencias (Alcorta Irastorza, 2001). Para subsanar esto seguiremos la clasificación basada en medidas de G. Webster (1964), que establece una definición de tipo según los índices de sus dimensiones principales (Orton et al., 1997: 174).

Una vez medidos todos los parámetros de las piezas y teniendo en cuenta estas consideraciones, usaremos los datos extraídos para poner en relación estas cerámicas con los tipos que han ido estableciendo los investigadores a lo largo de los años. Respecto a la cerámica de tradición indígena, a falta de una tipología de base sobre la que trabajar y al no tener prácticamente formas completas con las que establecer tipos nuevos hemos decidido clasificar a la mayoría de los recipientes estudiados a partir de la morfología general que presentan, tomando como referencia los materiales analizados en lugares próximos como Punta do Castro (Lozano Hermida et al., 2015 y Ramil Rego et al., 1995), el castro de Vixil (Ramil Rego, 1997a) o el castro de Zoñán (Vigo García, 2007).

Para la cerámica común romana, y a la espera de nuevos estudios que confirmen o no la procedencia lucense de las cerámicas, nos resta la comparación tipológica de los grupos estudiados con los definidos allí por ser los más próximos a nuestro ámbito de estudio. Para esto contamos con el trabajo de E. Alcorta Irastorza (2001) que, si bien no satisface todas las necesidades de nuestro estudio, es necesario y útil como lenguaje común para poder comparar nuestros resultados con los de otros lugares donde también se ha utilizado.

Los problemas de este estudio de referencia, que ya mencionábamos en el apartado teórico, pueden provocar la pérdida de información debido a la imposibilidad de relacionar la muestra estudiada con clasificaciones que han sido construidas de manera muy restrictiva. Hemos de tener en cuenta que trabajamos con productos hechos a mano o artesanalmente, por lo que las variaciones entre piezas, o dentro del mismo recipiente, son inevitables. Además, la alta fragmentación a la que ya hemos aludido provoca que muchas características secundarias de las piezas, como la decoración, el tratamiento superficial o los elementos plásticos se hayan perdido, o no estén en el fragmento que ha llegado hasta nosotros. La pequeña variación entre un borde oblicuo o ligeramente curvo, entre la presencia de decoración o no, o la conservación de engobe en la superficie, no pueden ser condicionantes que definan un tipo. Esto provocará que la mayoría de las cerámicas analizadas, fragmentos pequeños con un gran deterioro superficial, se tengan que quedar fuera de esta adscripción y no puedan aportar información relevante.

Para evitar confusión más adelante a lo largo del texto, desglosamos aquí los tipos más comúnmente empleados en esta investigación, todos sacados del trabajo anteriormente mencionado (Alcorta Irastorza, 2001), explicando sus características formales, tecnológicas y la cronología asociada a ellos. Además de los relacionados con la cerámica común romana, vamos a emplear algunos (del L1 al L17) asociados a la cerámica de tradición indígena también documentados por este autor en la ciudad de *Lucus Augusti*. Debemos dejar claro que, al hablar de cerámica lucense, o de cerámica del área lucense, a lo largo de este estudio, nos referimos al conjunto de producciones documentadas en la zona de Lugo, no necesariamente a tipos elaborados en los talleres alfareros de la ciudad y distribuidos desde allí.

- L1/Ollas decoradas de perfil sinuoso y borde exvasado (Alcorta Irastorza, 2001: 81-89): ollas de borde oblicuo con un ligero desplazamiento horizontal abierto y cuerpo oblicuo convexo. Se distinguen tres variantes en función de sus diámetros, medianos (variante L1A y variante L1B) y pequeños (variante L1C). Los más grandes presentan decoración bruñida y estampillas mientras que en los más pequeños coexisten los recipientes lisos con los decorados. Pastas relacionadas con el mundo indígena (Alcorta Irastorza, 2001: 81), de gamas tonales grises o marrones oscuras, micáceas relativamente depuradas y con un exterior del mismo color, presentando una gama cromática uniforme. S. I d.C. (fig. 4.3: 2).
- L7/Ollas globulares groseras, de almacenaje (Alcorta Irastorza, 2001: 102-104): borde cóncavo o con desplazamiento horizontal abierto, cuerpo convexo y base plana. Tamaño grande y características tecnológicas similares a las de las L1, aunque con mayor presencia de desgrasantes de cuarzo. Decoración con líneas rectas acanaladas y bruñidas. S. I d.C. (fig. 4.3: 1).
- L9/Ollas globulares de borde aconcavado (Alcorta Irastorza, 2001: 107): borde oblicuo con un ligero

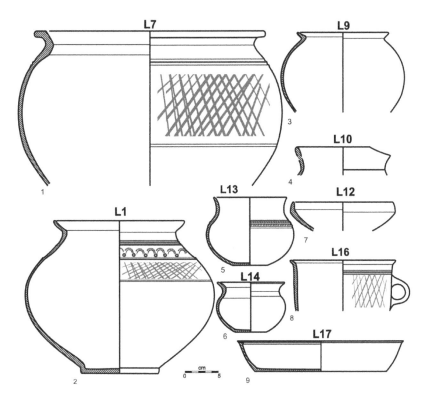

Fig. 4.3. Tipos de la cerámica común de tradición indígena de *Lucus Augusti* (Alcorta Irastorza, 2001).

rehundimiento en la cara interna, cuerpo convexo y base plana. Tamaño mediano, pastas calificadas como "indígenas" negras o marrones y acabados excelentes, en base a cuidados bruñidos en toda la superficie de la pieza. Algunos recipientes muestran decoración estampillada con distintos motivos. S. I d.C. (fig. 4.3: 3).

– L10/Ollas de orejeta perforada (Alcorta Irastorza, 2001: 109): borde oblicuo con perforaciones y cuerpo convexo. Tamaño mediano y pastas descritas como "indígenas e influenciadas" de color gris oscuro y ocre en el exterior, apenas tratado. S. I d.C. (fig. 4.3: 4).

– L12/Cuencos carenados de reborde invasado (Alcorta Irastorza, 2001: 111): cuencos de labio redondeado y cuerpo convexo oblicuo abierto con una carena en la parte superior. Tamaño mediano y "pastas indígenas" negras, grises oscuras o marrones, con exterior del mismo color y fractura tipo sándwich. El autor expresa que carecen de decoración, pero en las láminas que acompañan el texto se puede apreciar líneas verticales bruñidas en la cara interna del cuerpo de algunas piezas (Alcorta Irastorza, 2001: 112, fig. 49, 5). S. I d.C. (fig. 4.3: 7).

– L13/Vasos decorados de perfil sinuoso y borde acampanado (Alcorta Irastorza, 2001: 113-115): ollitas de borde cóncavo y cuerpo convexo de tamaño pequeño. Las pastas son "indígenas e influenciadas" de colores oscuros, así como el exterior, que suele presentar un bruñido cuidado y uniforme. Estas piezas presentan decoración en la parte superior del cuello en forma de líneas rectas acanaladas y estampillado. S. I d.C. (fig. 4.3: 5).

– L14/ Vasos, decorados, de cuerpo esférico y cuello cilíndrico (Alcorta Irastorza, 2001: 115-117): ollitas de

borde cóncavo o recto y cuerpo convexo, similares a las tipo L13. S. I d.C. (fig. 4.3:6).

– L16/ Vasos carenados, decorados, monoansados, de breve borde triangular (Alcorta Irastorza, 2001: 122-124): bordes oblicuos de corto desarrollo y cuerpo prácticamente oblicuo con una carena en la parte inferior del mismo. Tamaño pequeño y pastas "tradicionales" de colores negros o marrón oscuro, de composición micácea, con igual color en superficie, en ocasiones bruñidas y con decoración de líneas acanaladas y bruñidas en la zona media del cuerpo. S. I d.C. (fig. 4.3: 8).

– L17/ Platos de borde ranurado (Alcorta Irastorza, 2001: 124-125): borde oblicuo de corto desarrollo con una pequeña visera en la parte inferior del mismo, cuerpo oblicuo y base plana. Tamaño mediano, pastas similares a los anteriores tipos y coloración en superficie oscura con acabados bruñidos o alisados. S. I d.C.

– O1/Ollas globulares de borde exvasado oblicuo, sin decoración (Alcorta Irastorza, 2001: 193-196): olla de borde oblicuo, cuerpo convexo y base plana. De tamaño mediano, sus pastas son de tonalidad gris o gris oscuro, con abundante presencia de mica y cuarzo de pequeño tamaño. Exterior del mismo color, con un leve alisado. Aunque el tipo está definido como no decorado, se describe la presencia de líneas acanaladas bajo el borde, y las láminas que acompañan al texto muestran una olla con líneas bruñidas en el cuerpo (Alcorta Irastorza, 2001: 195: fig. 81, 6). S. II al V d.C. (fig. 4.4: 1).

– O2/Ollas globulares de borde curvo, sin decoración (Alcorta Irastorza, 2001: 197-198): olla de características muy similares a las del tipo anterior,

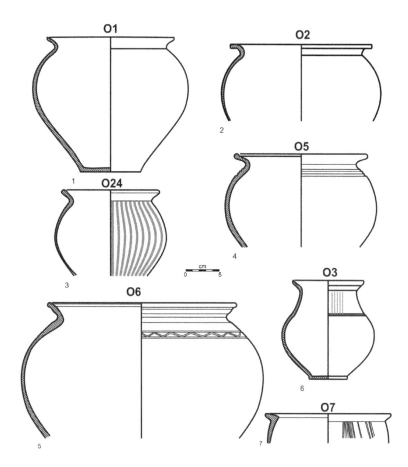

Fig. 4.4. Tipos de la cerámica común romana de *Lucus Augusti* (Alcorta Irastorza, 2001).

pero con el borde cóncavo en vez de oblicuo. S. II al V d.C. (fig. 4.4.: 2).

— O3/Ollas monoansadas, de perfil sinuoso, borde aconcavado (Alcorta Irastorza, 2001: 199-200): olla de borde oblicuo con un ligero rehundimiento en la cara interna del mismo de algunos ejemplares y cuerpo conformado por una línea compleja, primero oblicua y luego convexa. Algunos ejemplares presentan un asa que arranca del borde hasta la zona media del cuerpo. De tamaño mediano, sus características tecnológicas son similares a las anteriores. Aunque la denominación del tipo las marca como no decoradas, hay una variante tipo O3A, con "temas espatulados de trazos irregulares y mal ordenados" (Alcorta Irastorza, 2001: 199). S. II-V d.C. (fig. 4.4: 6).

— O5/Ollas de cuerpo globular y borde vuelto, con acanaladuras (Alcorta Irastorza, 2001: 202-204): igual que la O1 y la O2, pero con decoración de líneas rectas horizontales acanaladas en la parte superior del cuerpo. Finales del s. III- s. d.C. (fig. 4.4.: 4).

— O6/Grandes ollas globulares con decoración incisa ondulada (Alcorta Irastorza, 2001: 204-207: igual que la O1 y la O2, pero con una dimensiones ligeramente mayores (las O1 y las O2 presentan 15-25 cm y las O6 entre 25-28 cm de diámetro de borde), y decoración de líneas onduladas horizontales en la parte superior del cuerpo. S. IV-V d.C. (fig. 4.4: 5).

— O7/ Ollas globulares de borde triangular (Alcorta Irastorza, 2001: 207-210). ollas de borde oblicuo y

base plana con un engrosamiento del borde en la zona próxima a la inflexión con el cuerpo convexo. De tamaño mediano, tienen unas pastas negras o marrones profundas, con una gran presencia de desgrasantes micáceos de tamaño mediano o grande junto con desgrasantes de cuarzo también en gran cantidad y volumen. Exterior del mismo color y sin tratamiento superficial, presenta una característica decoración a peine. S. IV-V d.C. El autor duda de la procedencia local de las cerámicas de este tipo (Alcorta Irastorza, 2001: 208). (fig. 4.4: 7).

— O24/Ollitas globulares, espatuladas, de borde vuelto (Alcorta Irastorza, 2001: 250-252): similares formalmente a las O1 y las O2, pero con unas dimensiones más reducidas (12-15 cm de diámetro de borde) y una factura más cuidada. Presentan unas pastas de color gris o gris claro, con desgrasantes micáceos y un exterior del mismo color terminado con un cuidado alisado. Suelen presentar decoración en forma de "espatulados con temas decorativos sencillos" (Alcorta Irastorza, 2001: 250). S. II-IV d.C. (fig. 4.4: 3).

— V1/ Vasos carenados de borde exvasado, monoansados y espatulados (Alcorta Irastorza, 2001: 260-265): vasos de borde oblicuo, cuerpo convexo, en ocasiones con una carena en la zona inferior del mismo y pie realzado de borde vertical. Presentan un asa acanalada de sección oval que parte de la zona superior del cuerpo (excepto en la variante V1B, que parte del borde) y van hacia la parte inferior del mismo. Tienen un tamaño mediano

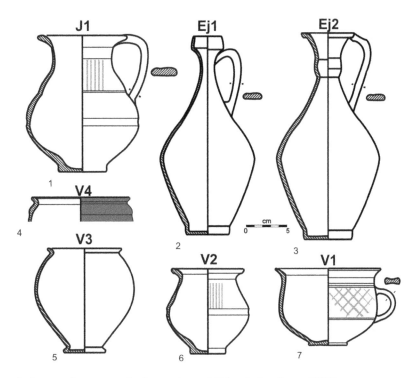

Fig. 4.5. Tipos de la cerámica común romana de *Lucus Augusti* (Alcorta Irastorza, 2001).

(variante V1) y pequeño (variante V1A). Pastas negras o grises micáceas, con colores externos del mismo color y una apreciable calidad en los acabados finales. Presentan decoración de líneas bruñidas rectas verticales u oblicuas enmarcadas entre dos líneas rectas horizontales acanaladas. S.II-III d.C. (variantes V1 y V1A) y s. IV-V d.C. (variantes V1B) (fig. 4.5:7).

- V2/Vasos de cuerpo sinuoso, monoansados, espatulados o pintados (Alcorta Irastorza, 2001: 265-270): vaso de borde oblicuo, cuerpo "sinuoso de ondulante desarrollo" (Alcorta Irastorza, 2001: 265) y pie realzado de borde vertical. De tamaño pequeño, presenta un asa que parte de la zona del borde hasta la parte inferior del cuerpo, aunque también están documentados ejemplares sin asa. Pastas grises y negras con la superficie decorada mediante espatulados (variante V2), u ocres con decoración de bandas pigmentadas (variante V2A). S. II-V d.C. (fig. 4.5: 6).

- V3/Vasos ovoides de borde flexionado, sin decoración (Alcorta Irastorza, 2001: 271-273): vasos de borde oblicuo de corto desarrollo, cuerpo convexo y pie realzado de borde oblicuo. De tamaño pequeño, presentan unas pastas ocres micáceas y el exterior del mismo color, con un cuidado tratamiento superficial en base a alisados. S. I-II d.C. (fig. 4.5: 5).

- V4/Vasos globulares de borde exvasado y hombro acentuado (Alcorta Irastorza, 2001: 274-275): vasos de similares características que los anteriores, pero con un hombro resaltado. Algunos presentan bruñidos u engobes superficiales. S. II-III d.C. (fig. 4.5: 4).

- J1/Jarras monoansadas de cuerpo sinuoso, con decoración combinada (Alcorta Irastorza, 2001: 279-282): jarras de borde oblicuo o cóncavo, cuello también oblicuo o cóncavo, cuerpo convexo y pie realzado de

borde oblicuo o vertical. De tamaño mediano, tienen una amplia embocadura respecto a las otras jarras y presentan pastas grises y ocres micáceas de factura cuidada, con el exterior del mismo color y decoración combinada de "espatulados y bandas pigmentadas" (Alcorta Irastorza, 2001: 280). S. II d.C.-IV d.C. (fig. 4.5: 1).

- EJ1/Jarras engobadas, monoansadas, de borde vertical y espatuladas (Alcorta Irastorza, 2001: 295-296): borde recto, cuello cóncavo muy alargado, cuerpo convexo y base plana. Presentan asas acanaladas de sección ovalada que parten del borde hacia la parte superior del cuerpo. De tamaño mediano, están caracterizadas por pastas ocres, micáceas y depuradas, con exterior del mismo color tratado con cuidados alisados y recubierto por engobe de color rojo. Está decorada con "frisos de espatulados verticales superpuestos (Alcorta Irastorza, 2001: 295). S. IV-V d.C. (fig. 4.5: 2).

- EJ2/Jarras engobadas, monoansadas, de borde acampanado, espatuladas: de similares características que la anterior, pero con el borde oblicuo en vez de vertical, conformando una embocadura más amplia. S. IV-V d.C. (fig. 4.5: 3).

- T1/Tapaderas de paredes oblicuas (Alcorta Irastorza, 2001: 256-258): tapaderas con paredes oblicuas o ligeramente cóncavas, con pomos realzados y dimensiones muy variadas (5-35 cm de diámetro). Las características tecnológicas también son muy variadas (Alcorta Irastorza, 2001: 256). S. II-V d.C. (fig. 4.5:2).

- TR/Vasijas de cuerpo troncocónico y borde horizontal (Alcorta Irastorza, 2001: 300-303): Borde oblicuo o con desplazamiento horizontal abierto, cuerpo prácticamente oblicuo y base plana. De tamaño mediano, presentan unas pastas ocres cuarcíticas o micáceas, de estampa intermedia entre fina y grosera y

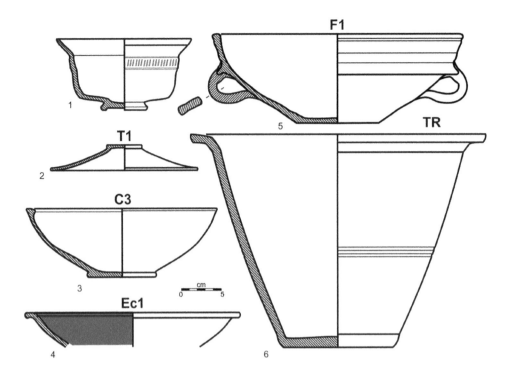

Fig. 4.6. Tipos de la cerámica común romana de *Lucus Augusti* (Alcorta Irastorza, 2001).

fractura tipo sándwich. Con el exterior del mismo color, muestran unos acabados homogéneos. Suelen estar decoradas con líneas acanaladas horizontales rectas en la parte media del cuerpo. S. II-IV d.C. (fig. 4.6: 6).

– EC1/Cuencos semiesféricos engobados, de borde horizontal ranurado (Alcorta Irastorza, 2001: 325-327): borde con desplazamiento horizontal abierto y cuerpo convexo oblicuo abierto que acaba en una base plana. Tamaño mediano y pastas ocres micáceas con pocos desgrasantes, el exterior presenta la misma gama tonal que las pastas y muestra un engobe de color rojo en la parte interna de la pieza y la zona del borde. S. II-IV d.C. (fig. 4.6: 4).

– C3/Cuencos semiesféricos de borde engrosado (Alcorta Irastorza, 2001: 331-333): labio plano o biselado y borde con un ligero desplazamiento horizontal cerrado, seguido por un cuerpo convexo oblicuo abierto y pie realzado de borde vertical. Tamaño mediano y pastas grises, micáceas, bastante depuradas, con el exterior del mismo color y acabado correcto, con cuidados alisados. S. I-II d.C. (fig. 4.6: 3).

– F1/Fuente semiesférica, biansada, con reborde perimetral (Alcorta Irastorza, 2001: 339): labio redondeado o engrosado, cuerpo convexo oblicuo abierto y base plana. Presenta una visera oblicua de sección triangular en la parte media o superior del cuerpo, en ocasiones seguida por dos asas acanaladas de sección oval que llegan hasta la parte inferior del cuerpo. De tamaño mediano y grande, estas fuentes presentan unas pastas de calidad intermedia entre las groseras y las finas en tres colores: negro, gris ceniza u ocre oscuro, el exterior es de la misma gama tonal que las respectivas pastas y presenta un leve alisado. No suelen presentar decoración excepto algunos

ejemplares con líneas onduladas rectas horizontales en la cara interna del cuerpo. S. II-V d.C. (fig. 4.6: 5).

– EP1/Platos engobados de borde biselado (Alcorta Irastorza, 2001: 344-346): platos de labio oblicuo exterior, cuerpo oblicuo y base plana. De tamaños muy variados, presentan pastas ocres, micáceas, depuradas y cara externa del mismo color, con fractura tipo sándwich. Están recubiertas por un engobe rojo de buena calidad. S. II-V d.C. (fig. 4.7: 3).

– EP3/Platos engobados de paredes exvasadas y borde redondeado (Alcorta Irastorza, 2001: 348-350): de similares características que el anterior, pero con el labio redondeado y el cuerpo ligeramente cóncavo. S. II-V d.C. (fig. 4.7: 2).

– EP6/ Fuente engobada, de borde moldurado (Alcorta Irastorza, 2001: 352-354): borde con desplazamiento horizontal abierto decorado en su parte superior con dos acanaladuras concéntricas, cuerpo oblicuo y base plana. Tamaño mediano. Tecnológicamente presenta las mismas características que los EP1 y EP3. S. III-V d.C. (fig. 4.7: 4).

– P1/Platos grises de borde biselado, lisos (Alcorta Irastorza, 2001: 359-360): platos de labio oblicuo exterior, cuerpo oblicuo y base plana. Tamaño mediano y pastas negras y grises, micáceas, depuradas y con el exterior del mismo color, tratado con buenos alisados. S. I-V d.C. (fig. 4.7: 1).

– I27/Imitación de la copa Drag. 27 (Alcorta Irastorza, 2001: 367-368): imitaciones que presentan un desarrollo formal similar al de las copas Drag. 27, con ciertas discrepancias en el trazado de los bordes. De tamaño pequeño, las pastas son ocres o grises, micáceas, depuradas y con correctos acabados. S. III-V d.C. (fig. 4.7: 5).

– I29/ Copitas indígenas, imitación de copas Drag. 29 de la *terra sigillata gálica* o TSG (Alcorta Irastorza, 2001: 131): imitaciones que presentan un desarrollo formal similar al de las copas Drag. 29, con pastas "indígenas". Primera mitad del s. I d.C. (fig. 4.6: 1).

– I59/Grandes fuentes engobadas, imitación de la forma Hayes 59 (Alcorta Irastorza, 2001: 375-382): borde con desplazamiento horizontal abierto, cuerpo oblicuo y base plana con el fondo decorado con acanaladuras circulares concéntricas, también presentes en la cara superior del borde. Tamaño grande y pastas ocres, micáceas, con engobe en la parte externa e interna de la pieza. S. IV-V d.C. (fig. 4.7: 8).

– GT1/Fuentes de borde horizontal, decoradas (Alcorta Irastorza, 2001: 383-386): tipo englobado dentro del grupo GT de cerámicas grises, finas y tardías, caracterizadas por presentar pastas grises o gris claro, con buenos acabados y asociadas a un periodo más tardío, como imitaciones de TSHT gris y TSGT de producción local. Las fuentes GT1 presentan borde de desplazamiento horizontal abierto, cuerpo oblicuo y base plana, con decoración de líneas acanaladas en la parte superior del borde. S. IV-VIII d.C. (fig. 4.7:6).

– GT3/Fuentes grises, de borde engrosado triangular (Alcorta Irastorza, 2001: 386-388): fuentes asociadas al grupo GT, presentan labio redondeado, borde convexo con una sección triangular hacia el exterior y cuerpo también convexo. Tamaño mediano. S. IV-VIII d.C. (fig. 4.7: 7).

Además de estos tipos, hemos ampliado nuestro marco comparativo incorporando catálogos de referencia de otros contextos cercanos, como los propios del contexto bracarense (Delgado y Morais, 2009), del contexto de *Astúrica Augusta* (Esparza Arroyo, 1984) y, especialmente, las del contexto astur (Maya González, 1988, Montes y Hevia, 2009), por ser el territorio inmediatamente cercano a la provincia de Lugo donde se han realizado estudios ceramológicos sobre producciones que guardan gran similitud con las que se han documentado para esta zona. Así abarcamos un área algo más amplia que englobe las características del noroeste peninsular con la mayoría de los territorios que conformaban la antigua provincia de *Gallaecia*, para así tratar de establecer un marco comparativo que pueda ser de mayor utilidad. En caso de necesitarlo, también acudiremos a los estudios de referencia dentro de la cerámica común como los trabajos de M. Vegas (1973), M. Beltrán Lloris (1990) o C. Aguarod Otal (1991).

5

Los yacimientos y sus materiales

En este extenso capítulo abordaremos las características de los yacimientos estudiados, describiremos en profundidad los materiales documentados en ellos, realizando adscripciones tipológicas y estableciendo grupos formales. Por último, en base a la información que pueda aportarnos la cerámica común y el registro estratigráfico, intentaremos acotar la secuencia cronológica de cada yacimiento.

5.1. La cerámica común del castro de Saa (A Pastoriza, Lugo)

5.1.1. Localización del yacimiento

El castro de Saa (fig.5.1) está situado en el lugar de Saa, dentro de la parroquia de San Pedro de Fiz, localizada en el Concello de A Pastoriza. (Coordenadas ETRS89: Huso UTM 29, X 634 628, Y 4 790 366). Se sitúa en el interior de la provincia de Lugo, en el extremo nororiental de la comarca de la Terra Chá. Está compuesto por un recinto circular de 100 m de diámetro y cuenta con un sistema defensivo formado por:

> …unha muralla perimetral e, na metade meridional, con tres foxos e tres parapetos, coincidíndo có acceso ao recinto, apreciándose o vano ou posible porta de acceso. O resto do recinto habitacional, agás esta zona meridional, ademáis da muralla deféndese por un parapeto (Ramil González, 2016: 14).

A lo largo de los años, la actividad forestal y agrícola ha afectado el estado de conservación de este yacimiento, dañando el sistema defensivo del sector norte (Ramil González, 2017: 14). La primera intervención arqueológica realizada en el lugar se limitó solamente a una limpieza integral del yacimiento. Desde el año 2016 se está llevando a cabo una intervención sectorial en varias zonas concretas del mismo, aunque, por el momento, el porcentaje de terreno excavado es mínimo.

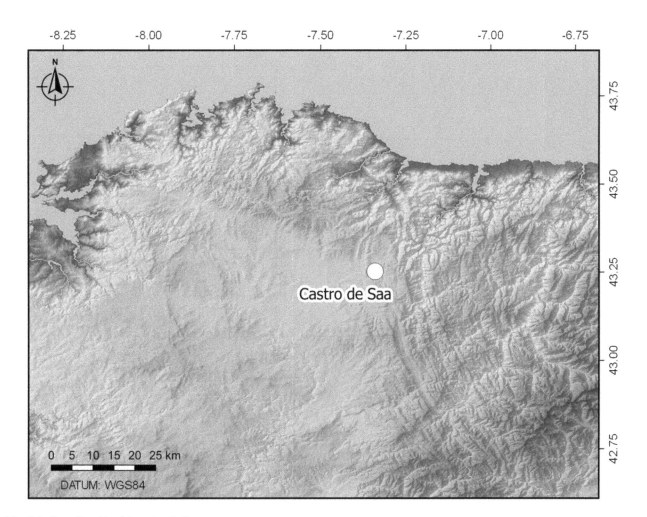

Fig. 5.1. Localización del castro de Saa.

5.1.2. Selección de la muestra

En este estudio analizamos las distintas producciones de cerámica común documentadas en las tres campañas llevadas a cabo en el yacimiento desde el año 2016 hasta el 2018.

En el año 2016 se llevó a cabo una limpieza del yacimiento y, a continuación, se realizó la primera intervención, estableciendo un total de cuatro sondeos previos. En un principio se resolvió solo la intervención en tres sectores del recinto, al sur, al norte y al oeste, realizándose posteriormente un cuarto sondeo ante los resultados negativos de los tres anteriores. Los sondeos se plantearon de 2x2 m² (Ramil González, 2017: 16).

El primer sondeo tuvo lugar en el sector sur. A pesar de no dar como resultado la exhumación de ninguna estructura habitacional, sí se documentó parte del "pavimento do paseo da ronda da croa", registrándose también algún resto de cerámica" (Ramil González, 2017: 21). El segundo sondeo se llevó a cabo en el sector norte y tampoco ofreció ningún resto de estructura habitacional, aunque se identificó un "derrube con pedra, argamasa e cerámica"

(Ramil González, 2017: 19). El tercer sondeo se realizó al nordeste, en una zona separada de la estructura defensiva y situada en el centro del recinto, destacando en altura sobre el resto. En este sondeo la roca afloró a 30 cm en el perfil sur, indicando que esta es "unha zona con escasas posibilidades de pervivencia de restos murarios *in situ*" (Ramil González, 2017: 22).

Por último, se realizó un sondeo en el sector oeste donde, al documentarse los restos parciales de los muros de una construcción, se procedió a la excavación en área, ampliando la intervención a 40 m². En esta zona se exhumaron dos estructuras, la primera (fig. 5.2: 1), se exhuma casi por completo, aunque no se llega hasta el sustrato rocoso:

…é unha habitación galaico-romana completa; consiste nunha construcción rectangular de esquiñas redondeadas polo exterior e facendo ángulo recto polo interior. Os muros de cachotería están construidos por superposición de fiadas horizontáis, facendo a ligazón das pedras con argamasa amarela, presentando tanto a cara interior como a exterior os paramentos ben rematados […] O exterior do vano da porta presenta un

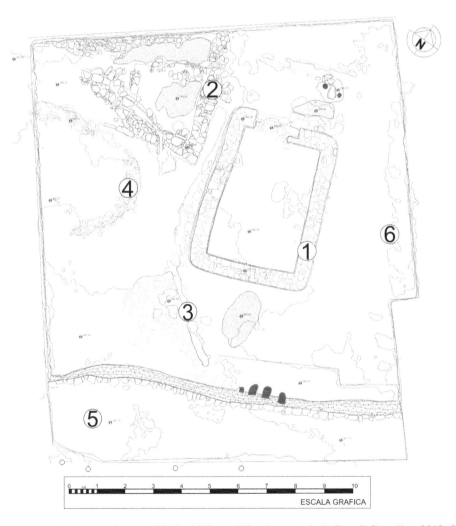

Fig. 5.2. Plano de la zona excavada durante los años 2016 y 2018 (modificado a partir de Ramil González, 2019: 309). 1. Estructura 1, 2. Estructura 2, 3. Estructura 3, 4. Estructura 4, 5. Estructura 5, 6. Estructura 6.

derrube de pedras que semellan adoptar unha forma de banco exterior (Ramil González, 2017: 27-28).

La segunda estructura (fig. 5.2: 2) presenta dos muros situados en dirección norte-sur y este-oeste que forman parte de una construcción que continúa bajo los perfiles sur y este y que es "anterior á habitación galaico-romana" (Ramil González, 2017: 28). Del muro norte se exhumaron 2,20 m, y del muro oeste 35 cm (Ramil González, 2017: 28).

Durante el año 2017 se acometió una excavación en área de 50 m² continuando con la intervención llevada a cabo durante el año 2016 en el sector oeste del recinto y ampliando el área ya descubierta en tres direcciones, sur, este y norte (Ramil González, 2018: 22). Esta intervención dio como resultado, tras retirar los niveles superficiales de tierra vegetal, la exhumación de cuatro elementos estructurales de diferentes momentos constructivos.

En la ampliación realizada en dirección sur se documentan dos estructuras. La estructura 2, (fig. 5.2: 2) cuya exhumación ya se inició en 2016, se perfila ahora con más profundidad:

> Consta de dous muros que fan ángulo recto tanto no interior como no exterior; a súa construcción con superposición de pedras de gran tamaño de cachotería irregular é diferente da Estructura 1 [...] O interior da Estructura 2 conserva un pavimento de arxila amarela ademáis dun furado de poste de sección circular (Ramil González, 2018: 51).

La estructura 4 (fig. 5.2: 4), se trata de una construcción de planta semicircular que continúa bajo el perfil, consistente en "unha zanxa semicircular cuberta de pedras fincadas ao longo da zanxa (Ramil González, 2018: 52). En esta construcción también se documenta un pavimento de arcilla amarilla compactado, tanto en el interior como en el exterior de la zanja (Ramil González, 2018: 52

Al este se exhuma parte de la muralla (fig.5.2: 5), llamada también estructura 5; un total de 4 m con una anchura de 2,9 m y una altura de 1,50 m. Está construida en "cachotería de fiadas horizontais por superposición de pedras de diferente tamaño" (Ramil González, 2018: 52). A pesar de que no se excava el paramento exterior, se documenta el interior del elemento defensivo, compuesto por un "recheo de pedra pequeña e mediana con terra" (Ramil González, 2018: 52).

Finalmente, a lo largo de la superficie excavada se documenta una canalización (fig. 5.2: 3), llamada estructura 3, situada en dirección este:

> É unha estructura complexa, delimitada no sector leste, moi próximo á muralla, por dous muros, norte e sur, de cachotería, por superposición de ata 5 fiadas conservadas, colocadas a oso [...] continua polo sector central do área de intervención [...] chegando ata o perfil oeste [...] A estructura da canle semella que a partir do

sector central do área de intervención, bifurcase, unha parte como xa indicamos continua baixo o muro sur da Estructura 1, e outra parte rompe o muro oeste da Estructura 2, continuando baixo o perfil oeste. (Ramil González, 2018: 52).

En el año 2018 se continúa con la intervención de 2017, ampliándose el área descubierta en tres direcciones y llegando a los 100 m² de área excavada (Ramil González, 2019: 52). Al este se completa la exhumación de la habitación en ángulo recto o estructura 2, donde se levanta el pavimento de arcilla compactada y se documenta "un pavimento de pedra miuda con arxila" relacionado con una fase anterior (Ramil González, 2019: 60) También se completa la excavación de la estructura semicircular, o estructura 4. Al norte se recuperan 7 metros más de muralla y se exhuman en el paramento interno cinco peldaños bolados a los que el investigador se refiere como "cinco pezas líticas que son as escadas de acceso á estructura defensiva" (Ramil González, 2019: 60). Al oeste se documenta parte de un muro considerado como "unha construcción castrexa da fase II" (Ramil González, 2019: 60), llamado estructura 6 (fig. 5.2, 6).

Además, a lo largo de las zonas excavadas se relacionan diversas canalizaciones y elementos relacionados con ellas, a las que se refieren como "un sistema de drenaxe a base de pedras fincadas" (Ramil González, 2019: 60). También se documenta, frente al acceso a la estructura 1 "dos furados de poste relacionados cun entramado de madeira tipo porche" (Ramil González, 2019: 61).

En base a los datos recabados hasta la fecha, los investigadores (Ramil González, 2019: 62-65) documentan tres momentos de ocupación en el castro de Saa: La "fase I" relacionada con la construcción de planta ovalada situada al este (estructura 4), es considerada como la fase más antigua del castro. Luego estaría la llamada "fase II" la mejor documentada con la construcción de muros de esquinas en ángulo recto (estructura 2), la canalización (estructura 3), la muralla (estructura 5) y el muro situado al oeste (estructura 6). Por último, se estableció una "fase III" relacionada con la estructura 1, la construcción de planta rectangular y esquinas redondeadas y asociada ya a época romana.

Tomando esto como referencia, nuestro objetivo principal será el de establecer la secuencia evolutiva de las producciones cerámicas documentadas en estos años y relacionarlas con los momentos cronológicos establecidos en la bibliografía existente, apoyándonos en los datos estratigráficos proporcionados por las memorias de excavación y en estudios comparativos con cerámicas de zonas afines.

5.1.3. *Estudio de materiales*

Nos ceñiremos al estudio de los materiales documentados en el cuarto sondeo realizado en la zona oeste del recinto, y en las posteriores ampliaciones llevadas a cabo en él.

Dado que las campañas de 2017 y 2018 continúan dentro del área de excavación iniciada en 2016 vamos a tratar las colecciones cerámicas procedentes de las tres campañas como un único conjunto.

5.1.3.1. Zona 1 (Cata 3)

- Cerámica de tradición indígena de la zona 1.

La cerámica de tradición indígena la documentamos de manera mayoritaria en esta zona del yacimiento a lo largo de todas las campañas realizadas. Su presencia es constatada especialmente en forma de ollas, aunque también tenemos un pequeño grupo de cuencos de distinto desarrollo morfológico.

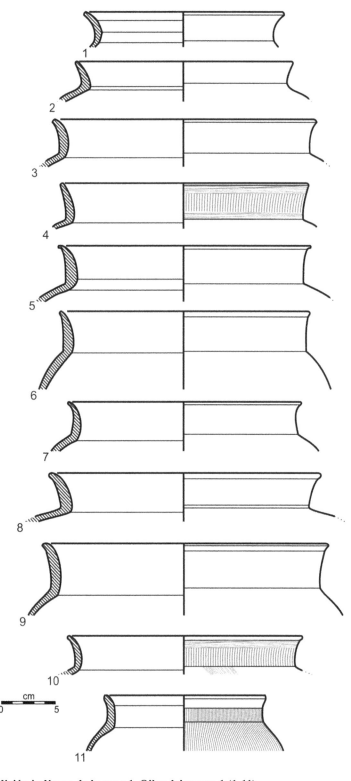

Fig. 5.3. Cerámica de tradición indígena de la zona 1. Ollas del grupo 1 (1-11).

Dentro del conjunto de ollas distinguimos dos grandes grupos formales. En el primer grupo (fig. 5.3- fig. 5.6, fig. 5.18: 2-3), se puede englobar la mayor parte de la colección estudiada. Este grupo se corresponde con las ollas de labio plano o redondeado y borde recto, oblicuo o cóncavo seguido de manera inmediata por un cuerpo marcadamente convexo. Sus medidas oscilan entre los tamaños medianos y grandes.

La mayoría de estas ollas tienen características muy similares, aunque destacan las ollas con borde oblicuo o ligeramente cóncavo, estrecho en la parte superior y algo más ancho en la zona donde comienza la transición al cuerpo, confiriéndole al borde una sección casi triangular (fig. 5.3 - fig. 5.4).

Dentro del grupo 1 también hemos incluido aquellas piezas que presentan una ligera inflexión o un pequeño

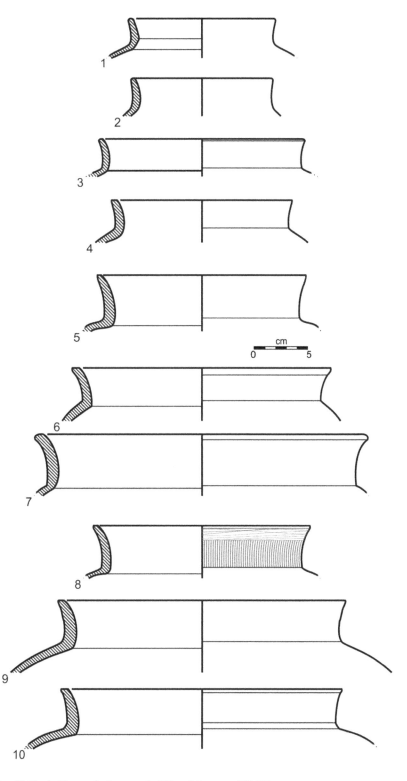

Fig. 5.4. Cerámica de tradición indígena de la zona 1. Ollas del grupo 1(1-10).

desplazamiento lateral abierto en la parte superior del borde (fig. 5.3: 5-11, fig. 5.5: 7-11, fig. 5.6: 2-10), demasiado pequeño como para ser considerado un borde en sí mismo, y que no altera la morfología descrita anteriormente para la pieza.

La mayoría de las ollas de este grupo no presentan decoración, pero documentamos algunas ollas con un modelo decorativo de líneas horizontales bruñidas y, bajo estas, líneas verticales también bruñidas en la cara externa del borde (fig. 5.3: 4 y 10, fig. 5.4: 8, fig. 5.6: 4), además de una pieza con gruesas líneas bruñidas verticales en la cara externa del borde (fig. 5.6:1) y un recipiente pequeño con decoración a peine o estriada en la cara externa del borde y el cuerpo (fig. 5.3: 11). La mayor parte de las cerámicas de este grupo presentan

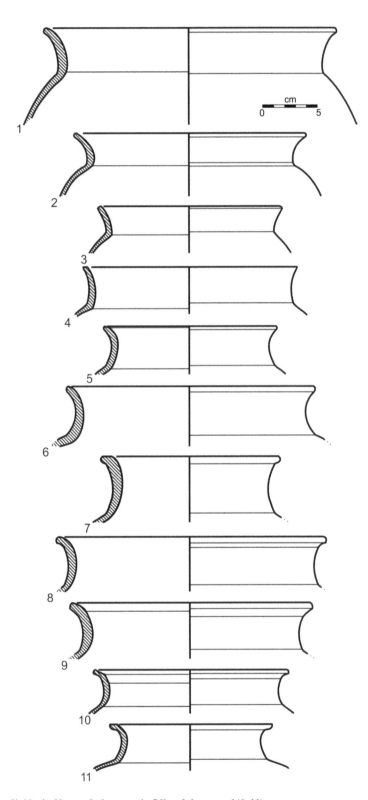

Fig. 5.5. Cerámica de tradición indígena de la zona 1. Ollas del grupo 1(1-11).

unas características tecnológicas que las encuadran dentro de la fábrica 5, salvo algunas piezas adscritas a la 5A. Difieren a este respecto dos ollas, la primera (fig. 5.4: 1) muestra un acabado cuidado y unas pastas de un fuerte color naranja tanto en el interior como en el exterior de la pieza, y la segunda (fig. 5.4: 2) tiene una superficie de un color gris muy claro para el que no hay más paralelos dentro de la muestra analizada.

Dentro de este grupo 1 también incluimos un conjunto de ollitas de pequeñas dimensiones (fig. 5.7: 3-6) algunas de ellas adscritas al L14 (fig. 5. 7: 2-6). Asimismo, diferenciamos un conjunto de ollas de grandes dimensiones (fig.5.7: 7-9) y paredes gruesas. Distinguimos una pieza de borde oblicuo seguido de lo que parece un cuerpo convexo (fig. 5.7:1) que presenta pastas anaranjadas y abundantes desgrasantes en la cara externa de la pieza. Aunque podría

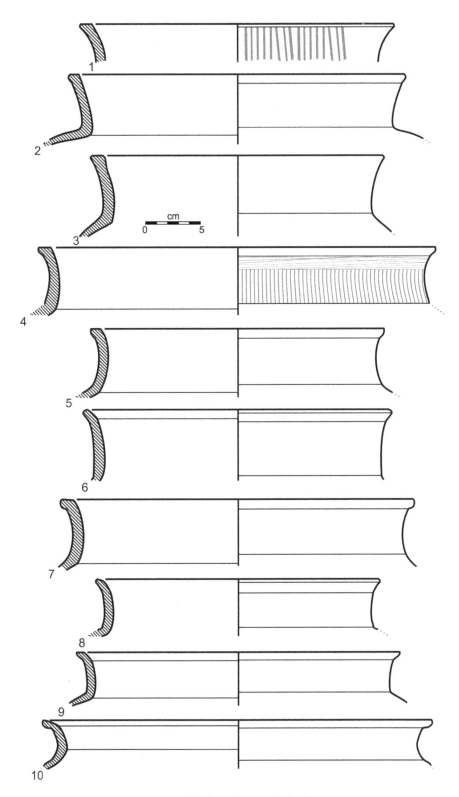

Fig. 5.6. Cerámica de tradición indígena de la zona 1. Ollas del grupo 1(1-10).

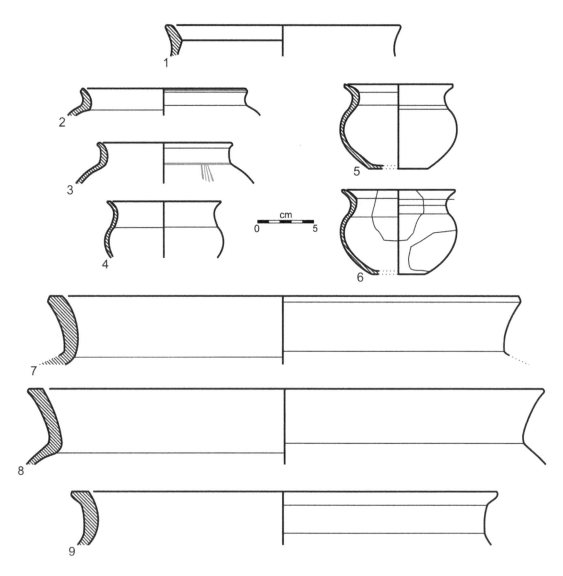

Fig. 5.7. Cerámica de tradición indígena de la zona 1. Ollas del grupo 1(1-9).

ponerse en relación con el resto de las ollas del grupo 1, difiere demasiado en forma y características técnicas.

Otro de los grandes grupos formales establecidos dentro de las ollas indígenas (fig.5.8- fig. 5.9, fig. 5.18: 1), está conformado por un conjunto de recipientes de borde oblicuo, cóncavo o de desplazamiento horizontal abierto, cuello oblicuo cerrado y cuerpo de líneas complejas oblicuo convexo. Sus medidas son muy variadas, manteniéndose la mayoría dentro de un tamaño mediano. La mayoría de estas ollas, a excepción de unas pocas piezas (fig. 5.9: 3-10), van de la línea oblicua o cóncava a la línea convexa del cuerpo sin inflexión neta.

La mayor parte del grupo no muestra decoración, aunque destacamos dos piezas con líneas bruñidas verticales en la cara externa del cuerpo, partiendo de una línea bruñida horizontal en la inflexión entre el cuello y el cuerpo (fig. 5.9: 9-10). En este grupo la mayoría de las ollas también están encuadradas dentro de la fábrica 5, aunque hay más ejemplos de ollas de la 5A que en el grupo anterior.

Al margen de estos dos grandes grupos hemos constatado otras formas en las ollas adscritas a esta producción. Ponemos en relieve un pequeño conjunto de ollas (fig. 5.10: 3-5) de labio redondeado, borde con un ligero desplazamiento horizontal cerrado, seguido por un cuello oblicuo cerrado y un cuerpo convexo. Sus dimensiones son pequeñas y medianas. Se sitúan dentro de la fábrica 5, aunque presentan una gama tonal marrón claro en las pastas y en las superficies, contrastando con los colores oscuros de los grupos anteriores.

Hemos identificado un conjunto de piezas que, aunque se adscriben dentro de la fábrica 5, difieren en cuanto a forma y decoración (fig. 5.10: 1-2, fig. 5.18: 4-5). Sus dimensiones son homogéneas, presentando tamaños medianos. Muestran un ligero engrosamiento del labio, borde convexo con facetado interno y cuerpo convexo. En ellas hemos podido documentar una compleja decoración plástica formada por un modelo decorativo que se puede dividir en 3 partes: La cara externa del borde muestra una sucesión de impresiones de un

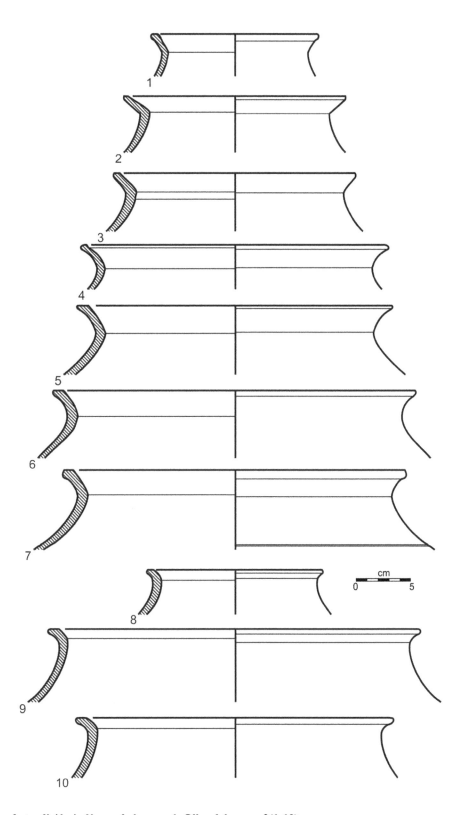

Fig. 5.8. Cerámica de tradición indígena de la zona 1. Ollas del grupo 2(1-10).

cuerpo hueco de sección semicircular. La cara externa del cuerpo presenta un friso decorativo dividido a través de líneas incisas oblicuas en triángulos equiláteros. Aquellos que alinean su lado recto con la inflexión que da paso al borde presentan impresiones de un objeto romo formando líneas paralelas a los lados del triángulo. Los otros triángulos, los que alinean su lado recto con la parte inferior del friso, es decir, con el cordón, presentan un relleno de puntos incisos realizados con un punzón. Seguidamente advertimos dos cordones horizontales, separados entre sí por un espacio en blanco, que presentan decoración digital en su cara externa. Además, ambos recipientes tienen decoración incisa en forma de zigzag en la cara superior del borde.

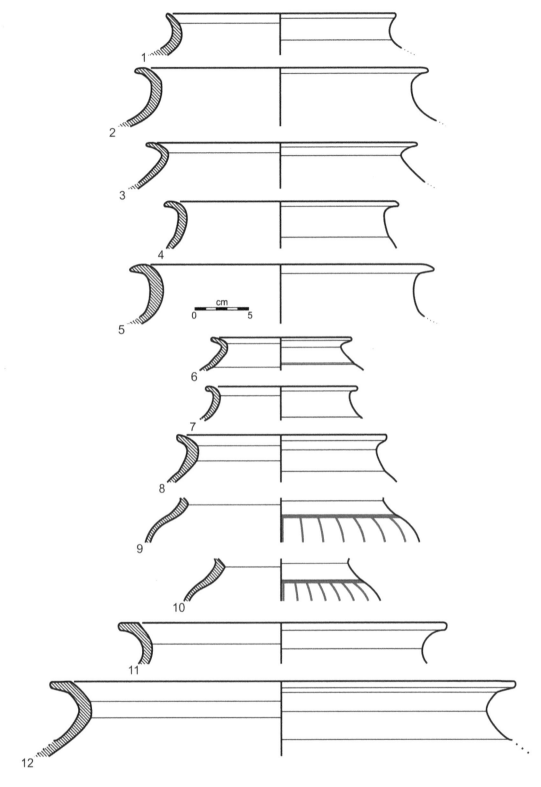

Fig. 5.9. Cerámica de tradición indígena de la zona 1. Ollas del grupo 2 (1-12).

También hemos documentado un pequeño grupo de ollas con embocadura amplia (fig. 5.10: 6-7), que difieren del resto de los grupos. Presentan un borde oblicuo de escaso desarrollo que se une a un cuerpo que, en los fragmentos conservados, comienza su desarrollo con una línea oblicua que parece ir cambiando hacia una línea convexa. Sus tamaños son medianos. Identificamos tres piezas de borde con un orificio que lo atraviesa y que podrían considerarse

ollas L10 (fig. 5.18: 6) u ollas de orejeta perforada. Estas piezas tienen labio redondeado y borde cóncavo, impidiéndonos el escaso desarrollo del perfil apreciar nada más respecto a su forma y tamaño. Todas estas piezas están adscritas a la fábrica 5.

El siguiente grupo formal que encontramos dentro de la cerámica de tradición indígena es el de los cuencos (fig.

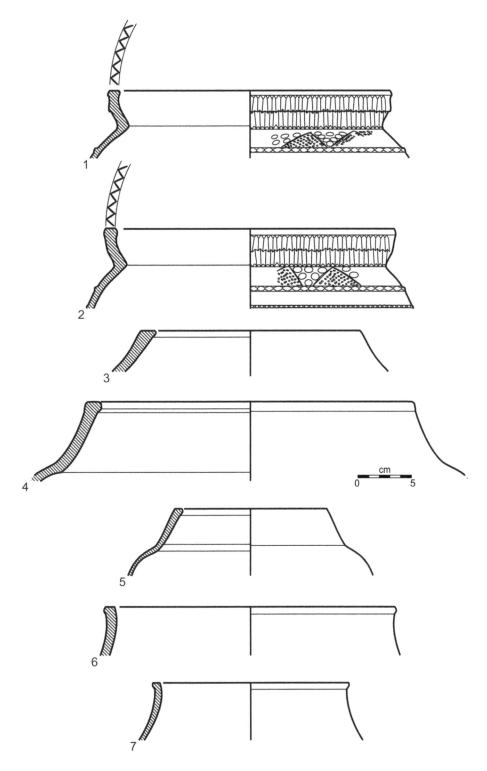

Fig. 5.10. Cerámica de tradición indígena de la zona 1. Otras ollas (1-7).

5.11: 1-10), compuesto principalmente por un conjunto de piezas de labio redondeado o plano, borde cóncavo (fig. 5.11: 1,3 y 6) o con desplazamiento horizontal cerrado (fig. 5.11: 2, 4 y 5) y cuerpo convexo. Tienen unos tamaños medianos y grandes. Dentro de este grupo hay dos piezas cuyo borde, ligeramente recto, se separa del cuerpo convexo a través de una inflexión neta (fig. 5.11: 7-8), son piezas de paredes gruesas y con dimensiones medianas y grandes.

Dentro del grupo de los cuencos existe otro pequeño conjunto de piezas caracterizadas por un borde horizontal cerrado (fig. 5.11: 9) o ligeramente abierto (fig. 5.11: 10), de tamaño mediano, seguido por un cuerpo convexo oblicuo abierto.

Todos los cuencos se sitúan dentro de la fábrica 5. En este grupo formal hemos registrado algunos ejemplos de decoración, como es el caso de uno de los recipientes mencionados antes (fig. 5.11, 10, fig. 5.19: 7), que muestra una sucesión de líneas incisas dispuestas en forma de ese en la cara superior del borde.

En último lugar destacamos la presencia de una pieza de desarrollo oblicuo de tamaño mediano que podría tratarse tanto de una tapadera (fig. 5.11: 11) como de un cuenco debido al escaso desarrollo de su perfil. Se encuadra dentro de la fábrica 5A.

Dentro de la producción de tradición indígena hemos diferenciado un subgrupo que presenta una morfotecnología distinta y al que denominamos cerámica común altoimperial. Dentro de este grupo se ha identificado un conjunto de ollas (fig. 5.12: 1-7) caracterizadas por un borde con desplazamiento horizontal abierto y cuerpo convexo que se pueden poner en relación con las L1 de *Lucus Augusti*. Tienen tamaños medianos y grandes. Aunque el escaso desarrollo de su perfil no nos ha permitido constatar

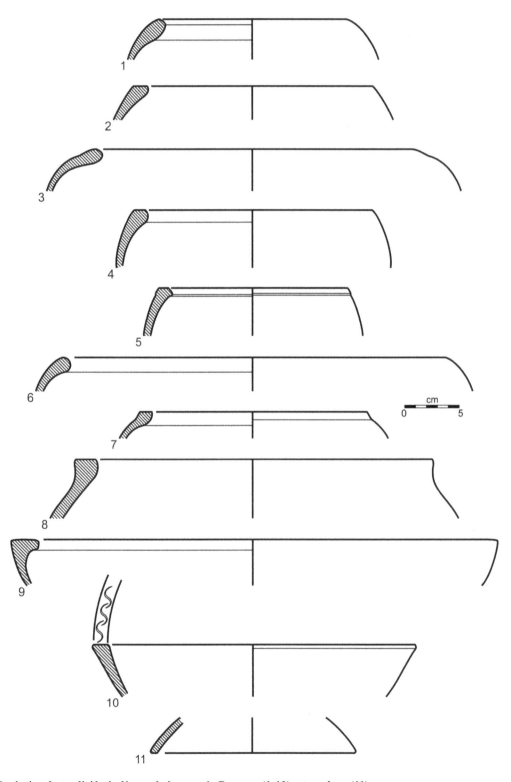

Fig. 5.11. Cerámica de tradición indígena de la zona 1. Cuencos (1-10) y tapadera (11).

si poseen la decoración que caracteriza las ollas L1 más allá de algunas líneas horizontales acanaladas en la cara externa del cuerpo (fig. 5.12:7) y algún cordón horizontal marcando la inflexión con el cuerpo (fig. 12: 4-5), hemos encontrado paralelos con las "ollas lisas de borde facetado del Chao Samartín", también relacionadas con las lucenses (Hevia González y Montes López, 2009:88). La mayoría de las ollas de este grupo se adscriben dentro de la fábrica 6, con algunas excepciones que se encuadran dentro de la fábrica 5A.

De similares características que el grupo anterior, pero con unas dimensiones más grandes, hemos identificado un conjunto de ollas (fig. 5.12: 8-11) adscribibles dentro de las L7 de *Lucus Augusti*. La mayoría de estas ollas se pueden encuadrar dentro de la fábrica 5A y apenas presentan decoración, exceptuando algunas líneas acanaladas rectas y horizontales en la parte superior del cuerpo.

Destaca un grupo de ollas (fig. 5.13, fig. 5.20: 2) de borde oblicuo y cuerpo de línea compleja oblicuo convexo que

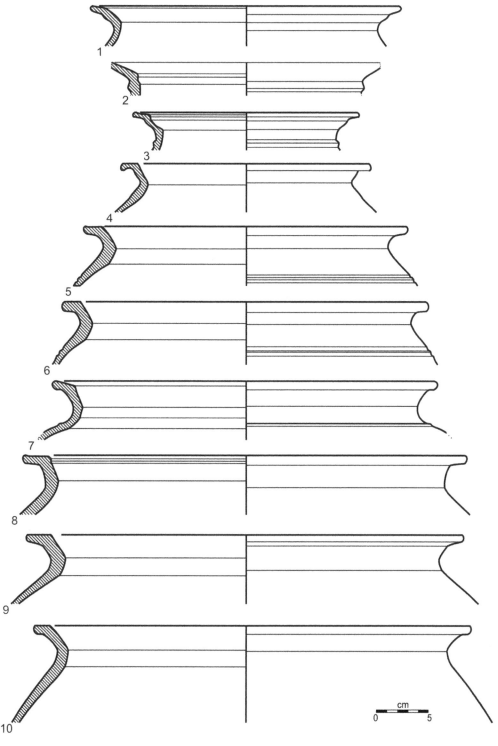

Fig. 5.12. Cerámica común altoimperial de la zona 1. Ollas (1-10).

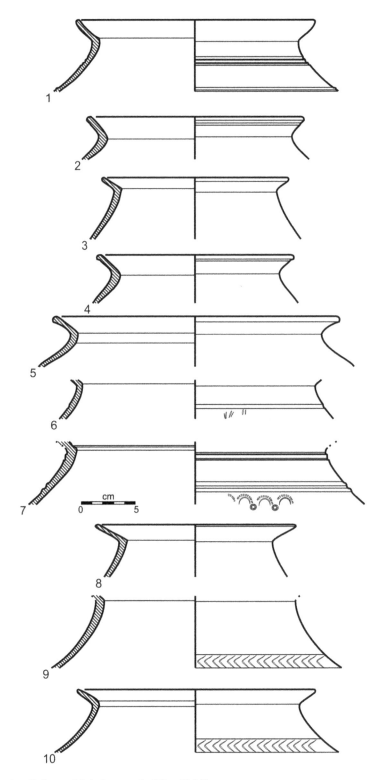

Fig. 5.13. Cerámica común altoimperial de la zona 1. Ollas (1-10).

se adscribe dentro de las L1C, una variante del L1 que presenta menores dimensiones. Muchas de ellas tienen decoración de líneas acanaladas rectas horizontales en la cara externa del cuerpo (fig. 5.13: 1,6-7), y en algunas se han podido documentar líneas incisas oblicuas, también en la cara externa del cuerpo (fig. 5.13: 9-10), que forman un motivo espigado. Destacamos una pieza con decoración estampillada, donde se puede apreciar una serie de arcos entre los que se sitúa una roseta (fig. 5.13: 7, fig. 5.20: 3).

Mención aparte merece una pieza que muestra en la cara externa del cuerpo, bajo las líneas acanaladas, el comienzo de unas líneas incisas oblicuas que parecen formar parte de un motivo triangular (fig. 5.13: 6, fig. 5.20: 1) que suele estar presente en la cerámica adscrita a este subgrupo (Alcorta Irastorza, 2005a: 4). Son ollas de tamaño mediano. Identificamos dos piezas de borde oblicuo con un ligero rehundimiento del borde en su cara interna y cuerpo convexo (fig. 5.14: 6-7) de tamaño pequeño y mediano que se encuadran dentro de las L9. También documentamos dos recipientes (fig. 5.14: 10-11) de tamaño mediano, borde oblicuo con un marcado rehundimiento en su cara interna, que podría servir de encaje para una tapadera, que se asemejan vagamente a las L5 u "ollas de cocina monoansadas, con borde flexionado" (Alcorta, 2001:97). Todas estas piezas están adscritas a la fábrica 6.

En un grupo diferenciado hemos analizado un conjunto de ollas que presenta unas características tecnológicas ligeramente distintas. Como ya hemos apuntado, la mayor parte de la cerámica común altoimperial se inscribe dentro de la fábrica 6, con algunas excepciones de la 5A dentro de las L7 (fig. 5.12: 7-10). Este conjunto de ollas (fig. 5.14: 1-5) tiene un borde oblicuo, tamaños variados y cuerpo de línea compleja oblicua convexa con una transición marcada, aunque, en el caso de una de las piezas (fig. 5.14: 5), la línea oblicua podría considerarse un cuello debido a su reducido diámetro que provoca un estrechamiento hacia la embocadura del recipiente.

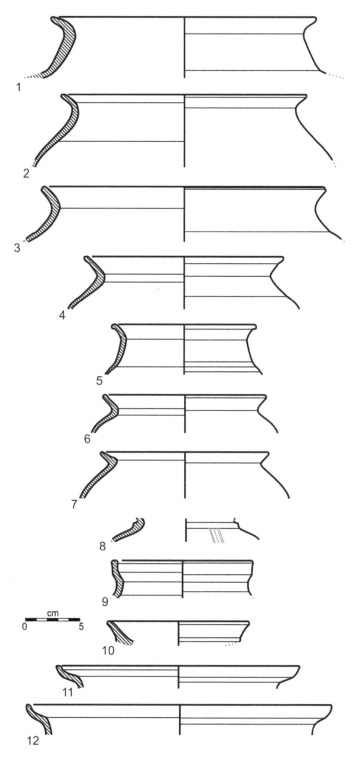

Fig. 5.14. Cerámica común altoimperial de la zona 1. Ollas (1-7) y otros (8-12).

Estas piezas presentan unas pastas semejantes a las de la fábrica 6 pero de color naranja, tanto en la parte interna como en la parte externa de la pieza. Incluimos aquí un fragmento de cuello cóncavo y cuerpo convexo, caracterizado por presentar unas pastas también naranjas muy bien depuradas similares a la fábrica 6, con el mismo color en la superficie y una decoración compuesta por un cordón horizontal en la zona del cuello y finas líneas bruñidas en la cara externa del cuerpo. Además, muestra un tratamiento superficial en la parte interna y externa del cuerpo que se asemeja a un engobe (fig.5.14: 9), lo que la puede relacionar con ciertos *vasa potoria* anaranjados del castro del Chao Samartín (Hevia González y Montes López, 2009:102)

Documentamos dos pequeñas piezas de labio redondeado y plano, borde convexo con una carena en la zona media y cuello cóncavo que podrían corresponderse con algún tipo de jarra o cántaro (fig. 5.14, 9). Sus dimensiones son pequeñas y se encuadran dentro de la fábrica 5A. Morfológicamente recuerdan vagamente a las formas de ciertas jarras de boca ancha romanas, recogidas en varios puntos de la geografía peninsular (Carretero Vaquero, 2000: 677-678), pero el escaso desarrollo de su perfil, lo reducido de la muestra, y sus características tecnológicas, similares a las de las cerámicas de tradición indígena, las separan de estas producciones.

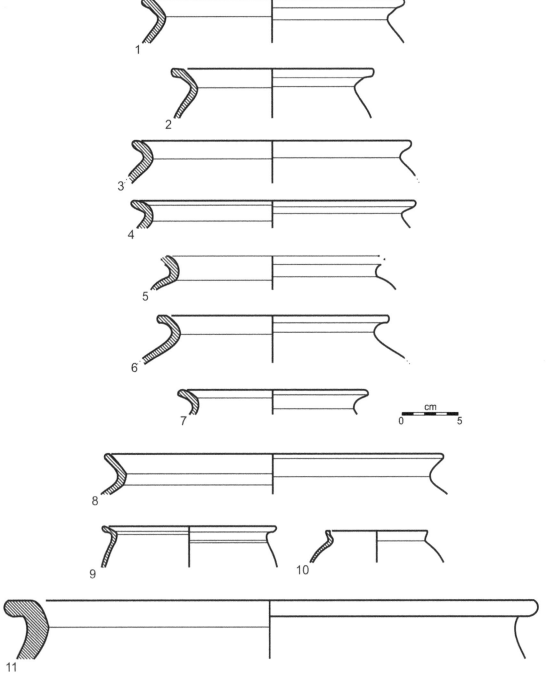

Fig. 5.15. Cerámica común romana de la zona 1. Ollas. (1-11).

Hemos registrado un pequeño fragmento de labio redondeado y cuerpo convexo oblicuo abierto en muy mal estado de conservación. Presenta una rotura superficial en la parte media del cuerpo que podría haberse correspondido con una visera. Esta pieza (fig. 5.14: 10) está adscrita a la fábrica 5A y tiene un tamaño pequeño.

- Cerámica común romana de la zona 1.

La cerámica común romana es el conjunto de producciones minoritarias en el castro de Saa, documentándose marginalmente respecto a la cerámica común de tradición indígena. Su presencia se resume en su mayoría a un pequeño conjunto de ollas de cuerpo convexo, sin cuello, y con un borde cóncavo u oblicuo adscritas dentro de las O1, O2 y O24 (fig. 5.15: 1-9). Con unas dimensiones pequeñas para la O24 (fig.5.15: 9) y medianas para las demás, se trata de ollas encuadradas dentro de la fábrica 1. No presentan decoración a excepción de la O24, con una línea acanalada horizontal recta en la parte superior del cuerpo.

Hemos identificado un recipiente de pequeñas dimensiones (fig. 5.15: 10), de borde oblicuo con un ligero rehundimiento en la cara interna y cuerpo convexo. Esta pieza podría adscribirse como una O25 (Alcorta Irastorza, 2001: 253) o un V3, pero difiere en dimensiones, pastas y desarrollo del perfil del borde. Asimismo, documentamos un recipiente de grandes dimensiones, que podría corresponderse con una olla de almacenaje (fig. 5.15: 11), adscrito a la fábrica 5A.

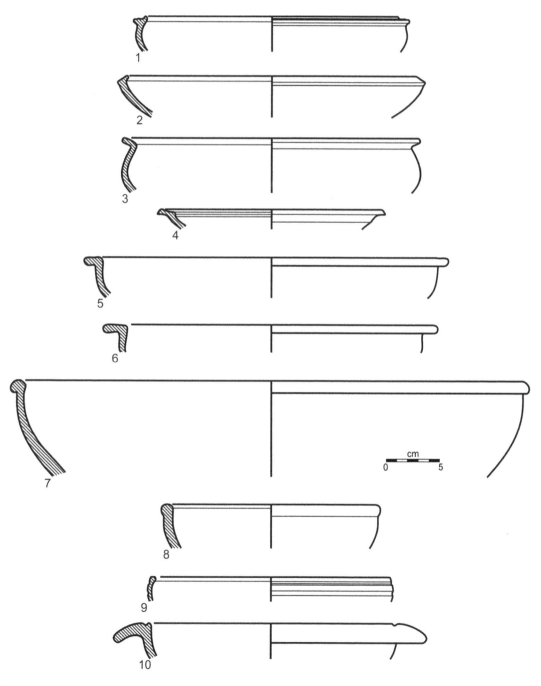

Fig. 5.16. Cerámica común romana de la zona 1. Cuencos (1-4), fuentes (5-9) y mortero (10).

El segundo grupo formal con mayor representación es el de las fuentes, destacando un conjunto de tres recipientes de labio engrosado o redondeado, con un cuerpo convexo oblicuo abierto (fig. 5.16: 7-9). Estas fuentes, adscritas a la fábrica 1, no se encuadran dentro de las formas de lucenses. Sus dimensiones son medianas o grandes y, a excepción de una de las piezas, que presenta dos líneas acanaladas rectas horizontales paralelas en la cara externa del cuerpo, el resto no presenta decoración.

Hemos documentado otras dos fuentes (fig. 5.16: 5-6) de borde con desplazamiento horizontal abierto y cuerpo convexo oblicuo abierto. Tienen un tamaño grande y están encuadradas dentro de la fábrica 1. Estas fuentes recuerdan remotamente a ciertas formas presentes en las fuentes o cuencos tardíos de pastas grises (Alcorta Irastorza, 2001: 384), pero difieren tecnológicamente y no han conservado el suficiente desarrollo del perfil para adscribirlas dentro de ninguna forma conocida.

Hemos registrado un pequeño conjunto de cuencos de muy diversa morfología (fig. 5.16: 1-4). Documentamos un cuenco (fig. 5.16:1, fig. 5.20: 10) de borde redondeado, cuerpo convexo y una pequeña visera oblicua de sección triangular en la parte superior del cuerpo. Este cuenco, encuadrado dentro de la fábrica 1, recuerda al C5 de Alcorta (2001: 335), pero difiere demasiado en forma como para poder encuadrarlo ahí. Tiene un tamaño mediano.

El segundo cuenco (fig. 5.16: 2, fig. 5.20: 11) presenta una morfología diferente, tiene un labio redondeado, borde oblicuo cerrado y cuerpo convexo oblicuo abierto, sus dimensiones son medianas y se sitúa en la fábrica 1. Muestra paralelos con cuencos de época altoimperial documentados en el valle del Ebro (Aguarod Otal, 2017: 63) en la Meseta Central (Blanco García, 2017: 193) y con tapaderas registradas en *Petavonium* (Carretero Vaquero, 2000: 662). Esta forma también tiene su similitud en ciertos tipos presentes en las cerámicas itálicas de barniz negro (Blanco García, 2017: 191), pero presenta un mayor parecido con la forma Mezq. 67 de la *terra sigillata* hispánica o TSH (Beltrán Lloris, 1990: 129, fig. 52,449) y especialmente con el tipo 22 de Vegas (Vegas, 1973: 61).

Dentro de los cuencos distinguimos dos piezas (fig. 5.16: 3) que podrían pertenecer al mismo recipiente, de borde oblicuo y cuerpo convexo con unas dimensiones medianas. Están adscritas a la fábrica 2. Sin encuadrarse dentro de ninguno de estos tipos, resaltamos que muestra similitudes con los llamados "cuencos de borde entrante" de *Petavonium* (Carretero Vaquero, 2000: 667) de época altoimperial, también recuerda vagamente a los cuencos carenados C1 de *Lucus Augusti*, que van del s. II al III d.C., y a las cazuelas altoimperiales de fondo plano del castro del Chao Samartín del s. II d.C. (Hevia González y Montes López, 2009: 156), aunque su borde no coincide plenamente.

Hemos documentado un fragmento (fig. 5.16: 4) adscrito a la fábrica 1, tiene tamaño mediano y, a pesar de su reducido tamaño, guarda cierta similitud con ciertos tipos de platos pequeños documentados en el campamento de *Petavonium* (Carretero Vaquero, 2000: 689) y en la zona de la Meseta Central (Blanco García, 2017: 189), no encontrando paralelos dentro de las formas lucenses.

Por último, hay que mencionar un fragmento (fig. 5.16: 10) de borde con desplazamiento horizontal abierto ligeramente curvado hacia abajo y cuerpo convexo oblicuo abierto de tamaño mediano. Posee una línea acanalada en la parte superior del borde, próxima al cuerpo. Su morfología, a pesar de no presentar pico vertedor, lo acerca a los morteros, concretamente a los "Dramont 2 o M2" (Alcorta Irastorza, 2001: 151). Sin embargo, sus pastas, de color ocre con abundantes desgrasantes de cuarzo y mica, no coinciden con la descripción que se da para esta forma, de pastas blanquecinas o rosadas con un barniz en la parte interna de la pieza.

5.1.4. *Los materiales y su cronología*

En esta zona del castro, la cerámica de tradición indígena se documenta en mayor medida que la cerámica común romana. Hemos identificado un conjunto muy abundante de ollas de esta producción, junto con algunos cuencos, todos con una morfotecnología muy similar. Destaca el subgrupo dentro de la cerámica de tradición indígena asociado mayormente a tipos altoimperiales, como las ollas de borde facetado, las L1c y las L9 (fig. 5.12-fig. 5.14) por tratarse de un conjunto también bastante mayoritario, especialmente en la estructura 1. Respecto a la cerámica común romana, solo hemos identificado un reducido conjunto de ollas, varias fuentes, algunos cuencos y un pequeño fragmento de mortero junto con tres fragmentos de TSH y un pequeño fragmento que guarda cierta similitud con la producción de paredes finas.

Respecto a la cronología que indican estos materiales (fig. 5.17), dentro de la producción de tradición indígena, que es la mayoritaria, no hemos podido encontrar muchas referencias para esta zona, sin embargo, la mayoría de las formas documentadas tienen sus paralelos más cercanos en yacimientos de época romana como Punta do Castro (Lozano et al., 2015) y el castro de Zoñán (Vigo García, 2007). Las ollas de borde facetado se adscriben dentro de época altoimperial, aunque algunos autores apuntan a que podrían tener una mayor continuidad (Hevia González y Montes López, 2009: 88). El grupo de las L1c, las L9, las L10, las L7 y el conjunto de las ollitas L14, se encuadran dentro del s. I d.C. (Alcorta Irastorza, 2001).

Dentro de la cerámica común romana, hemos documentado grupos con una larga adscripción cronológica como los O1, las O2 y las O24, encuadrados dentro del s. II y el V d.C. (Alcorta Irastorza, 2001), pero se ha de tener en cuenta la presencia de recipientes relacionados con formas de la cerámica común romana de época altoimperial, como muchos de los cuencos, las fuentes, el mortero similar a la forma Dramont 2, propia del s. I-II d.C. (Aguarod Otal, 1991: 140) y la forma relacionada con el tipo 22 de Vegas fechada en el s. I d.C. (Vegas, 1973: 161).

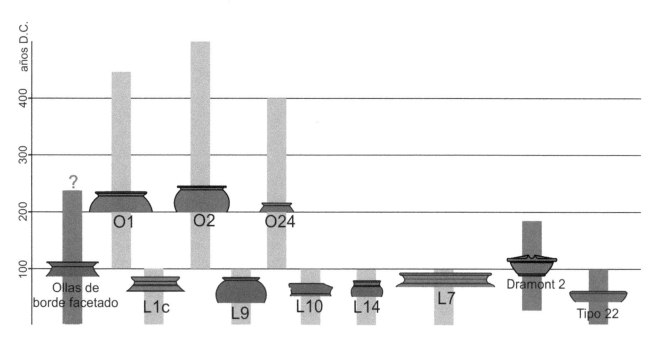

Fig. 5.17. Cuadro cronológico de la zona sudeste según los datos de Alcorta Irastorza (2001), Hevia González y Montes López (2009), Aguarod Otal (1991) y Vegas (1977).

Si acudimos a la estratigrafía vemos que los investigadores identifican hasta cuatro niveles para esta zona vinculados a distintos momentos cronológicos. De techo a base tenemos un nivel superficial asociado a un contexto revuelto, donde documentamos cerámica de tradición indígena, formas de cronología altoimperial, cerámica común romana y el fragmento que podría tratarse de una cerámica de paredes finas.

A continuación, se describe un nivel "galaico-romano" que se denomina como "fase 1" y que comprende la estratigrafía asociada a la estructura 1 y el derrumbe de un muro de la estructura 2. En este nivel documentamos un conjunto importante de cerámica de tradición indígena, junto con la mayor parte de los recipientes adscritos a época altoimperial como los L1c, las ollas de borde facetado, las L7, una parte de las L14, las L10 y las L9. También hemos identificado aquí la mayor parte de las producciones de cerámica común romana como las O1, las O2, las O24, la mayoría de las fuentes y el mortero.

Se documentó un nivel que se denominó "castrexo" al que se le nombra como "fase II", que se corresponde con la estructura 2, la estructura 3, un nivel de sedimento asociado a la estructura 4, la estructura 5 y la estructura 6. En este nivel hemos identificado a la mayoría de las ollas de producción indígena, destacando los tres recipientes con decoración plástica (fig. 5.10:1-2) y la mayor parte de los cuencos. La presencia de los recipientes altoimperiales es menor respecto al anterior nivel, identificando tan solo un L14, algunas ollas L1c y una olla L7. La cerámica común romana también está de manera marginal, tan solo dos cuencos y una fuente. Hay que reseñar la presencia aquí de dos fragmentos de TSH, dos fragmentos informes en un derrumbe de la muralla, y un fragmento de cuerpo y base cuyo estado de

conservación no permite su clasificación en una capa de tierra asociada a la estructura 2.

El último nivel excavado, denominado "castrexo" y conocido como "fase I", abarca la estructura 4. En este nivel solamente hemos identificado producciones de tradición indígena: ollas de borde oblicuo y cuerpo convexo y un par de cuencos.

Al comparar los datos estratigráficos con los materiales documentados, se da la posibilidad de que la estructura 1 no tenga una ocupación más allá del s. II d.C. porque, aunque haya presencia de recipientes documentados desde el s. II al V d.C., no hemos identificado ningún material que comience a ser elaborado exclusivamente a partir del s. III d.C. Es en esta estructura donde documentamos la mayoría de las cerámicas de tradición indígena asociadas al s. I a.C. Cabe destacar que el resto de los materiales de tradición indígena presentes no muestran mucha diferencia respecto a los que se registran en el resto de las estructuras.

En la estructura 3 (canalización) y la 5 (muralla), todavía hemos podido apreciar cierta variedad de producciones, aunque en mucha menor medida que en la estructura 1, mientras que la estructura 2 muestra ya un claro predominio de cerámica de tradición indígena respecto a cualquier otra producción. Todas estas estructuras se encuentran situadas a la misma cota que el interior de la estructura 1 y, a nivel estratigráfico, nada indica que se encuentren en un nivel inferior.

La estructura de planta circular o estructura 4 sí se encuentra en una cota inferior respecto al resto lo que, junto con sus materiales, tan solo producciones de tradición indígena, corrobora, tal y como se apuntaba en la bibliografía, que se trate de la zona más antigua excavada hasta el momento.

Teniendo en cuenta todos estos datos hemos podido estipular un momento inmediatamente anterior al cambio de Era para la estructura circular, no pudiendo documentar un momento más antiguo debido a la escasez de materiales documentados en ella. Proponemos una ocupación a lo largo del s. I d.C. para el resto de las estructuras a excepción de la 1, que podría tener continuidad durante el s. II d.C., teniendo en cuenta que en ella hemos documentado una mayor influencia de las formas romanas que en el resto de las estructuras y que presenta ciertos recipientes que comienzan a elaborarse exclusivamente en esta época.

5.1.5. Conclusiones sobre la cerámica del castro de Saa

Una vez estudiadas las colecciones la cerámica de tradición indígena parece representar la mayor parte de la producción alfarera en el castro de Saa, siendo la influencia de las formas romanas, por lo menos en esta zona del castro, minoritaria y escasamente representada.

Al ser la cerámica de tradición indígena la producción mayoritaria, documentamos aquí, con especial incidencia, los problemas intrínsecos asociados a esta producción. La información que se puede extraer sobre la secuencia cronológica de este yacimiento resulta algo menor que la que se puede deducir en otros lugares con una mayor presencia de cerámicas romanas. La mayor parte de la cerámica de tradición indígena documentada es similar a la de otros yacimientos como Zoñán, Viladonga o Punta do Castro, con ocupaciones estimadas desde el s. I al V d.C. (Vigo García, 2007; Arias Vilas et al., 2016; Ramil Rego et al., 1995).

Existen una serie de factores que pueden ayudar a la hora de precisar un poco más esta cronología. La mayoría de los recipientes que hemos podido clasificar tienen un arco cronológico que los sitúa en el s. I d.C. o, en menor medida en el s. II d.C. en el caso de los recipientes romanos. Exceptuando algún recipiente de cerámica común que puede tener una amplia cronología que perdure hasta el

Fig. 5.18. Cerámica común de tradición indígena del castro de Saa (1-6).

s. V d.C., no hemos documentado ningún recipiente que tenga su origen en época tardía.

Se han de tener en cuenta una serie de condicionantes a la hora de establecer consideraciones cronológicas acerca de este yacimiento. Debemos recordar que la zona estudiada abarca un porcentaje muy pequeño de la superficie del recinto, que aún se encuentra en proceso de excavación en estos momentos, por lo que todavía no podemos saber si las estructuras y los materiales documentados aquí son representativos del conjunto del yacimiento. Además, la interpretación del registro estratigráfico establecida previamente, en ocasiones no ayuda a precisar esta cronología, ya que muestra una falta de correspondencia entre fases cronológicas y niveles arqueológicos, arrogándole a algunas estructuras una antigüedad que no parece acorde con la estratigrafía del yacimiento. En suma, y teniendo en cuenta todos estos datos, proponemos una cronología preliminar para el castro de Saa de corta

duración, asociada al cambio de Era y que no debe prolongarse más allá del s. II d.C.

5.1.6. Apartado gráfico – Fotografías

5.2. La cerámica común del castro de Agra dos Castros (Marcelle, Lugo)

5.2.1. Localización y características del yacimiento

El castro de Agra dos Castros (fig. 5.21) se encuentra situado en las proximidades de la actual ciudad de Lugo, en el núcleo rural de Marcelle, concretamente en la zona denominada A Agra dos Castros (Coordenadas ETRS89: Huso UTM 29, X 616 015, Y 4 764 467). El yacimiento está localizado en un gran espolón con una superficie horizontal entre el río Rato y el río Miño, concretamente en una ladera del Miño al inicio de una zona amesetada.

Fig. 5.19. Cerámica común de tradición indígena del castro de Saa (1-7).

Fig. 5.20. Cerámica común altoimperial del castro de Saa (1-7). Cerámica común romana del castro de Saa (8-11).

Está situado 1 km al este del río Miño y a unos 1500 m al sudeste de la antigua *Lucus Augusti*.

Las obras de control arqueológico llevadas a cabo para la instalación de la red de gasificación de Lugo en 1996 propiciaron la aparición de restos arqueológicos en el lugar, que quedó catalogado entonces como Agra dos Castros. Posteriormente, entre 2007 y 2008, la construcción de una nueva zanja sin control arqueológico dejó al descubierto nuevos restos arqueológicos:

> …tres foxos (un no sector leste e dous no sector oeste da gabia) xunto a unha serie de estruturas pétreas, conformadas por laxas de lousa unidas entre sí mediante argamasa arxilosa […] tamén se recollía a aparición dun nivel de paleosolo sobre o cal se documentaron varios buratos de poste con calzos (Bartolomé Abraira, 2008a: 29).

Debido a estos hallazgos se realizaron tres sondeos valorativos en las zonas de mayor concentración de estructuras y se excavó una parte representativa de los fosos localizados Tras esta primera intervención se acordó una ampliación en la zona este de la zanja con un cuarto sondeo (Bartolomé Abraira, 2008a: 29). Hasta la fecha han sido documentados seis fosos, dos hacia el oeste y cuatro en el lado este donde el terreno no es tan inclinado, así como varios parapetos de tierra entre el foso 1 y 2 y el resto de las construcciones, ya en el interior del recinto (Bartolomé Abraira, 2008a: 31).

Respecto a estudios anteriores llevados a cabo, aparte de dos artículos de divulgación sobre el castro (Bartolomé Abraira, 2008a y 2009) y un artículo sobre uno de los restos documentados (Balseiro García y Bartolomé Abraira, 2018) hasta la fecha no contamos con ningún estudio exhaustivo sobre este yacimiento y sus restos.

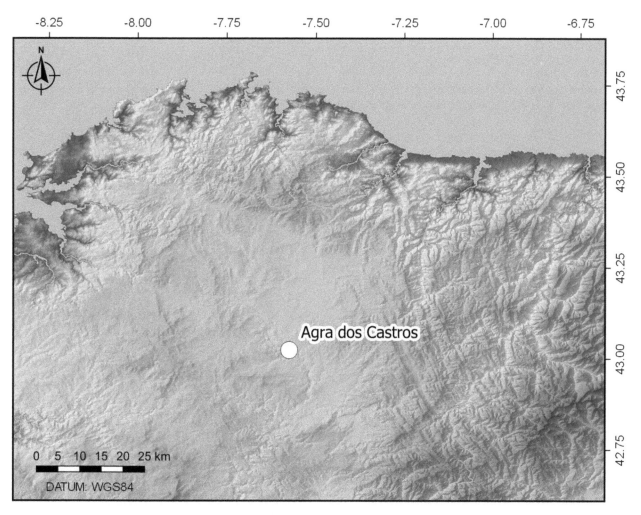

Fig. 5.21. Localización del castro de Agra dos Castros.

5.2.2. Selección de la muestra

Hemos analizado las distintas producciones de cerámica común registradas en los cuatro sondeos llevados a cabo en el yacimiento, intentando establecer la secuencia evolutiva de las mismas y asociarlas a momentos cronológicos, apoyándonos en los datos estratigráficos y en estudios comparativos con cerámicas de zonas afines.

Estas fases ya se han establecido en las primeras valoraciones sobre el lugar (Bartolomé Abraira, 2008a, 2009), donde se habla de una primera fase prerromana (Bartolomé Abraira, 2008a: 30-31) a la que se corresponden los elementos defensivos del castro y una serie de agujeros de poste con calzos, canales y fondos de cabaña asociados a estructuras que no han perdurado por haber sido fabricadas con materiales perecederos. A esta fase, estas primeras valoraciones adscriben una arracada de oro documentada en los revueltos superficiales (Bartolomé Abraira, 2008b: 30-31).

A continuación vendría una fase Julio-Claudia en la que se documentaron "muros de cachoteria e lousa mesturada con outro tipo de pedra, combinados a súa vez con buratos de poste e canais" (Bartolomé Abraira, 2008a: 32). En esta fase se registran materiales romanos entre los que destaca un denario de Tiberio (Bartolomé Abraira, 2008a: 32).

La siguiente fase constructiva, que es la predominante, abarcará según la documentación el periodo Flavio hasta el s. III d.C. y, asociada a ella, se localizaron estructuras murarias asociadas a "pavimentos de arcilla fuertemente compactada, localizando ademais dous fogares no interior doutras estancias" (Bartolomé Abraira, 2008a: 32), desapareciendo en estos niveles los agujeros de poste. La mayoría de los materiales recuperados durante la excavación están asociados a estos niveles.

Finalmente se documentó una última fase con restos de "dous muros construídos con posterioridade aos do período anterior, e en moi mal estado de conservación, case a nivel superficial, sen niveis de ocupación asociados" (Bartolomé Abraira, 2008a: 33). Estas primeras valoraciones apuntan a una ocupación estipulada entre el s. IV a.C. hasta época Bajoimperial (Bartolomé Abraira, 2009).

A la hora de ahondar en estas valoraciones, hay que tener en cuenta que las excavaciones se realizaron sobre un área pequeña respecto al total del yacimiento que, por otra parte, se encuentra muy deteriorado por las obras que se han realizado sin control arqueológico a lo largo de los años. Tampoco pudimos tener acceso a la totalidad del registro estratigráfico de estos sondeos, faltándonos información acerca de la localización de las unidades estratigráficas que nos hubiera permitido asociar todos los materiales estudiados a paquetes estratigráficos. Por tanto, el estudio de estos materiales ha sido realizado desde una perspectiva tipológica, intentando diferenciar producciones y asignando tipos que puedan ayudarnos a esclarecer estas fases establecidas previamente.

5.2.3. Estudio de los materiales

Para presentar los resultados de este estudio se ha optado por continuar con la división basada en sondeos. Estos sondeos, de aproximadamente 25 m² cada uno, están situados en diferentes puntos del yacimiento no muy alejados unos de otros, situándose en la misma zona (fig. 5.22). Uno se localiza al sur de la zanja y los otros dos, separados por escasos metros, se encuentran al norte de la zanja. Finalmente, en base a los resultados obtenidos, se realizó un cuarto sondeo, situado al oeste del foso 1.

5.2.3.1. Zona 1 (Sondeo 1)

Este primer sondeo, de 5x5 m², (fig. 5.23) se encuentra en la zona sur de la zanja, dentro del recinto defensivo del castro, entre los fosos 1 y 2. Se documentaron en él cuatro fases constructivas (Bartolomé Abraira, 2008b: 20-25).

Bajo el nivel superficial, en el que se documentó la arracada de oro, se registraron varios niveles de derrumbe con abundantes materiales cerámicos y, por debajo, dos estructuras (Bartolomé Abraira, 2008b: 21-22):

> …aparecieron dos estructuras murarias adosadas una a la otra. La primera aparece al norte (U.E. 301) y la segunda (U.E. 307), con un mayor grosor, adosada a la cara sur de la primera (U.E. 301) […] Al sur de esta estructura U.E. 307 aparece un empedrado exterior (U.Es. 327, 328 y 329) […] posee una ligera caída hacia el sur dónde se documenta un canal (U.E. 330) que parece tener una clara función de recogida de aguas…

Durante la excavación se tomó la decisión de seguir bajando en la zona oeste del sondeo (Bartolomé Abraira, 2008b: 22) y, bajo el empedrado, se documentó un nivel de

Fig. 5.22. Sondeos realizados en Agra dos Castros (modificado según Bartolomé Abraira, 2008b).

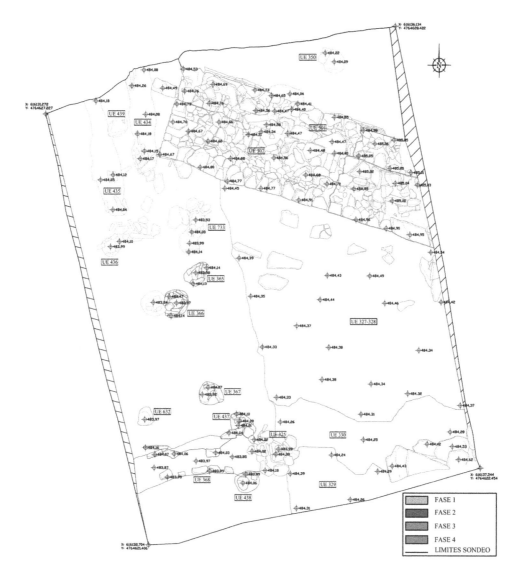

Fig. 5.23. Plano del sondeo 1 (modificado según Bartolomé Abraira, 2008b).

pavimento realizado en "arcilla compactada" (Bartolomé Abraira, 2008b: 23) asociado a uno de los muros (UE301). Bajo este pavimento apareció "un depósito de preparación del terreno compuesto por abundantes losas de pizarra" (Bartolomé Abraira, 2008b: 24).

Anterior a estas estructuras, se documentó una última fase de ocupación, representada por "huecos de poste con calzos, canales y lo que podrían ser fondos de cabaña" (Bartolomé Abraira, 2008b: 25).

En este sondeo "se aprecian de manera evidente dos periodos bien diferenciados". (Bartolomé Abraira, 2008b: 24), un primer periodo, correspondiente con la fase 1 y 2 (fig. 5.19) formado a base de "estructuras perecederas" (Bartolomé Abraira, 2008b: 25).y un segundo periodo romano, correspondiente con las fases 3 y 4 (fig. 5.19).

- Cerámica de tradición indígena de la zona 1.

La cerámica de tradición indígena, en comparación con la común romana, aparece en menor medida en este sondeo,

generalmente en forma de ollas y cuencos. Dentro del conjunto de las ollas (fig. 5.24: 1-8), hemos identificado de igual manera un primer grupo formal de piezas de borde oblicuo o cóncavo y cuerpo convexo, y un segundo grupo formal con piezas de borde oblicuo de corto desarrollo y cuerpo de línea compleja oblicua convexa. Presumiblemente, estas piezas tendrán la base plana dado las características de las bases encontradas adscritas a esta producción. Se trata de unas cerámicas situadas dentro de la fábrica 5, con algunas piezas de la 5A, de tamaño mediano y grande, que carecen de decoración.

Dentro de las ollas, resalta una pieza que posee unas características similares a las anteriores en cuanto a pastas y tratamiento, incluyéndose dentro de la fábrica 5, pero que difiere en cuanto a forma y decoración (fig. 5.24: 8, fig. 5. 50: 9). Presenta un borde convexo, labio plano, facetado en la cara interna del borde y muestra una decoración en la cara externa del borde a base de una sucesión de impresiones de un cuerpo hueco de sección semicircular, tal vez algún tipo de cánula cortada. Es un recipiente de tamaño mediano.

Por último, hemos identificado un fragmento de borde oblicuo con un orificio circular que lo atraviesa en su parte central que se trata del único ejemplo de olla L10 (fig. 5.24: 1, fig. 5.50: 5) u olla de orejeta perforada en el yacimiento. El escaso desarrollo de su perfil impide decir más sobre el desarrollo de su forma o sus diámetros.

El siguiente grupo formal documentado en la cerámica de tradición indígena del sondeo 1 es el de los cuencos (fig. 5.24: 9-11). Se trata de un pequeño conjunto de piezas de labio redondeado, borde con desplazamiento horizontal cerrado y cuerpo que podría ser convexo. Están encuadradas dentro de la fábrica 5 y tiene tamaño mediano, con unas dimensiones bastante homogéneas. No presentan decoración.

Dentro de esta producción hemos diferenciado un subgrupo que presenta una morfotecnología algo diferente, la cerámica común altoimperial (fig. 5.25), que será el conjunto mayoritario dentro de la cerámica de tradición

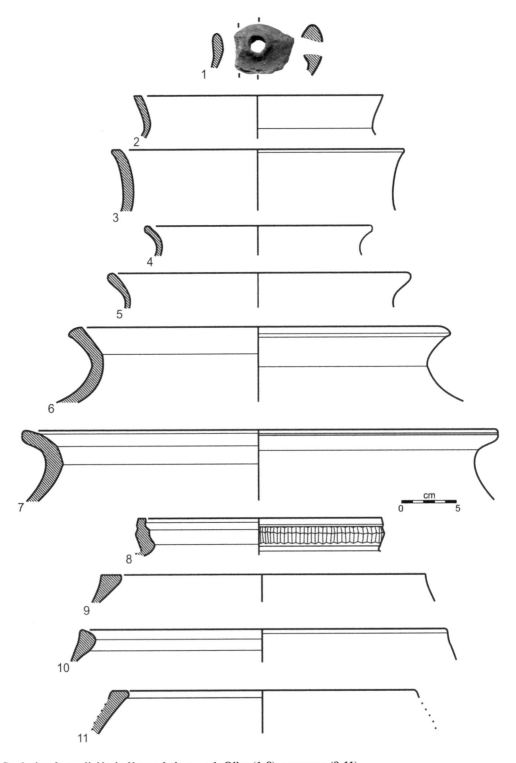

Fig. 5.24. Cerámica de tradición indígena de la zona 1. Ollas (1-8) y cuencos (9-11).

indígena del sondeo 1. La mayoría de estas piezas se encuentran dentro de la fábrica 6.

Hemos documentado un conjunto de ollas (fig. 5.25: 1-6) caracterizadas por un borde con desplazamiento horizontal abierto y cuerpo convexo que hemos relacionado con las L1 de *Lucus Augusti*. Tienen un tamaño mediano y, aunque no hemos podido constatar si poseen la decoración que caracteriza a las L1, son muy similares a las ollas lisas de borde facetado del Chao Samartín, también puestas en relación con esta forma lucense (Hevia González y Montes López, 2009: 89). Dentro de este conjunto hemos diferenciado una olla (fig. 5.25: 1) que presenta un engobe

en la cara interna del borde y en la zona del labio, que recuerda vagamente a las ollas de fabricación regional altoimperial engobadas que se han registrado también en el castro del Chao Samartín (Hevia González y Montes López, 2009: 71), o a las "ollas tempranas engobadas" de *Lucus Augusti* (Alcorta Irastorza, 2005b).

Hemos identificado una fuente (fig. 5.25, 9) con labio redondeado y un pequeño borde con desplazamiento horizontal abierto, seguido de un cuerpo convexo oblicuo abierto en el que resalta la presencia de una pequeña visera oblicua de sección triangular. Sus dimensiones son grandes, está encuadrada dentro de la fábrica 5A y,

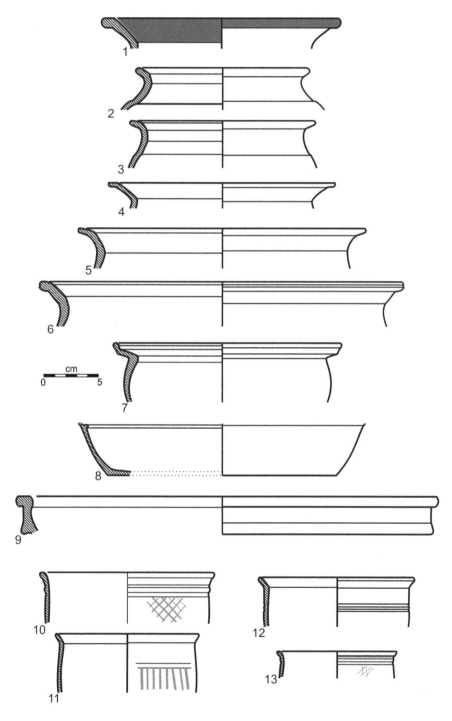

Fig. 5.25. Cerámica común altoimperial de la zona 1. Ollas (1-6), cazuela (7) plato (8), fuente (9) y vasos (10-13).

aunque podríamos adscribirla dentro de las fuentes L19 de *Lucus Augusti*, su morfología no coincide. También hemos documentado un plato de borde oblicuo de corto desarrollo (fig. 5.25: 8), con una pequeña visera en la parte interna del cuerpo convexo oblicuo abierto de paredes delgadas y tamaño mediano que presenta unas características muy similares a los L17 de *Lucus Augusti*.

Otro conjunto que hemos podido encuadrar dentro de este subgrupo es el de los vasos L16 (fig. 5.25: 10-13) de borde oblicuo y cuerpo convexo poco marcado, de tamaño pequeño y mediano. Todos ellos presentan decoración en la parte media del cuerpo en forma de líneas rectas horizontales (fig. 5.25: 12) y líneas bruñidas oblicuas o rectas (fig. 5.25: 10-11 y 13).

Por último, identificamos un recipiente (fig. 5.25: 7, fig. 5.51: 8) de tamaño mediano, con un marcado rehundimiento en la cara interna del borde, y cuerpo convexo que hemos relacionado con las "cazuelas hondas de fondo plano" documentadas en el Chao Samartín (Hevia González y Montes López, 2009: 75).

- Cerámica común romana de la zona 1.

La cerámica común romana es el conjunto de producciones mayoritarias en este sondeo, que presenta, además, una gran variedad formal.

Dentro de la cerámica común romana el grupo mejor documentado es el de las ollas, seguido de cerca por las fuentes. En las ollas abundan los recipientes de cuerpo convexo, sin cuello y con un borde cóncavo u oblicuo adscritas a las O1 (fig. 5.26: 6-8, fig. 5.51: 2), O2 (fig. 5.26: 1-5), O5 (fig. 5.26: 12-13) y O24 (fig. 5.26: 9-11). Con unas dimensiones pequeñas para la O24 y medianas para las demás, se trata de ollas adscritas a la fábrica 1. Carecen de decoración, a excepción de los dos recipientes O5, que muestran líneas horizontales rectas acanaladas en la cara externa del cuerpo.

Además, hemos diferenciado un conjunto de recipientes de grandes dimensiones (fig. 5.27: 7-9), caracterizados por presentar borde cóncavo y cuerpo convexo. También están adscritos a la fábrica 1 y, aunque guardan similitudes con las ollas O12 de *Lucus Augusti*, no presentan el suficiente desarrollo del perfil como para saber si poseen la decoración "espatulada" característica de esta olla (Alcorta Irastorza, 2001: 223-226).

En el grupo de las ollas también hemos documentado un pequeño conjunto de piezas de borde con desplazamiento horizontal abierto, que presentan una concavidad en la parte superior interna del borde, y tamaños pequeños y medianos. De continuar el desarrollo del perfil, podríamos ponerlos en relación con la O3 (fig. 5.27: 1-4). Están adscritas a la fábrica 1.

Hemos documentado dos piezas de tamaño mediano (fig. 5.27: 5-6) de labio redondeado, borde con desplazamiento horizontal abierto y cuerpo convexo. Por su morfología se aproximan a recipientes documentados dentro de algunas ollas de importación tipo "Cerámica no torneada o CNT" (Aguarod Otal, 2017: 48, fig. 14: 3 y 8), especialmente la pieza que presenta un cordón horizontal bajo el borde (fig. 5.27:6), sin embargo, difieren en sus pastas, adscritas a la fábrica 1, que no coinciden con las descritas para este tipo. Tecnológicamente son muy similares al resto de las ollas documentadas.

El segundo grupo formal con mayor representación es el de las fuentes de labio engrosado, sin cuello ni borde, y con un cuerpo convexo oblicuo que presenta una visera oblicua de sección triangular en la parte inferior del cuerpo (fig. 5.28: 1-8, fig. 5.52: 4). Estas fuentes están adscritas dentro de las F1, consideradas como la continuación de las L19 de cronología altoimperial (Alcorta Irastorza, 2001: 341). Se encuentran dentro de la fábrica 1 y presentan tamaños medianos y grandes. En este sondeo no hemos documentado ejemplares decorados, a excepción de algunas piezas con líneas rectas horizontales acanaladas bajo el labio o en la cara externa del cuerpo.

Dentro del grupo de los platos, hemos identificado un conjunto de platos grises P1 (fig. 5.29: 2-6) de labio oblicuo exterior, cuerpo oblicuo y tamaño mediano. Todos ellos se asocian con la fábrica 1. Destaca una pieza con un denso engobe rojo en la cara interna del cuerpo relacionado con los EP1, o platos de imitación de engobe rojo pompeyano (fig. 5.29: 1). Esta pieza se adscribe a la fábrica 3 y tiene tamaño mediano.

Hemos documentado dos piezas de tamaño mediano con dimensiones bastante homogéneas que presentan un desarrollo formal muy similar al de los platos (fig. 5.29: 7-8), con la diferencia de la presencia de una visera oblicua de sección triangular en la parte superior del cuerpo. Esta característica podría relacionarlas con los C5 de *Lucus Augusti* (Alcorta Irastorza, 2001: 335-336), ya que estos recipientes se adscriben dentro de la fábrica 5A, que coincide con las características de pastas, desgrasantes y tratamiento superficial indicadas para los C5, sin embargo, se apartan morfológicamente de esta forma en el resto de los aspectos.

En el grupo de los cuencos, escasamente representado en este sondeo, hemos identificado una pieza con un borde con desplazamiento horizontal abierto y cuerpo oblicuo con presencia de engobe en la superficie interna del cuerpo. Su tamaño es mediano y lo relacionamos con los EC1. Se encuadra en la fábrica 3 y presenta una línea horizontal acanalada en la parte interna del cuerpo, en la zona de inflexión con el borde (fig. 5.29: 9).

Por último, hemos documentado dos piezas que se asemejan en su forma al grupo de los cuencos. El primero (fig. 5.29: 10) presenta un desarrollo formal muy difuso del que solo se conserva el que parece ser el borde convexo, con dos líneas rectas horizontales paralelas acanaladas en

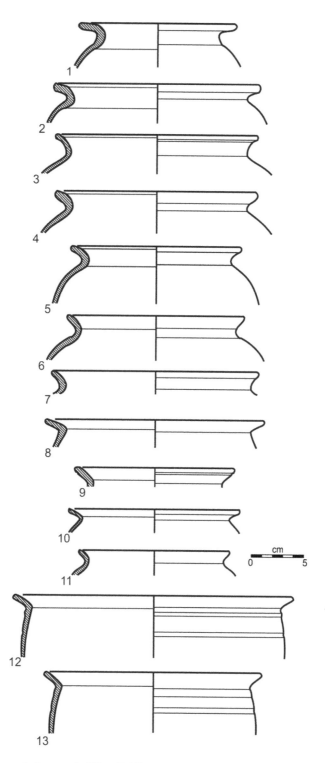

Fig. 5.26. Cerámica común romana de la zona 1. Ollas (1-13).

la cara externa del mismo. Tiene un tamaño mediano y, de continuar el perfil convexo del cuerpo, podría tratarse de un cuenco C2 (Alcorta Irastorza, 2001: 329-330), pero no se ha podido concretar ningún paralelo claro. A esto se le suma una extraña factura, pues presenta unas pastas grises muy claras de textura granulosa, con un gran deterioro superficial que nos impide saber cuál era su tratamiento superficial. La segunda pieza (fig. 5.29: 11) presenta labio redondeado y cuerpo convexo con una ligera carena, tiene tamaño mediano y se adscribe dentro de la fábrica 1.

Hemos documentado bordes de muy pequeñas dimensiones que pueden ser jarras (fig. 5.30: 4-5), tienen tamaños pequeños, y se encuadran dentro de la fábrica 3 y 4. Dentro de este grupo, identificamos dos recipientes (fig. 5-30: 1-2) semejantes a las EJ1 de *Lucus Augusti*, y otro (fig. 5.30: 3) a las EJ2, pero no han conservado el engobe superficial. Tienen tamaños pequeños y están adscritas dentro de la fábrica 3.

Agrupamos aparte dos piezas de grandes dimensiones que podrían relacionarse con el conjunto de los *dolia* o

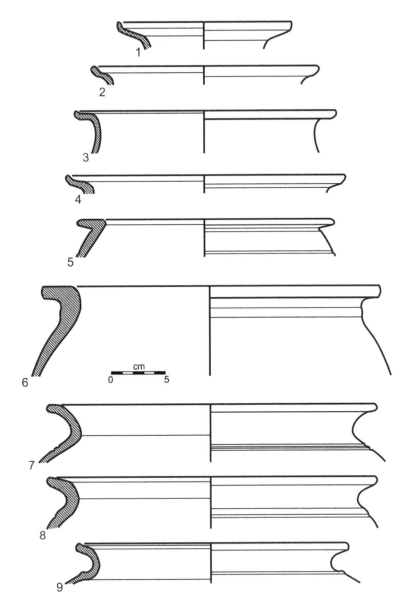

Fig. 5.27. Cerámica común romana de la zona 1. Ollas (1-9).

vasijas de almacenamiento. La primera (fig. 5.30: 6) tiene labio redondeado, borde oblicuo de exiguo desarrollo y cuerpo que podría ser convexo. La asociamos a la fábrica 1 y cuenta con dos líneas acanaladas horizontales en la cara externa del cuerpo. La segunda (fig. 5.30: 7) presenta una morfotecnología que recuerda a la cerámica de tradición indígena, con borde cóncavo, cuerpo convexo y características tecnológicas que la acercan a la fábrica 5A; tiene dos líneas bruñidas oblicuas en la cara externa del cuerpo, próximas al labio.

En último lugar, documentamos una tapadera de grandes dimensiones (fig. 5.30: 8), de base plana y cuerpo oblicuo. Se encuentra asociada a la fábrica 1 y no muestra ninguna decoración.

5.2.3.2. Zona 2 (Sondeo 2)

El segundo sondeo (fig. 5.31), situado en la zona norte de la zanja, tiene unas medidas de 6x4 m y en él se

documentaron "tres fases constructivas" (Bartolomé Abraira, 2008b: 26).

Una vez retirada la capa vegetal, en la que se registraron restos de cerámica y metal, se documentó un corte que atravesaba el sondeo en dirección este-oeste y que llegaba hasta el sustrato. Este corte, que partía el sondeo en dos mitades, provenía de una zanja realizada en los años 70 para la instalación de una tubería de abastecimiento de agua para la ciudad de Lugo (Bartolomé Abraira, 2008b: 26). En la zona norte del sondeo se exhumó otra tubería, instalada probablemente en los años 90.

Tras la retirada de la primera capa vegetal, a ambos lados de la zanja se documentaron varios niveles de derrumbe bajo los cuales afloraron diversas estructuras. Por un lado, al norte de la zanja se documentó una estructura de mampostería de pizarra construida en dirección noreste-suroeste perteneciente a la fase más tardía (Bartolomé Abraira, 2008b: 26). Junto a esta se exhumó

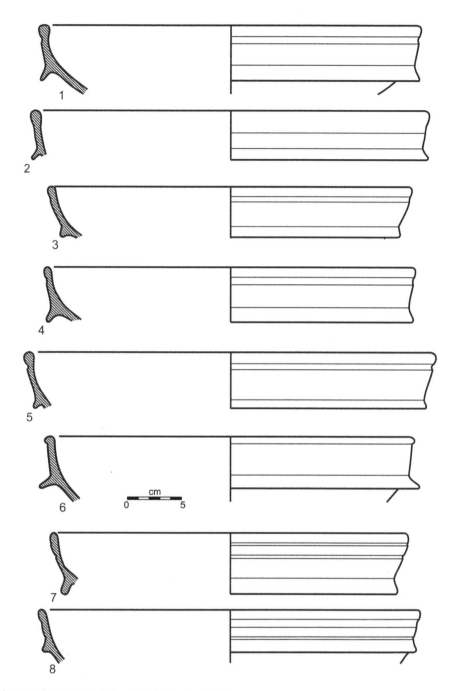

Fig. 5.28. Cerámica común romana de la zona 1. Fuentes (1-8).

otra, estratigráficamente anterior, también en dirección noreste-suroeste y de mampostería de pizarra, aunque de características distintas a la primera (Bartolomé Abraira, 2008b: 26). En la zona sureste del sondeo se documentó otra estructura de igual factura y dimensiones que la primera, situada en el mismo contexto estratigráfico y en similares cotas (Bartolomé Abraira, 2008b: 27).

Además de estas estructuras, a ambos lados de la zanja se registró un "depósito en el nivel de abandono de la fase correspondiente a los muros", al que se dio una "cronología de época Flavia y finales del s. II d.C." (Bartolomé Abraira, 2008b: 28). Bajo este nivel se documentó un "pavimento de arcilla muy compactado" y un "hogar en la zona sudoeste del sondeo", pertenecientes ambos al "último nivel de ocupación de los muros" (Bartolomé Abraira, 2008b: 29).

Con la progresión de las excavaciones, se documentó un "pequeño nivel de incendio sobre el que se asentó uno de los muros" y, bajo este "otro pavimento, sin duda de la fase anterior a los muros (Bartolomé Abraira, 2008b: 29). Bajo este depósito, se documentaron otros dos más, que cubrían a estructuras anteriores:

…una fosa colmatada por un nivel de quemados de la que se tomaron muestras para datación. En uno de estos depósitos de los que estamos hablando (U.E. 112) apareció un fragmento de molino circular (fig. 24), con cerámica y una moneda de plata, concretamente un denario de Tiberio (figs. 120 y 121) acuñado en *Lugdunum* entre el 14 y el 37 d.C. (Bartolomé Abraira, 2008b: 30).

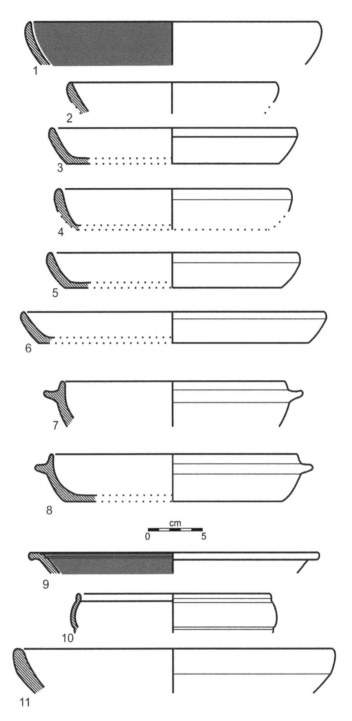

Fig. 5.29. Cerámica común romana de la zona 1. Platos (1-8) y cuencos (9-11).

Estos niveles se establecieron como anteriores a los muros, al hogar y al pavimento:

Estos niveles nos están hablando de una fase romana, pasado ya el cambio de era y anterior a la construcción del gran edificio de los muros (U.E. 300 y 306), a los pavimentos (U.E. 311 y 312) y al hogar U.E. 309, que sin duda son posteriores, como decíamos antes, entre la primera mitad del siglo I y finales del II (Bartolomé Abraira, 2008b: 30).

Finalmente, bajo todos estos niveles se registraron varios depósitos que cubrían huecos de poste y canales o fondos de cabaña "sobre los que apoyan directamente los muros de época Flavia" (Bartolomé Abraira, 2008b:30-31).

En este sondeo también se diferencian varias "fases constructivas": Una primera fase prerromana sustentada en las "estructuras perecederas con abundantes huecos de poste, canales y fondos de cabaña" (Bartolomé Abraira, 2008b: 30). Otra "inmediatamente superior y a la vez posterior en el tiempo" que se correspondería con la etapa romana del castro y se situaría "entre los Flavios y finales del siglo II", coincidente con "muros de dimensiones considerables, restos de pavimento, y un hogar" (Bartolomé Abraira, 2008b:30-31). A continuación se documentó una

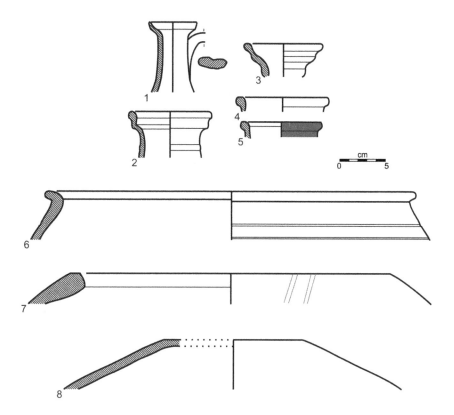

Fig. 5.30. Cerámica común romana de la zona 1. Jarras (1-5), *dolia* (6-7), tapadera (8).

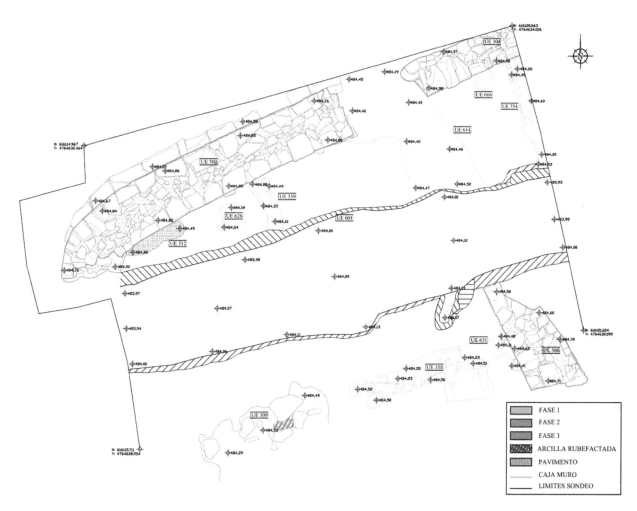

Fig. 5.31. Plano del sondeo 2 (modificado según Bartolomé Abraira, 2008b).

fase constructiva más tardía, relacionada con el muro localizado al noreste del sondeo. Se identificó, además, una etapa intermedia entre el período prerromano y el romano "con restos a modo de fosas con carbonizaciones, algún hueco de poste y restos materiales de época romana" (Bartolomé Abraira, 2008b:31).

- Cerámica de tradición indígena de la zona 2.

La cerámica de tradición indígena está documentada en este sondeo casi en igual medida que la común romana.

Dentro de esta producción predominarán las ollas, identificándose únicamente un cuenco.

La mayoría de las ollas documentadas se engloban dentro del grupo 1 (fig. 5.32), se caracterizan por un labio plano o redondeado, seguido de un borde oblicuo o cóncavo y, aunque apenas se han identificado piezas que conserven el trazado del cuerpo, este parece derivar en una línea convexa. Están adscritas dentro de la fábrica 5, tienen tamaños medianos, destacando un par de recipientes de dimensiones más grandes (fig. 5.32: 3-4 y 8).

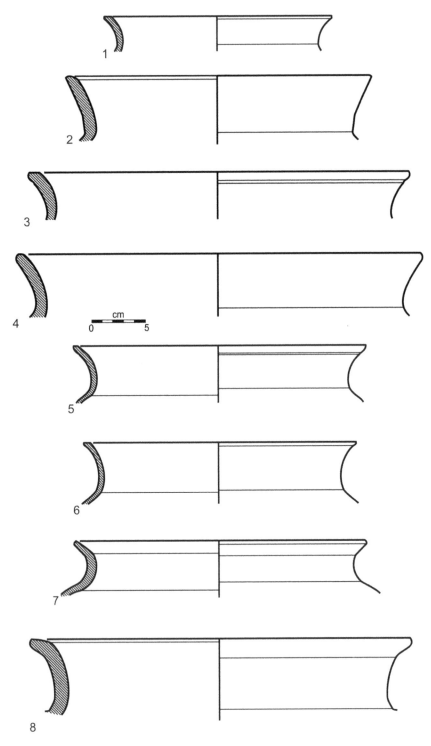

Fig. 5.32. Cerámica de tradición indígena de la zona 2. Ollas (1-8).

Dentro de este conjunto destaca otro subgrupo de ollitas de dimensiones pequeñas (fig. 5.33: 1-3), una de las cuales está encuadrada dentro de las ollas L14 de *Lucus Augusti* (fig. 5.33: 1, fig. 5.50: 4).

Hemos documentado varios recipientes (fig. 5.33: 4-6) que podrían encuadrarse dentro de un segundo grupo formal de ollas, caracterizado por presentar labio redondeado, borde de desplazamiento horizontal abierto seguido de un

cuerpo de línea compleja oblicua convexa. Sin embargo, el escaso desarrollo de su perfil impide precisar su desarrollo morfológico. Sus características tecnológicas son muy homogéneas, asociándose a la fábrica 5 y presentan unos tamaños medianos y grandes.

Diferenciamos dos piezas (fig. 5.33: 8-9) que no concuerdan en forma y decoración con el resto, constituyendo otro grupo formal de ollas de labio redondeado, borde cóncavo

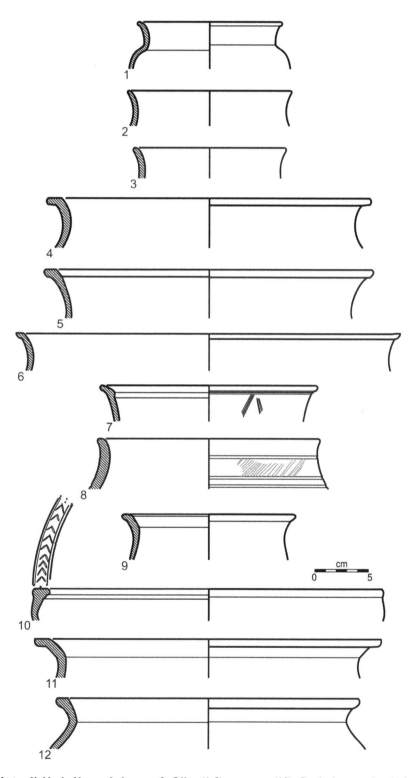

Fig. 5.33. Cerámica de tradición indígena de la zona 2. Ollas (1-9) y cuenco (10). Cerámica común altoimperial de la zona 2. Ollas (11-12).

de corto desarrollo y cuerpo que parece desarrollarse a través de una línea convexa poco marcada, aunque es difícil precisarlo debido al desarrollo del perfil de la muestra documentada. Tienen un tamaño mediano, se adscriben a la fábrica 5 y una de ellas (fig. 5.33: 8) presenta decoración a base de líneas acanaladas horizontales y un cepillado en la cara externa del borde, que puede haberse realizado tanto con un interés decorativo como a modo de tratamiento superficial.

Hemos documentado una pieza asociada con la fábrica 5 que presenta un borde oblicuo de escaso desarrollo, seguido por un cuello o cuerpo oblicuo con decoración de líneas incisas oblicuas en su cara externa (fig. 5.33: 7, fig. 5.50: 7). No hemos podido encajarlo en ninguna forma conocida.

El cuenco (fig. 5.33: 10, fig. 5.50: 8), de labio redondeado, borde con desplazamiento horizontal bilateral, cuerpo convexo y tamaño mediano, presenta unas características tecnológicas muy similares a las de las ollas, adscribiéndose dentro de la fábrica 5. Muestra una decoración incisa de líneas oblicuas en la cara superior del labio que conforman un motivo espigado.

Por último, hemos separado dos piezas que englobamos dentro del subgrupo de la cerámica común altoimperial por su forma y características tecnológicas, adscritas dentro de la fábrica 6. Se trata de dos fragmentos de ollas de borde con desplazamiento horizontal abierto, cuello oblicuo, cuerpo convexo y tamaño mediano. Están s dentro de las L1 u ollas de borde facetado (fig. 5.33:11-12).

- Cerámica común romana del sondeo 2.

Aquí también predomina la cerámica común romana, pero no de manera tan acusada como en la zona sur de la zanja. Hemos constatado una mayor representación de ollas y fuentes respecto a otras formas, exceptuando un vaso o tazón monoansado.

Para las ollas hemos documentado un conjunto de recipientes de borde oblicuo u cóncavo, sin cuello y con cuerpo convexo, correspondiente a las O1 (fig. 5.34: 1-2), O2 (fig. 5.34: 3-5), O24 (fig. 5.34: 6-7), O5 (fig. 5.34: 8) y O6 (fig. 5. 34: 11, fig. 5.52: 1). Estas ollas se encuentran dentro de la fábrica 1. Sus tamaños son medianos para las O1, las O2 y la O5, pequeños para las O24, y grandes para la O6. A excepción de esta última, que tiene una línea ondulada acanalada y de la O5, que presenta una línea recta acanalada ambas en la cara externa del cuerpo, estas ollas no tienen decoración. Diferenciamos dos ollas, muy similares a las O1, pero con unas dimensiones más grandes (fig. 5.34: 9-10).

Con una morfología distinta hemos documentado un par de piezas (fig. 5.34: 12-13) con borde oblicuo, cuello oblicuo prácticamente recto y cuerpo convexo, pertenecientes a la fábrica 1. Sus dimensiones son pequeñas y pueden encuadrarse dentro de las ollas O3, aunque tienen características muy similares a las jarras J1. Sin embargo, su adscripción a la fábrica 1 y las marcas de exposición al fuego que presentan, las acercan a las ollas de cocina O3.

Hemos documentado un recipiente pequeño de borde oblicuo y cuerpo convexo con un asa de sección oval en la parte media del cuerpo (fig. 5.34: 14, fig. 5.51: 1). Asociado a la fábrica 2, este fragmento tiene pequeñas dimensiones y lo encuadramos dentro de los V1. Presenta una decoración en forma de líneas oblicuas bruñidas en la cara externa del cuerpo que forman un motivo reticulado enmarcado dentro de dos grupos de líneas acanaladas horizontales.

En último lugar, hemos identificado un recipiente (fig. 5.34: 15) de labio redondeado, borde oblicuo y cuello recto, con una banda plástica horizontal en la cara externa del cuello, decorada con líneas incisas oblicuas paralelas. Esta pieza, de tamaño pequeño, está fabricada con pastas sienas de abundantes desgrasantes micáceos y se puede poner en relación, con los recipientes I29 de *Lucus Augusti*, que imitan la forma 29 de la TSG. También guarda semejanzas con la forma 29 de la TSH (López Pérez, C. 2007: 241, fig. 27, n 60).

En el grupo de las fuentes, igual que ocurría en el sondeo 1, despuntan mayoritariamente las F1 (fig. 5.35), dentro de las cuales resaltamos tres piezas (fig. 5.35: 1-3, fig. 5.52:3) con un asa acanalada de sección rectangular partiendo de la visera oblicua. Presentan unos tamaños medianos y grandes y se encuadran dentro de la fábrica 1. En este sondeo documentamos una pieza (fig. 5.35: 4, fig. 5.52: 2) que presenta líneas acanaladas rectas y onduladas en la cara interna del cuerpo.

5.2.3.3. *Zona 3 (Sondeo 3)*

Este sondeo (fig. 5.36), situado al norte de la zanja y al este del sondeo 2, tiene unas medidas de 6x4 m. Según los informes en él también se documentaron cuatro fases constructivas (Bartolomé Abraira, 2008b: 32).

Al igual que en el sondeo 2, una vez retirada la capa vegetal afloró la zanja realizada en los años 70, que partía el sondeo de este a oeste en dos mitades. Asimismo, al norte se encontró la tubería de los años 90. Bajo la capa vegetal se registraron varios niveles de derrumbe, dos de ellos identificados como "niveles de destrucción de dos muros situados en dirección norte-sur en la franja sur del sondeo" (Bartolomé Abraira, 2008b: 34).

El muro oeste es posterior estratigráficamente y se corresponde con la última fase constructiva solo documentada en la parte sur del sondeo (Bartolomé Abraira, 2008b: 35). El muro situado al este posee una factura distinta, tiene un nivel de ocupación en la zona suroeste y pertenece a una fase anterior documentada también en la franja norte del sondeo, concretamente al noreste, donde se hallaron los restos de otro muro, muy similar al de la zona sur, en muy mal estado de conservación también con su nivel de abandono asociado (Bartolomé Abraira, 2008b: 35-37). Bajo este nivel se documentaron los restos de un pavimento elaborado con arcilla compactada y un hogar. (Bartolomé Abraira, 2008b: 37).

Bajo el muro sur se documentó un nivel de destrucción perteneciente a otro muro de factura distinta a los anteriores puesto en relación con un momento más antiguo. Relacionado con este muro se encontraron unas estructuras consistentes en "pequeños canales compuestos

por lajas de pizarra hincadas verticalmente" (Bartolomé Abraira, 2008b: 37), que ya habían salido a la luz en la zona norte del sondeo.

Por debajo de estos niveles, a ambos lados de la zanja, se documentó un "paleosuelo" bajo el que se situaría la "primera etapa constructiva del castro", formada por canales o fondos de cabaña con calzos realizados con losas de pizarra clavadas verticalmente y una gran cantidad de huecos de poste (Bartolomé Abraira, 2008b: 41-42).

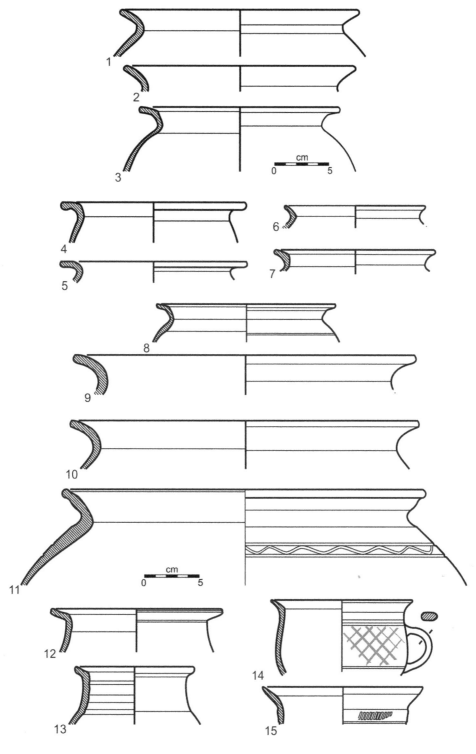

Fig. 5.34. **Cerámica común romana del sondeo 2. Ollas (1-13), vaso (14), otro (15).**

Al igual que en los anteriores sondeos, también se diferencian en el sondeo 3 varias fases constructivas. Se ha documentado una primera fase asociada a "las estructuras perecederas". Este "primer nivel de ocupación", estipulado como prerromano según los investigadores se corresponde con la construcción de los fosos y sería el mismo documentado en los anteriores sondeos (Bartolomé Abraira, 2008b: 41).

En segundo lugar se ha establecido una fase que se corresponde con "la etapa de la primera ocupación romana del castro, posiblemente posterior al cambio de era", coincidente con el muro situado al sureste y algunas estructuras en forma de canales (Bartolomé Abraira, 2008b: 42).

En tercer lugar se ha documentado otra fase constructiva más tardía, relacionada con los muros situados al sur

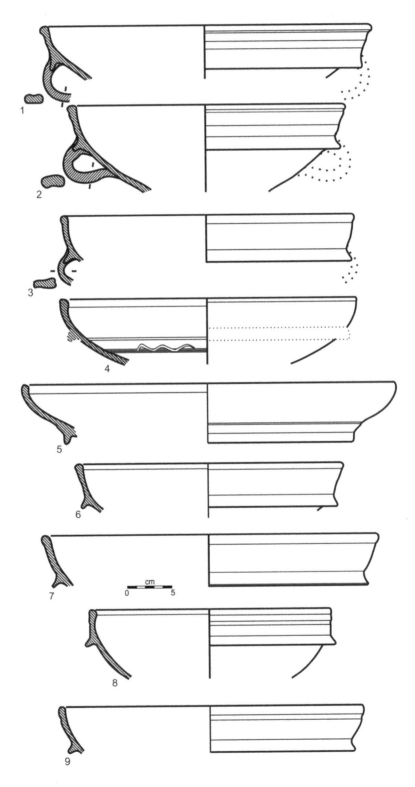

Fig. 5.35. Cerámica común romana del sondeo 2. Fuentes (1-9).

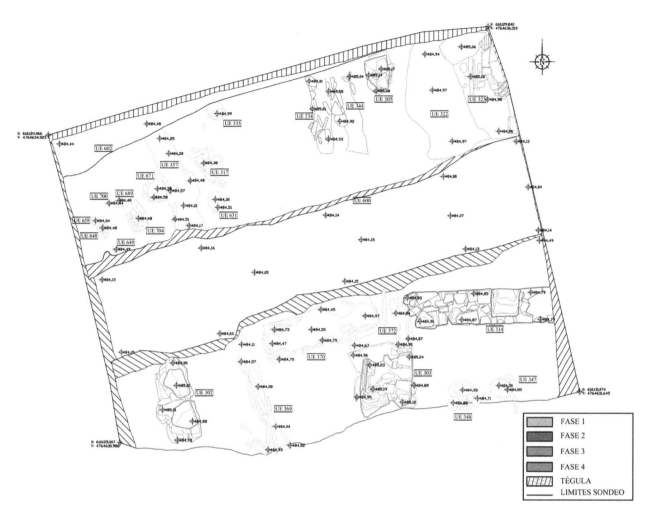

Fig. 5.36. Plano del sondeo 3 (modificado según Bartolomé Abraira, 2008b).

y al noreste, así como su pavimento y su hogar, que se puede situar "entre los Flavios y finales del siglo II d.C." (Bartolomé Abraira, 2008b: 42). Por último, se documenta una etapa constructiva más tardía con el muro localizado al suroeste de la zanja.

- Cerámica de tradición indígena de la zona 3 (sondeo 3).

La cerámica de tradición indígena se documenta en menor medida en este sondeo respecto a otras producciones, aunque muestra una mayor presencia que en el sondeo 1. Predominan las ollas sobre el resto de los conjuntos, similares en tecnología y forma a los descritos en los anteriores sondeos.

Hemos documentado varios grupos formales. Por un lado, hemos identificado un primer grupo (fig. 5.37) con piezas de borde oblicuo, cóncavo o recto, labio plano o redondeado y lo que parece ser un cuerpo convexo. Estas piezas tienen tamaño mediano, destacando un recipiente de grandes dimensiones (fig. 5.37: 11). Todas están adscritas a la fábrica 5 y no presentan decoración, a excepción de una pieza con una línea horizontal acanalada en la inflexión entre el borde y el cuerpo (fig. 5.37: 8). Dentro de este grupo diferenciamos, al igual que en los anteriores

sondeos, un subgrupo de ollas de pequeñas dimensiones (fig. 5.38: 1-2).

Debemos mencionar, dentro del conjunto de las ollas, dos piezas (fig. 5.38: 3-4, fig. 5.50: 1) de labio engrosado, borde convexo con un facetado interno y cuerpo convexo. Sus dimensiones son de tamaño mediano y presentan una decoración en la cara externa del borde a base de una sucesión horizontal de líneas oblicuas incisas abiertas y cerradas y bandas oblicuas de pequeñas incisiones de forma rectangular en la cara externa del cuerpo (fig. 5.38: 3). Están adscritas dentro de la fábrica 5.

También hemos identificado una pieza que puede adscribirse dentro de otro grupo morfológico (fig. 5.38: 5), de labio engrosado, sin borde ni cuello, y con un cuerpo que describe una línea oblicua muy poco marcada que parece ir derivando hacia una línea convexa. Tiene tamaño mediano y se incluye dentro de la fábrica 5.

En este sondeo hemos registrado varias piezas de difícil adscripción. Un recipiente de borde oblicuo y cuello o cuerpo oblicuo que podría corresponderse con una olla o un cuenco (fig. 5.38: 6), tiene un tamaño mediano y está adscrita dentro de la fábrica 5. Una pieza (fig. 5.38:8 4) de borde oblicuo cerrado con labio redondeado, seguido por un cuerpo convexo que presenta una decoración de tres pequeñas líneas incisas rectas paralelas verticales en la cara externa del cuerpo, partiendo de la inflexión entre el cuello y el cuerpo. Adscrita dentro de la fábrica 5ª y de pequeñas dimensiones, no hemos encontrado paralelos. En último lugar documentamos un recipiente que podría incluirse dentro del grupo de las jarras dadas sus características morfológicas (fig. 5.38: 7). Presenta un pequeño borde

oblicuo de labio redondeado, seguido por un cuello recto del que parte un cuerpo que parece convexo. Tiene tamaño pequeño y está dentro de la fábrica 5.

El cuenco (fig. 5.38: 9) es muy similar a los que hemos descrito anteriormente en el sondeo 1 y 2, presenta un labio redondeado, un borde con desplazamiento horizontal interno y un cuerpo que podría ser convexo, de tamaño grande, está asociado a la fábrica 5.

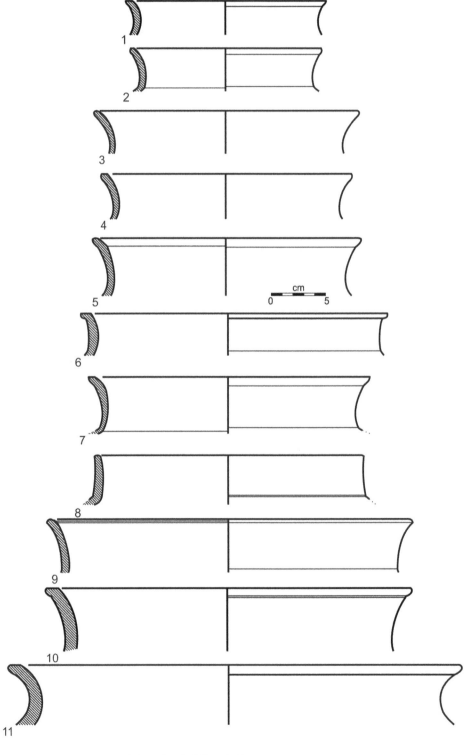

Fig. 5.37. Cerámica de tradición indígena del sondeo 3. Ollas (1-11).

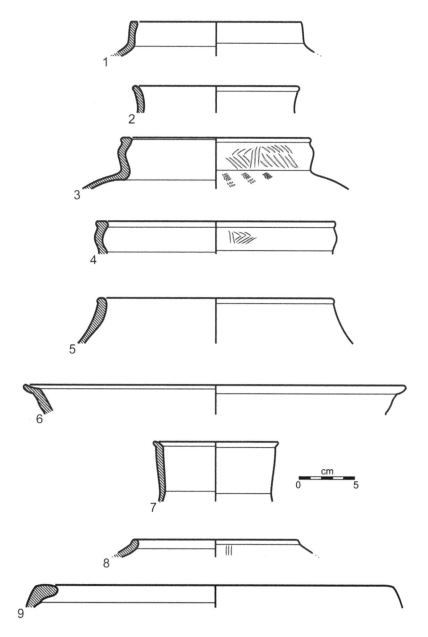

Fig. 5.38. Cerámica de tradición indígena de la zona 3. Ollas (1-5), cuenco (9) y otros (6-8).

En este sondeo también documentamos el mismo subgrupo que en los anteriores, que difiere en forma y características tecnológicas respecto al conjunto de la cerámica de tradición indígena. Por un lado, identificamos ollas de borde facetado, caracterizadas por un borde oblicuo o con desplazamiento horizontal abierto, cuello oblicuo y cuerpo convexo (fig. 5.39: 6-10). Junto a estas ollas se incluyen otros fragmentos de borde y cuerpo (fig. 5.39: 1-4) que presentan características morfotecnológicas similares a las L1, aunque no presentan decoración Estas piezas, adscritas a la fábrica 6, tienen unas dimensiones medianas.

Hemos identificado un recipiente pequeño (fig. 5.39:5) de borde con desplazamiento horizontal abierto. Presenta un engobe rojo cubriendo la cara interna de la pieza que podría relacionar esta pieza con las ollas engobadas de fabricación regional que se han registrado también en el castro del Chao Samartín para época altoimperial (Hevia González

y Montes López, 2009: 71) y en *Lucus Augusti* (Alcorta Irastorza, 2005b). Se adscribe dentro de la fábrica 3.

Dentro de este subgrupo identificamos un pequeño conjunto de cuencos en el que se agrupan varias piezas que presentan un labio redondeado, muy ligeramente engrosado hacia el interior, seguidos por un cuerpo convexo poco desarrollado con una leve carena en su parte media (fig. 5.39: 11-13). De tamaño pequeño, se pueden encuadrar dentro de los cuencos L12 de *Lucus Augusti* y están adscritos a la fábrica 5A y 6.

En último lugar, documentamos dos piezas de difícil adscripción (fig. 5.39: 14-15). Presentan un borde oblicuo, con un ligero rehundimiento en la cara interna, tamaño mediano y están adscritas dentro de la fábrica 6. Su morfología recuerda a diversas formas como las ollas L5 (Alcorta Irastorza, 2001: 97), o algunas variantes dentro de las ollas L1 como las L1c, pero debido al pequeño desarrollo de las piezas, no podemos aseverar dentro de cual.

- Cerámica común romana del sondeo 3:

Dentro de la cerámica común romana las ollas despuntan respecto a otros conjuntos, predominando los recipientes de labio redondeado, borde oblicuo u cóncavo y cuerpo convexo. Estos se corresponden con las O1 (fig. 5.40: 1-2), O2 (fig. 5.40: 3-4) y O5 (fig. 5.40: 7-9), junto con algunas piezas de muy difícil adscripción (fig. 5.40: 5-6). Respecto a sus dimensiones, son medianas. Tecnológicamente documentamos una producción bastante homogénea que se sitúa dentro de la fábrica 1 y que prácticamente carece de decoración, a excepción de unas pocas líneas rectas horizontales acanaladas en las O5 y un cordón horizontal en la cara externa del cuerpo (fig. 5.40: 1).

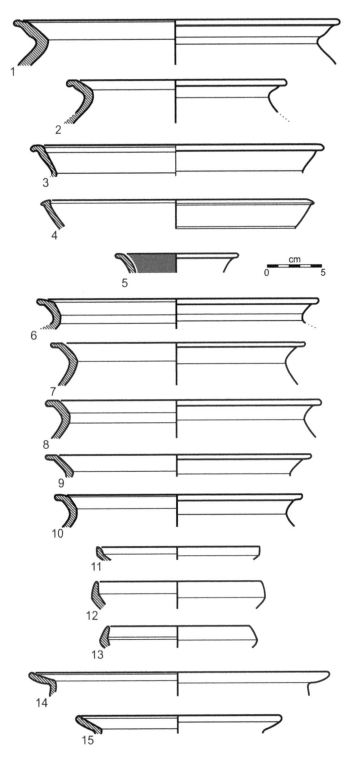

Fig. 5.39. Cerámica común altoimperial de la zona 3. Ollas (1-10), cuencos (11-13) y otros (14-15).

Dentro de este grupo identificamos un conjunto de recipientes de características similares a las ollas anteriores, pero con dimensiones mayores (fig. 5.41: 1-3), de tamaño grande. Presentan cordones horizontales en la cara externa del cuerpo.

Aparte de las ollas, hemos identificado una pieza que podría corresponderse con una jarra de labio redondeado y borde oblicuo (fig. 5.41: 4), relacionada con la J1 de *Lucus Augusti*. Como en casos anteriores, el escaso desarrollo del perfil hace que pueda encuadrarse también dentro de las ollas O3, sin embargo, la hemos relacionado con el grupo de las jarras por presentar una factura más cuidada que la sitúa dentro de la fábrica 2. Asimismo, hemos documentado un pequeño recipiente (fig. 5.41: 5) adscrito dentro de los vasos V3 de borde oblicuo de corto

desarrollo y cuerpo convexo, asociado a la fábrica 2 y con unas dimensiones pequeñas.

En esta zona hemos identificado un pequeño conjunto de fuentes F1 (fig. 5.41: 8-11) con características morfotecnológicas muy similares a las documentadas en otros sondeos, aunque con una visera menos desarrollada y unas dimensiones que van de los 28 a los 37 cm de apertura de borde. Se adscriben dentro de la fábrica 1.

Hemos documentado un único ejemplo de plato EP1 (fig. 5.41: 7), con engobe en la cara interna del cuerpo y tamaño mediano. Por último, hemos identificado un fragmento de tapadera (fig. 5.41: 6) de labio redondeado y cuerpo oblicuo, con dimensiones medianas, adscrita dentro de la fábrica 1, que encuadramos dentro de las tapaderas T1 de *Lucus Augusti*.

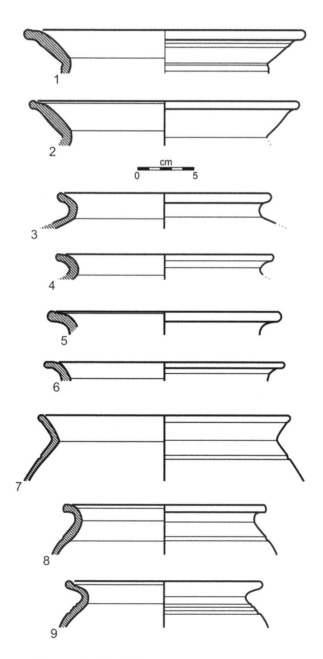

Fig. 5.40. Cerámica común romana de la zona 3. Ollas (1-9).

5.2.3.4. Zona 4 (Sondeo 4)

Tras la excavación de los anteriores sondeos se decidió ampliar la intervención hacia el este, donde la zanja se había interrumpido, para así delimitar el trazado de la misma. Este sondeo (fig. 5.42) tiene unas medidas de 17,5 m x 4-5 m, a lo que hay sumarle 4 m más hacia el norte producto de una ampliación posterior, donde no se exhumó ninguna estructura. Se identificaron aquí solo dos fases constructivas (Bartolomé Abraira, 2008b: 45).

Una vez retirada la capa vegetal se documentó un nivel de abandono que colmataba varios depósitos, algunos con "restos de escoria de fundición" (Bartolomé Abraira, 2008b: 46). Cuando se excavaron estos depósitos se identificó un nivel de uso con diferentes pavimentos relacionados con las distintas estructuras exhumadas:

…dos habitaciones con pavimentos de arcilla compactada y restos de un horno de fundición, delimitados a ambos lados por dos muros de

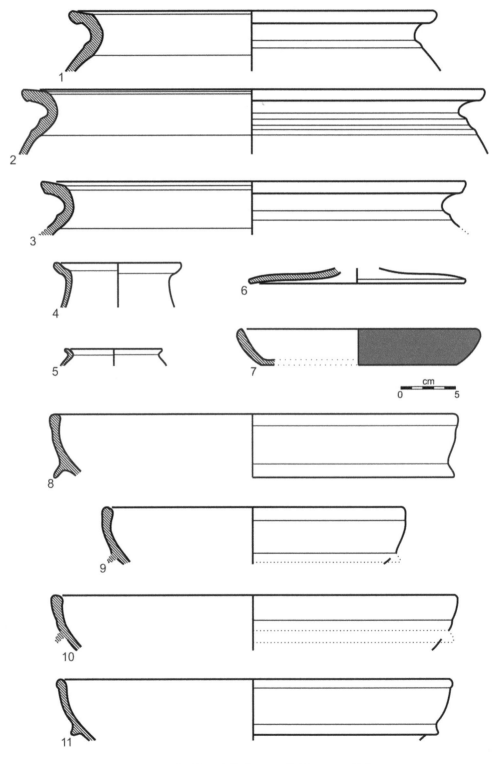

Fig. 5.41. Cerámica común romana de la zona 3. Ollas (1-3), fuentes (8-11) y otros (4-7).

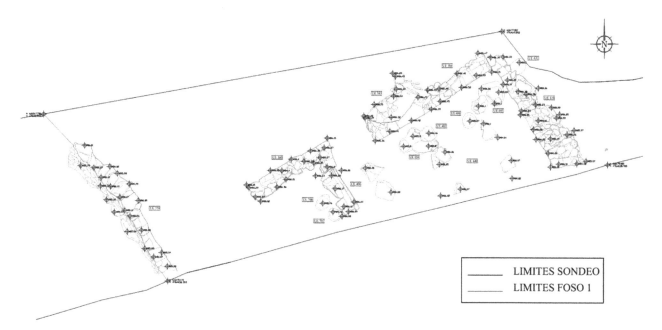

Fig. 5.42. Plano del sondeo 4 (modificado según Bartolomé Abraira, 2008b).

contención, seguramente con el fin de ganar espacio hacia los fosos, tanto por el oeste hacia el foso 1 (pl. 6), como hacia el este, donde se documentaron tres nuevos fosos mediante el control arqueológico llevado a cabo (Bartolomé Abraira, 2008b: 44).

En el interior de ambas estructuras, tanto en la situada al este como la situada al oeste, se localizaron varios huecos de poste con sus respectivos calzos que, al parecer, sirvieron como "base de apoyo para un elemento constructivo. Al norte de estas estructuras estaría el lugar destinado a los trabajos de cocción relacionados con el horno" (Bartolomé Abraira, 2008b: 49).

Tras la exhumación de estos restos, se efectuó un control arqueológico hacia el este (fig. 5.43), en dirección a los depósitos viejos del agua, para continuar con el trazado de la zanja. En estos trabajos de control se documentó un muro situado fuera de los límites de la zanja que ya había sido afectado por la instalación de las tuberías en los años 70 (Bartolomé Abraira, 2008b: 49).

Estas estructuras, atribuidas a época romana (Bartolomé Abraira, 2008b: 50), están construidas sobre un nivel estéril depositado por encima de un "paleosuelo cortado por los fosos 1 y 4 sobre el que aparecen las diferentes estructuras prerromanas que también se encuentran en el resto de los sondeos: huecos de poste, canales y fondos de cabaña" (Bartolomé Abraira, 2008b: 51).

Este sondeo difiere, según la bibliografía, en tipo de estructuras y materiales a los anteriores sondeos. Se sugiere una hipótesis según la cual esta es una zona "relacionada con un espacio artesanal". (Bartolomé Abraira, 2008b: 49).

Este sondeo es el que menos materiales ha aportado a la investigación, siendo el único en el que predomina la cerámica de tradición indígena sobre la común romana.

- Cerámica de tradición indígena de la zona 4 (sondeo 4).

Para la cerámica de tradición indígena solamente hemos identificado ollas (fig. 5.44) de similares características a las de los otros sondeos y encuadradas dentro del primer grupo: borde oblicuo o cóncavo y cuerpo convexo. Sus dimensiones son variadas, predominando los tamaños medianos. Tecnológicamente se sitúan dentro de la fábrica 5 y no presentan decoración. Destaca un conjunto de recipientes de mayores dimensiones (fig. 5.44: 4-5 y 9-10), unos presentan paredes gruesas (fig. 5.44: 9-10, fig. 5.50: 3), y los otros un facetado en la cara interna del borde (fig. 5.44: 4-5).

Al igual que en el resto de los sondeos, dentro de esta producción hemos diferenciado un subgrupo que encuadramos dentro del grupo de la cerámica común altoimperial. Todas estas piezas se adscriben dentro de la fábrica 6. Documentamos aquí un conjunto de ollas caracterizadas por un borde con desplazamiento horizontal abierto u oblicuo y cuerpo convexo que relacionamos con las ollas de borde facetado (fig. 5.45: 3-6), ya descritas anteriormente, junto con una pieza adscrita dentro de los vasos L16 (fig. 5.45: 2), de borde oblicuo, cuerpo prácticamente recto, con lo que parece ser un arranque de asa y tamaño mediano.

Por último, hemos identificado una olla (fig. 5.45: 1) de tamaño mediano, borde oblicuo de sección triangular, cuerpo convexo y decoración bruñida en la cara externa del cuerpo para la que no hemos encontrado paralelos en las

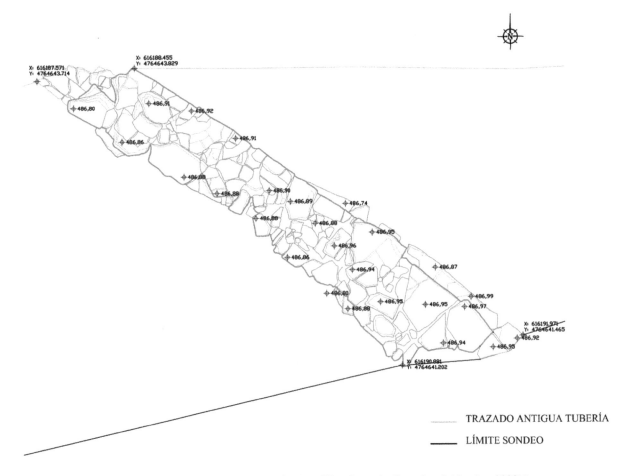

TRAZADO ANTIGUA TUBERÍA

LÍMITE SONDEO

Fig. 5.43. Estructura documentada en el control arqueológico (modificado según Bartolomé Abraira, 2008b).

formas lucenses. Sin embargo, se asemeja a las "cazuelas troncocónicas" documentadas en el Chao Samartín (Hevia González y Montes López, 2009: 28). También presenta cierta similitud con un vaso carenado altoimperial de *Lucus Augusti* (Alcorta Irastorza, 2001: 121), pero el escaso desarrollo del perfil del recipiente lucense no nos permite establecer una relación.

- Cerámica común romana del sondeo 4.

En este sondeo tan solo hemos identificado un fragmento de olla O2 (fig. 5. 45: 9), de tamaño mediano, asociado a la fábrica 1 y carente de decoración. Documentamos también una pieza de cuerpo y base de grandes dimensiones, adscrita a la fábrica 3, con acusadas marcas de torno en su cara interna (fig. 5.45: 9) y que puede corresponderse con un tiesto TR.

Por último, hemos registrado una pieza de cuerpo convexo con pie realzado que presenta una línea horizontal recta acanalada en la parte media del cuerpo, que puede tratarse de un fragmento de vaso V1 (fig. 5.45: 8) debido a sus características tecnológicas, que la inscriben dentro de la fábrica 2, y sus pequeñas dimensiones, de solo 6 cm de diámetro de pie.

5.2.4. Los materiales y su cronología.

5.2.4.1. Zona 1 (Sondeo 1)

Si analizamos en conjunto los materiales documentados en cada zona, en el sondeo 1 las producciones romanas son más abundantes que las de tradición indígena, proliferando, como suele ser habitual, el conjunto de las ollas sobre el resto de las formas, aunque en esta ocasión las fuentes F1 se documentarán casi en igual medida, algo poco común. Si a las fuentes le sumamos el conjunto de los platos, nos encontramos con que en este sondeo las formas abiertas están presentes en igual medida que las cerradas. Vemos en esta zona bastante variabilidad formal, documentando ollas, fuentes, platos, un cuenco y un pequeño conjunto de jarras.

Dentro de la cerámica de tradición indígena, documentada en menor medida, proliferan las ollas de borde recto u oblicuo y cuerpo convexo, seguidas por un par de cuencos de borde con desplazamiento horizontal cerrado y cuerpo convexo. Aunque son piezas con características tecnológicas muy similares, identificamos algunos recipientes que, siendo considerados nativos, muestran una morfotecnología algo diferente, como las ollas de borde facetado, el conjunto de vasos L16 y el plato L17, destacando la presencia de un recipiente que no había sido

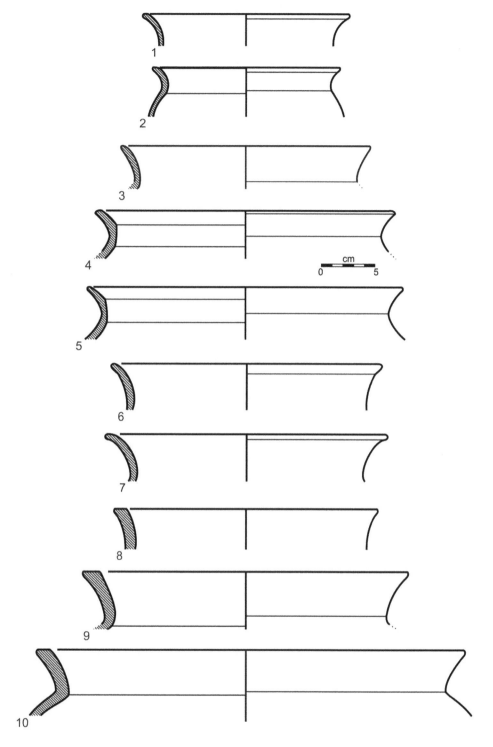

Fig. 5.44. Cerámica de tradición indígena de la zona 4. Ollas (1-10).

documentado en la zona hasta el momento, una "cazuela honda de fondo plano", constatada en el castro del Chao Samartín.

Respecto a lo que estas producciones pueden aportar acerca de la cronología de esta zona, podemos decir que la cerámica de tradición indígena estudiada presenta unas características morfotecnológicas similares a las de las cerámicas documentadas en otros castros de época romana, como Punta do Castro (Lozano et al., 2015), el castro de

Zoñán (Vigo García, 2007) o el castro del Chao Samartín (Hevia González y Montes López, 2009), diferenciándose en sus características tecnológicas de cerámicas de tradición indígena más antiguas documentadas en sitios como el castro de Vixil (Ramil Rego, 1997a). Hay ciertos recipientes que pueden delimitar esta cronología, como las ollas de borde facetado, presentes en el Chao Samartín en los s. I y II d.C. (Hevia González y Montes López, 2009: 88), la "cazuela de fondo plano", también presente en el Chao en el s. I d.C. (Hevia González y Montes

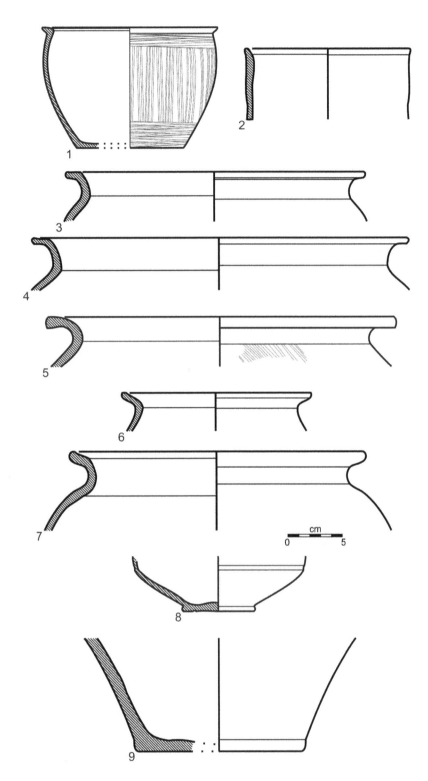

Fig. 5.45. Cerámica común altoimperial de la zona 4. Cazuela (1), vaso (2) y ollas (3-6). Cerámica común romana del sondeo 4. Olla (7), vaso (8) y tiesto (9).

López, 2009:77) y los vasos L16, el plato L17 y la olla L10 de *Lucus Augusti* (Alcorta Irastorza, 2001: 109, 124-125), con una cronología que los sitúa en el s. I d.C. (fig. 5.42).

Dentro de la cerámica común romana, en esta zona todos los recipientes identificados tienen una larga adscripción cronológica que los sitúa entre el s. II y el V d.C. (Alcorta Irastorza, 2001: 196-197, 341, 344 y 359). Con cronologías algo más precisas tenemos las ollas O24 o el EC1, que van del s. II al IV (Alcorta Irastorza, 2001: 252 y 325). Hay que subrayar la escasez de piezas de marcado carácter tardío en este sondeo, es decir, cerámicas que tengan su origen ya en época avanzada dentro de la cronología romana, con tal solo dos ollas O5 documentadas, encuadradas dentro del s. IV-V d.C. (Alcorta Irastorza, 2001: 204). Esto,

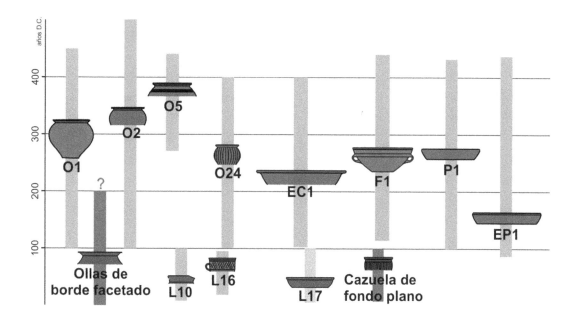

Fig. 5.46. Cuadro cronológico de la zona 1 según los datos de Alcorta Irastorza (2001) y Hevia González y Montes López (2009).

junto con la fuerte presencia de recipientes altoimperiales, puede indicar una ocupación más significativa durante los primeros siglos del cambio de Era. Sin embargo, la larga adscripción de la mayoría de las cerámicas encontradas marca un arco cronológico muy amplio que no se debe ignorar (fig.5.46).

A la hora de contrastar esta información con los distintos niveles y fases que se describen para este sondeo, encontramos que carecemos de un registro estratigráfico pormenorizado para esta excavación, que no ha permitido asociar los materiales estudiados a los niveles descritos en la bibliografía, encuadrados, a grandes rasgos, en época romana (s. I-II d.C.) y prerromana. A nivel general la cerámica estudiada encaja dentro del arco cronológico dado para la mayoría de las estructuras de época romana. Sin embargo, para los niveles prerromanos se constatan algunos problemas, la falta de contexto al que asociar la cerámica de tradición indígena analizada y la presencia de dicha cerámica en asentamientos de época romana hace que esta producción, por si sola, no sea indicativa de un momento prerromano.

Si acudimos a los informes para complementar esta información con otros materiales, podemos ver como restos que se han dado como antiguos, como la arracada de oro, y que han sido utilizados para justificar la existencia de este nivel prerromano, provienen del nivel superficial revuelto, por lo que han sido recogidos fuera de contexto y no sirven a la hora de precisar la cronología del sondeo. La *terra sigillata* documentada es, en su mayoría, TSH situada entre el s. I y el II d.C., con 72 piezas. La TSG se registra en menor medida, con solo 5 piezas, mientras que la TSHT (*terra sigillata* hispánica tardía) está presente en este sondeo con 8 piezas encuadradas entre el s. III y el VI d.C. (Bartolomé Abraira, 2008b).

Teniendo en cuenta todos los datos proporcionados, parece que se puede perfilar una zona que tuvo una ocupación importante durante los primeros siglos del cambio de Era, concretamente entre el s. I y el III d.C., y que pudo continuar en fechas posteriores, no habiendo, por el momento, datos que permitan sostener fehacientemente una fecha previa.

5.2.4.2. Zona 2 (Sondeo 2)

En este sondeo las producciones romanas y de tradición indígena están documentadas prácticamente en igual medida, no predominando unas sobre otras. La cerámica de tradición indígena muestra una gran similitud morfotecnológica respecto a la del resto de las zonas del castro, con ollas de borde recto u oblicuo y cuerpo convexo, u ollas de embocadura amplia, con un borde cóncavo u oblicuo de corto desarrollo y cuerpo que comienza prácticamente vertical y que desciende para trazar una línea convexa poco marcada, junto con un único ejemplo de cuenco, muy similar a los ya descritos, pero con decoración espigada en la parte superior del borde. En contraste con la amplia presencia que hemos observado en el sondeo 1, dentro del subgrupo altoimperial aquí solo hemos documentado un par de ejemplos de ollas de borde facetado.

La cerámica común tiene una variabilidad formal limitada en este sondeo, documentándose sólo fuentes F1, ollas y un único ejemplo de vaso V1. En esta zona las F1 aparecen en igual medida que el conjunto de las ollas, continuando con la dinámica que se constataba en el sondeo 1. Destaca la presencia de una pieza asociada con la forma I29, documentada en la ciudad de Lugo como una imitación de la TSG, aunque también podría ponerse en relación con la forma 29 de la TSH (López Pérez, 2007).

Acerca de la cronología de estos materiales, también hemos documentado aquí una mayoría de recipientes de larga adscripción como las ollas O1, O2, O3 y las F1, que van del s. II al V d.C. Algo más puede indicar el vaso V1, situado entre finales de la primera centuria y finales de la tercera (Alcorta Irastorza, 2001: 264), y las formas altoimperiales como las ollas de borde facetado, los L14 y el I29, encuadrado entre la tercera y la cuarta década de la primer centuria (Alcorta Irastorza, 2001:132). El único ejemplar de olla O6 y O5 nos sitúan en un momento bajoimperial, aunque debemos incidir en que se trata de recipientes marginales.

Respecto a la estratigrafía, para esta zona se han diferenciado tres fases de ocupación: una prerromana, otra intermedia situada en el cambio de era y llamada Julio-Claudia, y una fase de época Flavia que llegaría hasta el s. II d.C. (Bartolomé Abraira, 2008b). A este respecto y una vez analizados los materiales de este sondeo, asociamos a esta zona los mismos problemas que había en el sondeo 1. La falta de un registro estratigráfico que permita adscribir las cerámicas estudiadas a los niveles y estratos documentados, nos dificulta esclarecer la secuencia cronológica del lugar y distinguir estas fases establecidas previamente por los investigadores. Teniendo en cuenta únicamente el conjunto cerámico estudiado, la mayoría de los recipientes presentan una cronología muy amplia dentro de la época romana, mientras que la cerámica de tradición indígena no se diferencia de la presente en otros asentamientos con cronologías romanas.

Si atendemos al resto de los materiales documentados en este sondeo, la aparición de un denario de plata de Tiberio no indica necesariamente la existencia de un nivel de ocupación de época Julio-Claudia, ya que se trata de un material que pudo seguir usándose a lo largo del tiempo

y, por lo tanto, continuar en circulación más allá de esta época. La *terra sigillata* que aparece en este sondeo es exclusivamente TSH, un total de 26 piezas (Bartolomé Abraira, 2008b).

Teniendo en cuenta todo esto, parece que, al margen de la O6 y la O5 de cronología bajoimperial, tenemos en esta zona una ocupación importante durante los primeros siglos del cambio de Era, a lo largo del s. I y, especialmente, durante el s. II d.C. (fig. 5.47).

5.2.4.3. Zona 3 (Sondeo 3)

La zona 3 continúa con la dinámica de la zona 2, documentándose todas las producciones prácticamente en igual medida. La cerámica de tradición indígena no presenta diferencias respeto a la de otras áreas, a excepción del subgrupo altoimperial que se identifica aquí de manera predominante. Respecto a la cerámica común romana, en esta zona se documenta también un gran número de ollas y fuentes F1 junto con otras formas como vasos, platos y tapaderas.

Sobre la cronología que indican estos materiales, las ollas de borde facetado y los cuencos L12 se adscriben dentro de la época altoimperial (Alcorta Irastorza, 2001: 111), mientras que en la cerámica común romana seguimos encontrándonos recipientes con una larga adscripción cronológica como las O1, las O2, las F1, el EP1 y la T1 (Alcorta Irastorza, 2001: 256). También hemos documentado la presencia de un único ejemplar de vaso V3, situado entre el s. I y II d.C. (Alcorta Irastorza, 2001: 271), y de una jarra J1, situada entre finales del s. II y principios del s. III d.C. (Alcorta Irastorza, 2001: 280). Aquí documentamos una mayor presencia de ollas O5, de época bajoimperial.

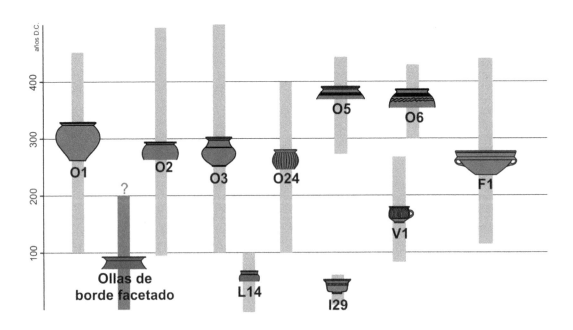

Fig. 5.47. Cuadro cronológico de la zona 2 según los datos de Alcorta Irastorza (2001) y Hevia González y Montes López (2009).

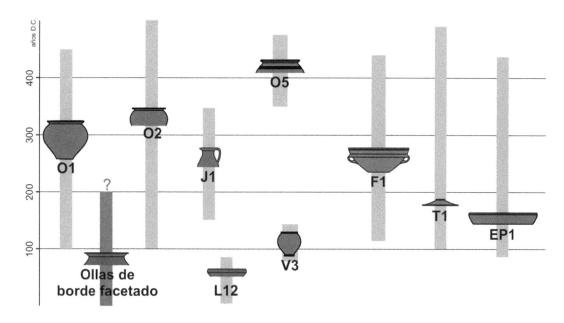

Fig. 5.48. Cuadro cronológico de la zona 3 según los datos de Alcorta Irastorza (2001) y Hevia González y Montes López (2009).

En lo referente a la estratigrafía, los informes delimitaban previamente varias fases de ocupación y, al igual que en los sondeos anteriores, se estableció una fase prerromana basada en fondos de cabaña y canales, seguida por una posterior fase romana y por una última fase romana tardía. Aquí también carecemos del registro estratigráfico que nos aportaría más información al respecto y nos encontramos con los mismos problemas que ya hemos descrito en apartados anteriores, por lo que no incidiremos más en ellos.

Respecto a lo que otros materiales pueden decir acerca de la cronología de esta zona, cabe resaltar que en este sondeo se documentó una lucerna de importación a la que se han referido como de origen bético (Bartolomé Abraira, 2008a: 32).Si tenemos en cuenta la *terra sigillata,* se registra una mayoría de TSH con de 25 piezas documentadas. En menor medida tenemos una pieza catalogada como TSG, dos piezas de TSHT y una pieza clasificada como TSAD tipo Hayes 58, situada a finales del s. III y el s. IV d.C. (Bartolomé Abraira, 2008b).

Teniendo en cuenta todos estos datos se puede establecer una ocupación algo más duradera respecto a otras zonas, aunque tampoco demasiado teniendo en cuenta las formas altoimperiales y la fuerte presencia de recipientes que pueden encuadrase en el s. II y III d.C. Realizando un baremo con la información de la que disponemos, situamos esta ocupación entre el s. I d.C. y el IV d.C. (fig. 5.48).

5.2.4.4. Zona 4 (Sondeo 4)

En esta zona, excavada a raíz de los resultados favorables alcanzados en el resto de los sondeos, se ha documentado un menor volumen de restos. Predomina de manera muy clara la cerámica de tradición indígena respecto a la común romana, que se documenta de forma marginal. Respecto a la cerámica de tradición indígena, al igual que ocurría en el resto de los sondeos, esta presenta una gran homogeneidad, con formas y técnicas similares a las ya descritas, y coherentes con el resto del castro. Dentro del subgrupo altoimperial hemos documentado las ollas de borde facetado del s. I y II d.C., y una "cazuela troncocónica" no documentada hasta la fecha en la zona de Lugo que, junto con un vaso L16, sitúan una cronología del s. I d.C. (Hevia González y Montes López, 2009: 78).

La cerámica común romana aporta en este caso poca información debido a su escasa presencia. Respecto a la cronología hay que tener en cuenta la olla O2, con una estimación cronológica amplia que la sitúa entre el II y el V d.C., y el vaso V1, situado entre finales del s. I d.C. y finales del s. III d.C.

Las piezas de *terra sigillata* que se han identificado en las memorias corresponden solo a tres fragmentos de TSH de adscripción dudosa, situadas entre el s. I y el II d.C. (Bartolomé Abraira, 2008b).

Para este sondeo solo se estipularon dos fases de ocupación, una encuadrada dentro de un momento más antiguo correspondiente con la construcción del foso, y otra ya de época romana que se relaciona con un espacio de "trabajo artesanal" (Bartolomé Abraira, 2008b: 49).

Teniendo en cuenta los problemas asociados a la estratigrafía que explicábamos anteriormente, y los datos recabados a través del estudio de los materiales, establecemos para esta zona una importante ocupación durante el s. I d.C. con una continuidad hacia el s. II d.C., no pareciendo, en principio, continuar más allá (fig. 5.49).

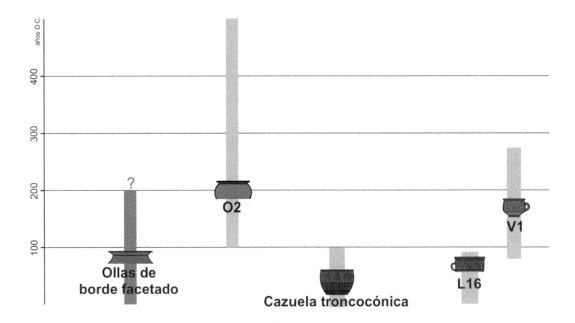

Fig. 5.49. Cuadro cronológico de la zona 4 según los datos de Alcorta Irastorza (2001) y Hevia González y Montes López (2009).

5.2.5. Conclusiones sobre la cerámica de Agra dos Castros.

A excepción del último sondeo, donde la cerámica de tradición indígena está documentada de manera prácticamente mayoritaria, y el sondeo 1 donde la cerámica común romana despunta ligeramente sobre la de tradición indígena, los otros dos sondeos no muestran un predominio claro de ninguna producción sobre otra.

Respecto a las características de la cerámica de tradición indígena, esta muestra una morfotecnológica muy homogénea y una escasa variedad tipológica. Principalmente hemos documentado ollas de borde oblicuo o cóncavo con cuerpo convexo cuya presencia en la totalidad de la muestra es casi igual a la de las ollas de producción romana, lo cual indica que pudieron complementarse. Dentro de esta producción también hemos identificado algunos cuencos, aunque de manera marginal. Todos de dimensiones bastante grandes y algunos con decoración. Todas estas piezas tienen características muy similares a las analizadas en otros asentamientos de la zona, como Punta do Castro (Lozano et al., 2015), el castro de Viladonga (Arias Vilas, 1985) y el castro de Zoñán (Vigo García, 2007), todos de época romana.

Dentro del subgrupo altoimperial es significativa la presencia de ollas de borde facetado, que en ocasiones serán mayoría respecto a las ollas de tradición indígena, pudiendo unas sustituir a otras con el paso del tiempo y el cambio en los gustos de consumo. De especial importancia es la identificación de la "cazuela honda de fondo plano" y de "la cazuela troncocónica", cuyo paralelo más inmediato se encuentra en la Asturias occidental y que, hasta ahora, no estaban recogidas en la zona lucense. Su ausencia hasta el momento quizás pueda explicarse por la falta

de información acerca de los niveles más antiguos de la ciudad de *Lucus Augusti*.

En las producciones de la cerámica común romana destaca, como suele ser habitual, el conjunto de las ollas de cocina. En mucha menor medida hemos documentado otras formas como vasos, cuencos, jarras, algún plato y un par de tapaderas. Llama la atención en este yacimiento la fuerte presencia de fuentes tipo F1, que aparecerán casi en igual medida que las ollas, algo que no es habitual y para lo que no tenemos explicación más allá de que procedan de una zona en la que se realice alguna actividad específica que las precise, algo que no podremos contrastar hasta que no se amplíe la intervención sobre el yacimiento. La mayoría de los recipientes identificados, atendiendo a la bibliografía lucense (Alcorta Irastorza, 2001), tienen una cronología muy amplia, abarcando del s. II al V d.C., aunque contamos con piezas algo más precisas, como los V1, que se encuentran situados del I al III d.C., los V3, del I al II, o la J1 entre el II y el III. La presencia marginal en este contexto de algunas piezas bajo imperiales como las O5 y la O6 podría apuntar a una cronología más temprana para estas formas, que tal vez deberían ser consideradas como una variante puntual dentro de las ollas O1 y O2.

Teniendo todos estos datos en cuenta, resulta difícil secundar algunas de las fases establecidas de manera inicial para este yacimiento. La fase prerromana se sustentaría en base a unos agujeros de poste y fondos de cabaña hechos con materiales perecederos, una arracada de oro documentada fuera de contexto en un revuelto superficial, la existencia de fosos y parapetos y la presencia exclusiva de cerámica de tradición indígena en determinados niveles. Dado que no se ha tenido acceso a la totalidad del registro estratigráfico y desconocemos de qué niveles proceden los materiales analizados, solo podemos afirmar que la cerámica de tradición indígena que hemos podido estudiar se encuentra presente en otros asentamientos cercanos adscritos a época romana por lo que, por si sola, no es prueba suficiente para sustentar esta fase prerromana. Respecto al resto de las fases establecidas ya en época romana. La fase Julio-Claudia se basa principalmente en la presencia de un denario de Tiberio en nivel sellado del sondeo 2. Por sí solo este hallazgo tampoco indica necesariamente la existencia de un nivel de ocupación de época Julio-Claudia, ya que se trata de un material que pudo seguir usándose a lo largo del tiempo y, por lo tanto, continuar en circulación más allá de esta época. Si nos ceñimos a los materiales analizados, lo cierto es que la mayoría de los recipientes identificados muestran una cronología demasiado amplia como para permitirnos ser tan precisos.

En un principio se podría perfilar un periodo amplio que va desde el s. I al IV d.C., sin embargo este dato ha de tomarse con cautela ya que no implica necesariamente

una ocupación continuada del castro desde el s. I d.C. sino que podría responder a la sucesión de distintas fases de ocupación encuadradas en ese largo periodo. Para avanzar en esta cuestión sería necesario acudir al registro estratigráfico, aunque cabría mencionar que la mayoría de las piezas están encuadradas entre los s. I y II d.C., siendo marginales y problemáticas las correspondientes a época bajoimperial. Por otra parte, para valorar correctamente esta periodización, conviene recordar los problemas intrínsecos a la utilización del trabajo de referencia sobre Lugo, que al acudir a distintos métodos para establecer la cronología de las formas, les confiere distintos grados de fiabilidad.

Así pues, aunque el estudio de los materiales de estos sondeos es demasiado sectorial como para poder realizar grandes hipótesis respecto a este lugar y su relación con *Lucus Augusti*, podemos decir que, dentro de la muestra analizada, podemos percibir la influencia de algunas de las formas lucenses mezcladas con la cerámica de tradición

Fig. 5.50. Cerámica de tradición indígena de Agra dos Castros (1-10).

Fig. 5.51. Cerámica común altoimperial de Agra dos Castros (8-9). Cerámica común romana de Agra dos Castros (1-7).

indígena, que se documenta acompañando a la cerámica común romana en casi todos los sondeos, lo cual muestra que, lejos de que una tradición sustituya a la otra o la elimine, ambas se complementan, aumentando el ajuar, a lo largo del s. I y II d.C.

5.2.6. Apartado gráfico – Fotografías

5.3. La cerámica común del castro de Viladonga (Castro de Rei, Lugo)

5.3.1. Localización y características del yacimiento

El castro de Viladonga (Coordenadas ETRS89: Huso UTM 29, X. 630 990, Y. 4 780 019) se encuentra en Castro de Rei, 23 km al noroeste de la actual ciudad de Lugo (fig.5.53). Situado a 500 m de altitud sobre una colina, ocupa una extensión aproximada de unos 40.000 m² de los cuales 10.000 pertenecen al recinto central. Cuenta con

un complejo sistema defensivo formado por varias líneas de parapetos y fosos. Se han diferenciado dos zonas de expansión y un recinto central (Arias Vilas, 2000: 188), donde se localizan la mayoría de las estructuras.

Este yacimiento ha sido frecuentemente excavado a lo largo de los años. Las primeras excavaciones se inician en la década de los setenta y fueron dirigidas por M. Chamoso Lamas hasta 1978, etapa en la que fueron exhumadas la mayoría de las estructuras del asentamiento, continuando los trabajos con la colaboración de F. Senén López (Arias Vilas et al., 2016). En 1982, ya bajo la dirección de F. Arias Vilas se retoman los trabajos hasta los años 90, momento en el que las excavaciones se acometen desde la esfera de la arqueología empresarial. En base a las estructuras encontradas y los materiales analizados –en su mayoría procedentes de las excavaciones de Chamoso– este asentamiento ha sido enmarcado entre finales del s. II y el s. V d.C. por F. Arias Vilas (2000: 189), a excepción

Fig. 5.52. Cerámica común romana de Agra dos Castros (1-4).

de unos niveles situados en la zona noreste del recinto que han sido atribuidos a un momento anterior (Arias Vilas et al, 2016: 23; López Marcos et al, 2019; Álvarez González et al, 2020 y 2021, Pérez Rozas y Torres Iglesias, 2021).

La importancia de este yacimiento no tiene relación directa con el volumen de trabajos publicados. Contamos con varios informes acerca de las excavaciones realizadas en las distintas zonas del yacimiento (Arias Vilas, 1985, 1991 y 1996), así como trabajos de restauración de estructuras (Buceta Brunetti y Pérez Pérez, 2011), existen varios estudios edafológicos (Ramil Rego et al., 1992), faunísticos (Fernández Rodríguez, 2002), estudios puntuales sobre vidrios (Da Cruz, 2007), bronces (Durán Fuentes, 1994) y fusayolas (Pérez Rozas, 2017), así como un catálogo de monedas (Durán Fuentes, 2008/2009) y otro de fíbulas (Lage Pillado, 2004). Las más escasas, sorprendentemente, son las publicaciones sobre los materiales cerámicos. Más allá de un artículo sobre la *terra sigillata* (Caamaño

Gesto y López Rodríguez., 1984) y otro sobre las paredes finas (Vila Martínez, 1994), sólo se han publicado de manera puntual estudios sobre aspectos concretos como los patrones decorativos (Dorrego Martínez y Rubiero da Pena, 1998), las asas (Dorrego Martínez y Rubiero da Pena, 2001) o los grafitos (Durán Fuentes et al., 1992), citando algunos. Recientemente, han visto la luz también artículos sobre las cerámicas consideradas más tardías (Tejerizo et al., 2018 y 2020).

5.3.2. Selección de la muestra

En base a los objetivos establecidos, hemos tratado de identificar las distintas producciones y los grupos formales presentes en el castro, estableciendo comparaciones con la cerámica de zonas próximas.

Tras recoger toda la información existente acerca del yacimiento en informes y memorias de excavación y,

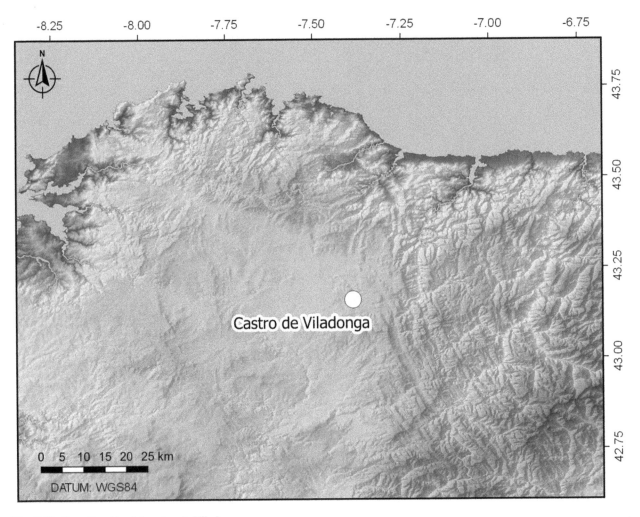

Fig. 5.53. Localización del castro de Viladonga.

teniendo en cuenta los diferentes trabajos realizados hasta la fecha, hemos seleccionado aquellas zonas que puedan ofrecer un mayor conocimiento sobre los momentos de ocupación (fig. 5.54) y permitan discernir las características de las producciones cerámicas. Escogimos cinco zonas intentando que fuesen representativas de la totalidad del yacimiento, atendiendo a su ubicación espacial, cronología atribuida, potencia estratigráfica y volumen de materiales.

Elegimos la zona noreste del recinto central junto con varios cuadros del sistema defensivo situado al este, por ser el lugar dónde se localizaron los que se han determinado como niveles prerromanos, con la intención de aclarar la existencia o no de una ocupación anterior a la construcción de estos sistemas defensivos. A través del estudio de las zonas sudeste y sudoeste del recinto central esperábamos caracterizar un nivel que obedece a una cronología posterior, para así intentar ver un momento de ocupación dentro del propio yacimiento. Escogimos la zona de expansión situada al oeste para que sirviera como referencia del último momento de ocupación, donde se habitan espacios más allá del recinto central.

Como veremos pormenorizadamente más adelante, existen problemas con el registro estratigráfico llevado a cabo en las distintas campañas de Viladonga, acusando a menudo una falta de rigor y siendo inexistente para las excavaciones más antiguas, es decir, para los contextos de la mayor parte de los materiales recuperados.

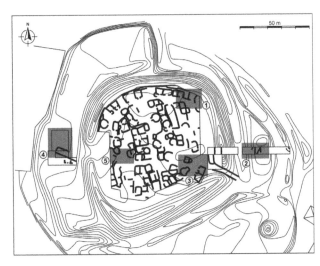

Fig. 5.54. Situación de las zonas analizadas citadas en el texto (modificado a partir de Arias Vilas et al., 2016: 21). 1.- Zona noreste; 2.- Zona este del sistema defensivo; 3.- Zona sudeste; 4.- Zona de expansión oeste; 5.- Zona sudoeste.

5.3.3. Estudio de materiales

Hemos estudiado la cerámica procedente de varios cuadros excavados desde los años setenta hasta 1992 en la zona noreste del recinto central y en 1988 y 1989 en la zona este del sistema defensivo, que eran los lugares donde la bibliografía y la documentación administrativa señalaba la existencia de unos niveles anteriores a la llegada de Roma. Seguidamente, hemos estudiado la cerámica procedente de otras zonas del castro asociadas a contextos con momentos de ocupación entre el s. III y V d.C., que es la cronología que habitualmente se atribuye a este asentamiento, en concreto la de las excavaciones realizadas en 1996 y 2016 en el sudoeste y sudeste del recinto central y en la zona de expansión oeste.

5.3.3.1. Zona 1. (Zona noreste del recinto central: Años 70, 1983, 1984 y 1992)

Desde 1971 a 1978 se excavo la mayor parte del recinto central del castro, dejando testigos que fueron eliminados en 1983 (Arias Vilas, 1985), incluida la zona noreste, que es la que se ha seleccionado para la primera parte del estudio por su mayor potencia estratigráfica. Durante la campaña de 1984 se continuó y amplió la excavación de esta zona, bajando en las zonas excavadas en las anteriores campañas y documentándose bajo las construcciones situadas en los cuadros I-25, I-46 e I-47 (fig. 5.55) niveles a mayor profundidad.

El cuadro I-25 resultó tener una potencia arqueológica mayor de la que se había pensado en un principio (Arias Vilas, 1987: 3). Por debajo del nivel dejado en los años 70, se documentó "...una sucesión de pisos de barro, ou camas dos mesmos, en xeral moi localizados e as veces con sinais de lareiras..." (Arias Vilas, 1987: 3) también se localizó una "pedra de quicieira de porta, de pizarra, a uns 60 cm por baixo do nivel correspondente á porta da vivenda que se conserva actualmente." (Arias Vilas, 1987: 3) En el corte oeste de este mismo cuadro se documentó lo siguiente:

> ...un muro de sillarexo de pizarra pouco consistente, sito entre 70-110 cm por baixo do nivel actual do Castro y cunha extensión desigual e polo tanto aproximada, duns dous metros. (Arias Vilas, 1987: 3).

En los cuadros I-46 y I-47 se observó que "...o firme natural [...] estaba aínda a considerable fondura..." (Arias Vilas, 1987: 4). El cuadro I-47 presentó las siguientes características:

> ...un tramo de muro circular, ben paredado polo exterior [...] e sito por baixo daquel nivel de cimentación da muralla principal e, polo tanto, anterior, ou sexa correspondente a un nivel de ocupación nunca posterior ó s. III d.C." (Arias Vilas, 1987: 4).

En la documentación consultada se plantea una ocupación anterior para estos niveles:

> ...non se descarta a hipótese de que nesta parte do Castro, se dese un certo tipo de ocupación temporal, ben nun momento propiamente prerromano [...] ben nun momento mesmamente anterior ó s. III d.C.". (Arias Vilas, 1987: 10).

Posteriormente, en la campaña del 1992, se eliminaron los testigos dejados en la campaña de 1984 y se continuó bajando. La excavación permitió comprobar en los testigos N-8, Ñ-8 y Ñ8/9 situados en la zona noreste, la existencia de "...un nivel de ocupación muy desfeito e entullado, anterior ó do hábitat principal (tardío) do Castro" (Arias Vilas, 2000: 193). Se localizaron restos de "...dous muretes moi desfeitos por baixo da cimentación das construccions hoxe visibles..." (Arias Vilas, 2000: 193). En base a esto y los materiales encontrados, descritos como "cerámica de tradición castrexa, lisa, ruin e moi esnaquizada" (Arias Vilas, 2000: 195) se propuso para estos niveles una cronología anterior al cambio de era, entre el s. II a.C. y el I a.C. (Arias Vilas et al., 2016: 67).

Toda esta complejidad estratigráfica no se encuentra documentada de manera clara en las memorias de

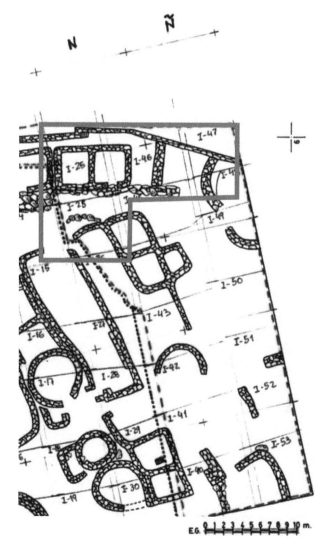

Fig. 5.55. Plano de la zona noreste del recinto central con los cuadros estudiados (modificado según Arias Vilas, 1987).

excavación de estos años donde vemos como, en base a esta sucesión de capas que apenas presentan restos de estructuras asociadas a ellas, se plantea una ocupación anterior que no se apoya en una descripción de niveles estratigráficos con materiales asociados.

- Cerámica de tradición indígena de la zona 1 (noreste)

Si tenemos en cuenta el conjunto de la muestra analizada podemos considerar esta como la producción predominante en la zona 1. Presenta una acusada fragmentación y el

escaso desarrollo de los perfiles ha dificultado su análisis morfológico, no existiendo perfiles completos.

Dentro de las piezas que hemos seleccionado, el conjunto más representado es el de las ollas, donde diferenciamos un primer grupo morfológico (fig. 5.56-5.59, fig. 5. 95: 1, fig. 5.96: 6, fig. 5.98: 5), caracterizado por presentar un borde oblicuo abierto o cóncavo acabado en un labio plano o redondeado que se une directamente a un cuerpo convexo. Incluimos aquí un par de ejemplos en los que el borde muestra un facetado interior (fig.5.56: 2-3) y un

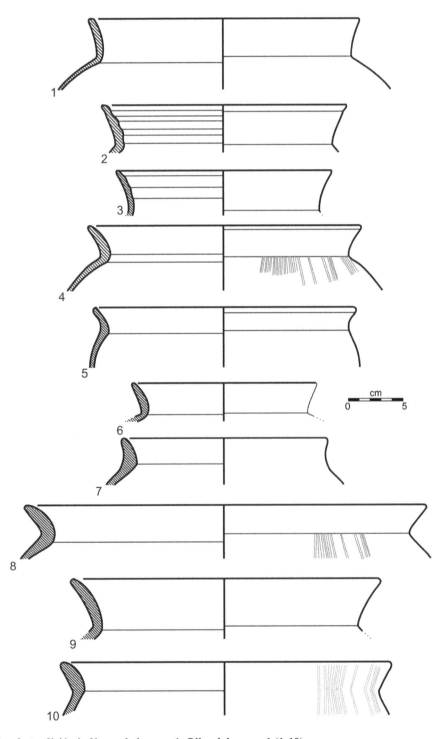

Fig. 5.56. Cerámica de tradición indígena de la zona 1. Ollas del grupo 1 (1-10).

subgrupo de ollas (fig.5.56-5-59) con un labio con un ligero engrosamiento hacia el exterior o un leve desplazamiento, demasiado pequeño como para ser considerado un borde con desplazamiento horizontal abierto.

Las medidas de este primer grupo son variadas, situándose entre tamaños medianos y grandes, aunque en general predominan las primeras. Hemos identificado unos recipientes que, por el tamaño de sus diámetros superiores, de más de 35 cm, son de grandes dimensiones (fig.5.60: 7-12). Su escaso perfil no permite decir mucho más aparte de que poseen unas paredes muy gruesas, un labio plano

y un borde ligeramente curvado abierto. En este primer grupo morfológico también destacamos un conjunto de ollitas de tamaño pequeño (fig.5.60: 1-7), asimilables dentro del L14 de *Lucus Augusti*. En este conjunto resalta una ollita con decoración estampillada en la cara externa del cuerpo (fig. 5.60: 3, fig. 5.99: 6), idéntica al L13 de *Lucus Augusti*.

A excepción del L13, en este primer grupo la decoración no será frecuente ni variada, documentándose tan solo cepillados en la cara externa del borde (fig. 5.57: 9, fig. 5.60: 1) o del cuerpo (fig. 5.56: 4 y 8, fig. 5.59: 5, fig. 5.97:

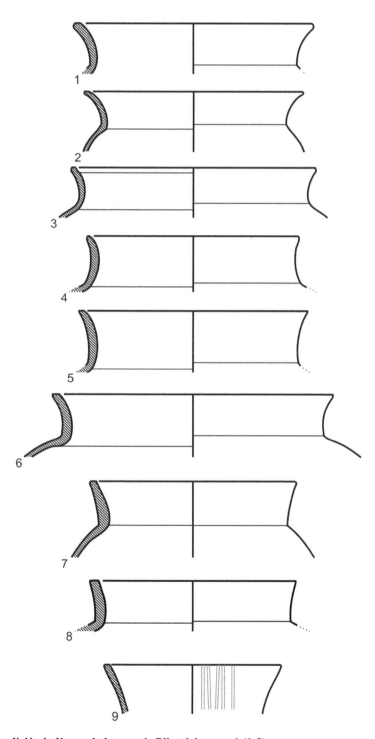

Fig. 5.57. Cerámica de tradición indígena de la zona 1. Ollas del grupo 1 (1-9).

2) que podrían tratarse tan solo de acabados superficiales. La mayoría de las ollas de este grupo están encuadradas dentro de la fábrica 5, con algunas excepciones dentro de la 5A y destacando una pieza (fig. 5.56: 10) que presenta unas pastas gris claro tanto en el núcleo como en la superficie y un fuerte cepillado en la cara interna y externa de la pieza.

Un segundo grupo de ollas (fig.5.61) viene definido por un labio redondeado al que le sigue un borde con desplazamiento horizontal abierto (con una longitud que puede variar entre una pieza y otra) o un borde oblicuo poco desarrollado; estos bordes se unen, a través de un línea cóncavo u oblicuo cerrado, a un cuerpo convexo, pero esta unión no está marcada de forma neta, sino que se desarrolla progresivamente, dando lugar a un cuerpo de línea compleja oblicuo convexo. Dentro del segundo grupo hemos constatado un pequeño conjunto (fig. 5.62: 1-4) donde la transición de la línea oblicua a la convexa se da de manera marcada a través de una inflexión neta, destacando una pieza donde la línea oblicua del cuerpo presenta una longitud de 7 cm (fig. 5. 62: 4). Las ollas del grupo 2 están adscritas a la fábrica 5, con una mayor incidencia de recipientes asociados a la fábrica 5A respecto

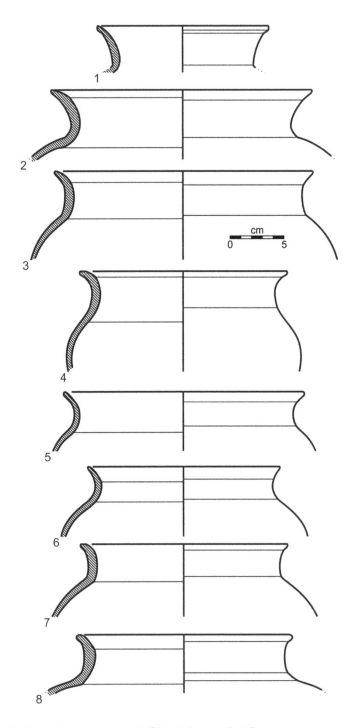

Fig. 5.58. Cerámica de tradición indígena de la zona 1. Ollas del grupo 1 (1-8).

al grupo anterior. No presentan decoración y son ollas de tamaño mediano.

Además de estos grupos formales, donde situamos la mayor parte de la colección estudiada, hemos documentado otras formas, menos representadas, pero que merecen ser tenidas en cuenta. Tenemos un conjunto de ollas (fig. 5.62: 5-6) caracterizadas por una compleja decoración plástica en la cara externa del borde realizada a través de una sucesión de

impresiones de un cuerpo hueco de sección semicircular, probablemente algún tipo de cánula cortada. Este borde se caracteriza por ser de desplazamiento horizontal cerrado o bilateral, acabado en labio plano o redondeado y seguido por un cuerpo convexo. Estas piezas se encuadran dentro de la fábrica 5 y presentan un tamaño mediano.

Como formas aisladas en esta zona hemos registrado una pieza (fig.5.62: 7) con una embocadura amplia basada en un

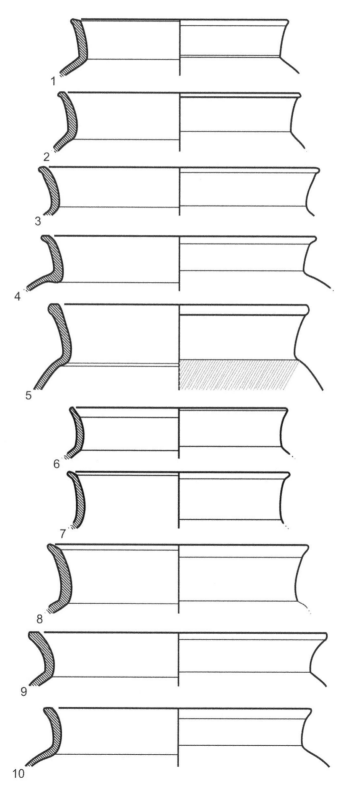

Fig. 5.59. Cerámica de tradición indígena de la zona 1. Ollas del grupo 1 (1-10).

pequeño borde oblicuo, cuerpo cóncavo poco desarrollado que va cambiando, sin una inflexión marcada, a una línea convexa. Este recipiente presenta una decoración hecha a base de líneas paralelas horizontales rectas bruñidas en la cara externa del cuerpo. Tiene tamaño grande y se sitúa en la fábrica 5.

Otra de las formas presenta un borde recto y cuello cóncavo, con decoración de retícula bruñida en la cara externa del

cuello (fig.5.62: 8). Tiene tamaño mediano, se encuentra dentro de la fábrica 5A, y no hemos documentado un ejemplar parecido en toda la muestra, siendo difícil precisar su forma completa.

Hemos documentado una olla de tamaño mediano, borde oblicuo muy pequeño y cuerpo convexo, (fig.5.62 9) que no encaja en ninguno de los grupos establecidos dentro de la cerámica de tradición indígena, aunque existen ciertas

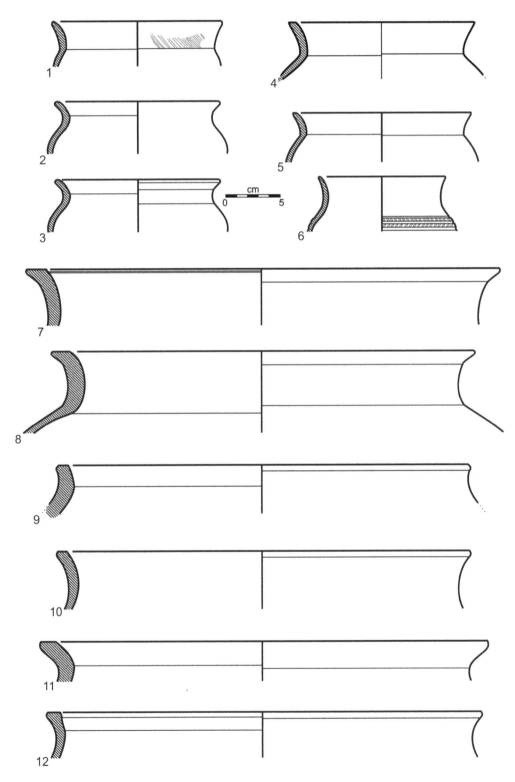

Fig. 5.60. Cerámica de tradición indígena de la zona 1. Ollitas y ollas grandes (1-12).

similitudes formales entre esta pieza y algunas ollitas de producción romana, como las O25 o los vasos V3, sin embargo, sus características técnicas la encuadran dentro de la cerámica de tradición indígena, englobándose dentro de la fábrica 5.

Los cuencos son el segundo conjunto más importante dentro de la cerámica de tradición indígena de esta zona, aunque son pocos en comparación con las ollas.

En esta colección predominan los que poseen un borde con desplazamiento horizontal cerrado acabado en labio redondeado o plano y cuerpo convexo o convexo oblicuo abierto (fig.5.63: 1-2 y 6-9), exceptuando una pieza con borde con desplazamiento horizontal abierto (fig.5.63: 3). Asimismo, hay que mencionar un par de ejemplos caracterizados por un labio engrosado seguidos de un cuerpo que podría ser convexo (fig. 5.63: 4-5). Son de tamaño mediano, están encuadrados dentro de la fábrica

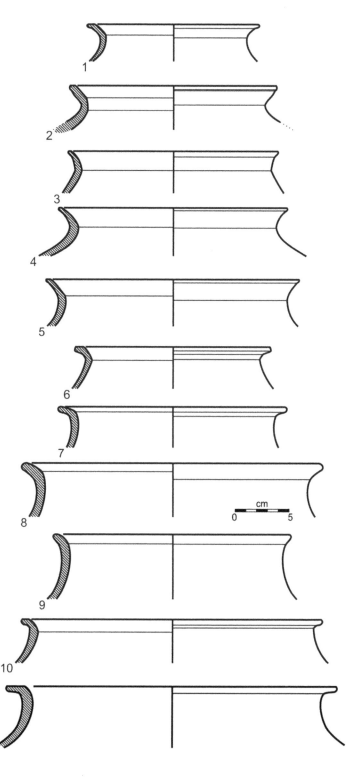

Fig. 5.61. Cerámica de tradición indígena de la zona 1. Ollas del grupo 2 (1-11).

5 y muchos poseen decoración, siendo la más frecuente la impresión de motivos espigados en la parte superior del labio (fig.5.63: 1, fig. 5.96: 3). En un único caso observamos una decoración de líneas incisas onduladas en la parte superior externa del cuerpo (fig.5.63: 5, fig. 5.97: 6). Destaca una pieza (fig. 5.63: 10) que presenta un borde con desplazamiento horizontal cerrado seguido por un cuerpo de difícil definición, pero que podría derivar en una forma convexa. Esta pieza tiene una línea recta

horizontal acanalada en la cara externa del cuerpo y, bajo esta, a unos centímetros de distancia, podemos apreciar un cordón horizontal con decoración incisa en su cara superior.

Dentro del subgrupo de piezas de tradición indígena que se pueden encuadrar como cerámica común altoimperial, identificamos ollas de tamaño mediano y grande caracterizadas por un pequeño borde oblicuo o

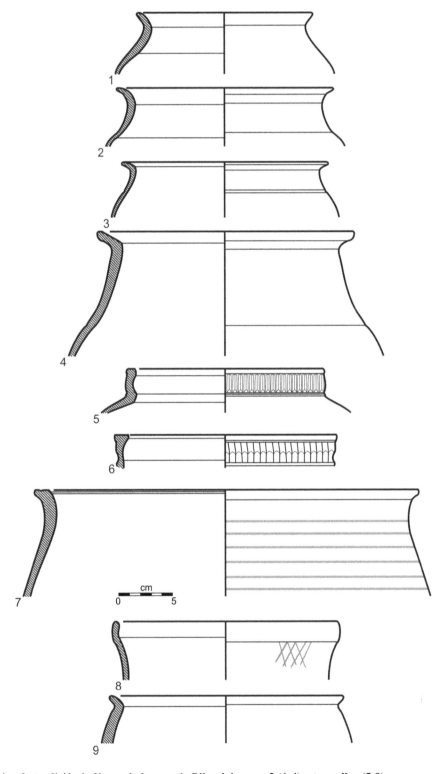

Fig. 5.62. Cerámica de tradición indígena de la zona 1. Ollas del grupo 2 (1-4), otras ollas (5-9).

con desplazamiento horizontal abierto y cuerpo convexo (fig. 5.64: 1-10). Estas ollas, que carecen de la decoración característica de las L1 por su alta fragmentación, encajan con la forma. También hemos encontrado paralelos con las ollas lisas de borde facetado del Chao Samartín (Hevia González y Montes López., 2009: 88-89, fig. 72), de similares características morfotecnológicas y cronología que las lucenses, pero sin el condicionante de la decoración.

Otra forma identificada es un vaso o "tazón monoansado con decoración" (fig. 5.64: 12) o L16 caracterizado por tener un tamaño mediano, labio redondeado, un pequeño borde oblicuo y cuerpo convexo poco desarrollado, así como una decoración de líneas bruñidas oblicuas que conforman un motivo reticulado en la cara externa del cuerpo, situada bajo dos líneas espatuladas horizontales. Todas estas piezas están adscritas dentro de la fábrica 5A y la fábrica 6.

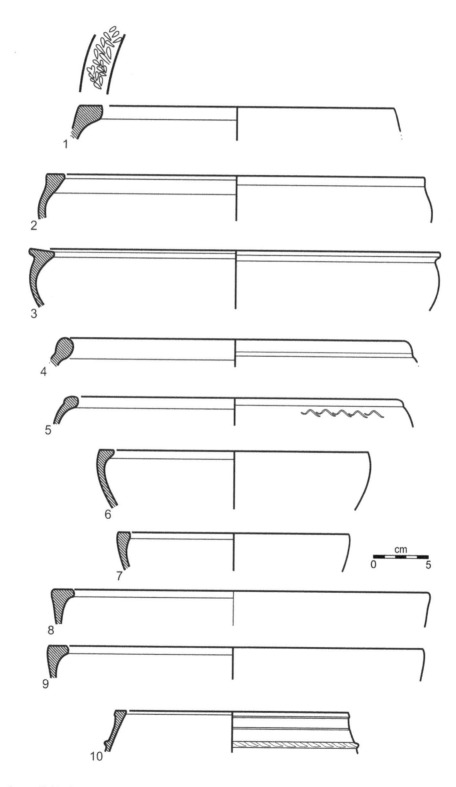

Fig. 5.63. Cerámica de tradición indígena de la zona 1. Cuencos (1-10).

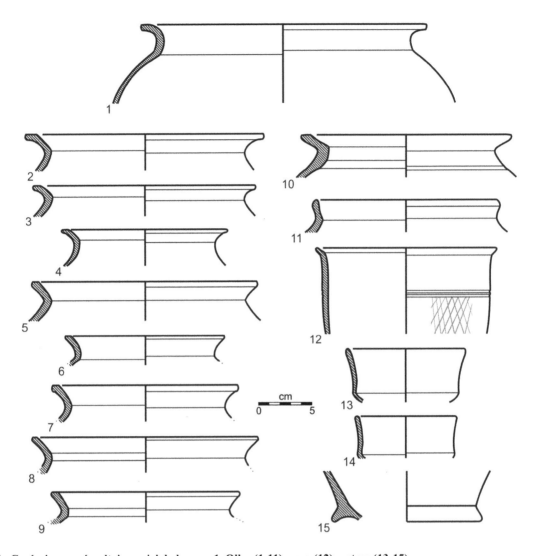

Fig. 5.64. Cerámica común altoimperial de la zona 1. Ollas (1-11), vaso (12) y otros (13-15).

Hemos documentado dos pequeños recipientes con labio redondeado, borde ligeramente cóncavo y alargado separado de un cuerpo que parece convexo oblicuo abierto por una carena no muy marcada (fig.5.64: 13-14). Estos recipientes se asemejan a las tazas carenadas monoansadas del castro del Chao Samartín (Hevia González y Montes López, 2009: 51, fig. 35), aunque debido a las pequeñas dimensiones de los fragmentos analizados, no hemos podido constatar la presencia de asa. Sus pastas se caracterizan por presentar un color ocre en la cara externa e interna de la pieza, con poco desgrasantes en la superficie y cuidadamente bruñida a modo de tratamiento superficial o decoración,

Documentamos un recipiente (fig. 5.64: 15) de tamaño mediano, cuerpo convexo oblicuo abierto y una visera oblicua de sección triangular en la parte inferior del cuerpo. Sus reducidas dimensiones la alejan del L19 y el posterior F1. Se encuadra dentro de la fábrica 5.

- Cerámica común romana de la zona 1 (noreste).

El grupo de las ollas es uno de los más representados dentro de la cerámica común romana. Estas ollas (fig.

5.65) están caracterizadas por un borde oblicuo o cóncavo unido a un cuerpo convexo coincidiendo con el O1 y O2 (fig. 5.65: 1-4) y el O24 (fig. 5.65: 9-13). Existen algunas variaciones formales, como las ollas con borde triangular (fig. 5.65: 8) tipo O7 que relacionamos con el fenómeno de expansión de las ollas de cerámica común no torneada de difusión aquitano tarraconense o CNT-AQTA (Esteban Delgado et al., 2008).

Las ollas de cerámica común de esta zona tienen un tamaño pequeño y mediano y en ellas no hemos documentado decoración, a excepción de algunas acanaladuras horizontales bajo el borde y líneas bruñidas verticales en la cara externa del cuerpo en el caso de una O24 (fig. 5.65: 13, fig. 5.99: 4). Se adscriben dentro de la fábrica 1, a excepción de un par de ollas O24, situadas dentro de la fábrica 2 y de la O7, con pastas negras de abundantes desgrasantes que se asemejan más a la fábrica 5. Documentamos dos ollas de borde oblicuo de grandes dimensiones (fig. 5.65: 1-2), situadas dentro de la fábrica 1 y con un escaso desarrollo del perfil, para las que no encontramos paralelos. También hemos documentado una pieza con borde con desplazamiento horizontal abierto con una concavidad en la parte superior interna del borde

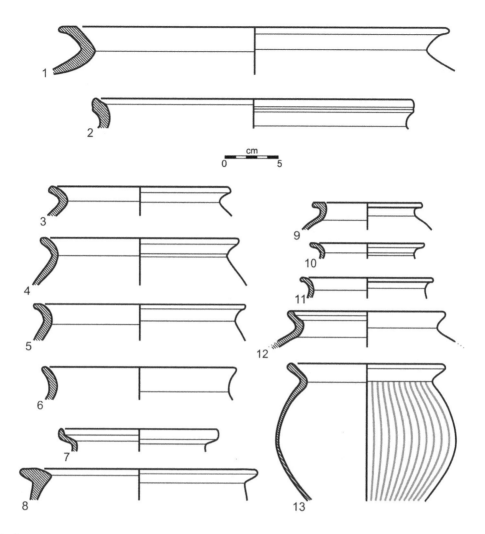

Fig. 5.65. Cerámica común romana de la zona 1. Ollas (1-13).

(fig.5.65:7) que, por sus dimensiones y forma podría tener su paralelo con las O3 de *Lucus Augusti*. Esta pieza se incluye dentro de la fábrica 2.

Dentro del grupo de los cuencos, hemos identificado un conjunto caracterizado por un cuerpo convexo oblicuo abierto rematado con un labio de superficie plana u oblicua ligeramente engrosado hacia el interior (fig.5.66: 5-11), forma relacionada con los C3 de *Lucus Augusti*. Oscilan entre tamaños medianos y grandes, carecen de decoración y se incluyen dentro de la fábrica 2. Destacan cuatro piezas que presentan pastas y superficies naranjas, difiriendo del habitual color gris que documentamos en esta forma.

Hemos documentado un conjunto de cuencos de tamaño mediano conformados por un labio redondeado o ligeramente engrosado hacia el exterior, seguido de un cuerpo convexo oblicuo abierto marcado en la parte inferior por una carena o leve inflexión (fig. 5.66: 1-4). Son recipientes adscritos dentro de la fábrica 2, y carecen de decoración. Aunque podrían clasificarse dentro de las F2 de *Lucus Augusti* (Alcorta Irastorza, 2001: 342-343, fig. 143) por similitudes en la zona del borde y la presencia de carena, difieren morfológicamente.

Hemos estudiado un conjunto de piezas que identificamos como jarras (fig. 5.67: 1-7) de pequeñas dimensiones. Documentamos un conjunto de jarras J1 (fig. 5.67: 1-3), adscritas a la fábrica 2, de borde oblicuo poco desarrollado acabado en un labio redondeado, seguido de un cuello ligeramente cóncavo y alargado continuado por el cuerpo convexo sin ningún tipo de inflexión, uno de ellos tiene un asa de sección oval que parte de la cara superior del borde hasta la zona media del cuerpo, y carecen de decoración.

Registramos recipientes de borde oblicuo acabado en labio redondeado, cuello convexo y asa de sección ovalada que parte de la zona media del cuello (fig. 5.67: 4-6), junto con una pieza de cuello oblicuo y cuerpo convexo (fig. 5.67: 7). Se encuadran dentro de la fábrica 3 y carecen de decoración. La superficie se encuentra muy desgastada, por lo que no podemos saber si tuvieron engobe o no o qué tipo de tratamiento superficial recibieron. Debido a la falta de un perfil más desarrollado y su mala conservación, no hemos podido encajarlos en ningún grupo conocido.

Los vasos V2 (fig. 5.67: 8-12) se componen por unas pocas piezas de tamaño pequeño que conservan el pie realzado y el cuerpo convexo con decoración en forma de acanalados horizontales (fig. 5.67: 8), y una única pieza de cuello con líneas bruñidas en la cara externa (fig. 5.67: 8). Resalta un pequeño fragmento de pie realzado y cuerpo convexo que podría estar adscrito a este grupo y que presenta un grafito cruciforme en la cara externa de la base (fig. 5.67: 10, fig. 5. 99: 6).

Los platos (fig. 5.68, 1-2), representados en menor medida, están caracterizados por un labio redondeado, cuerpo oblicuo y tamaño mediano. La mayoría de ellos (fig. 5.68: 1) se adscriben dentro de los P1 de pastas grises, el resto,

con un engobe rojo en la cara interna y externa del cuerpo (fig.5.68: 2), coinciden con los EP3 de *Lucus Augusti*. Estas piezas se sitúan en la fábrica 3.

Hemos analizado una fuente con perfil completo (fig. 5.68: 5). Esta pieza, de tamaño grande, tiene un labio engrosado y cuerpo oblicuo abierto que acaba en una base plana y coincide con los platos lucenses en sus características tecnológicas, que la acercan a la fábrica 3, pero se aparta de las formas conocidas. Está adscrita a la fábrica 1 y se

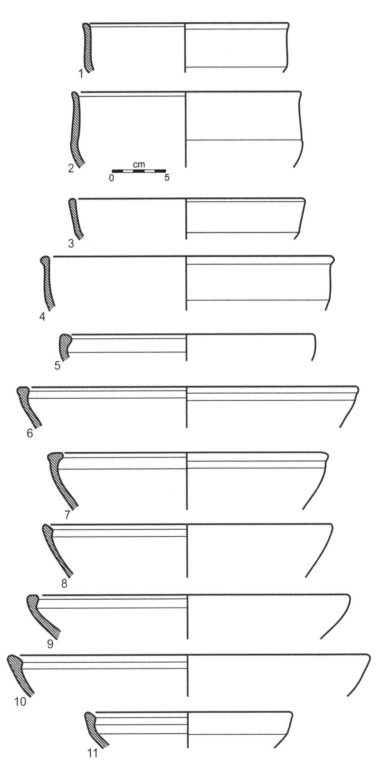

Fig. 5.66. Cerámica común romana de la zona 1. Cuencos (1-11).

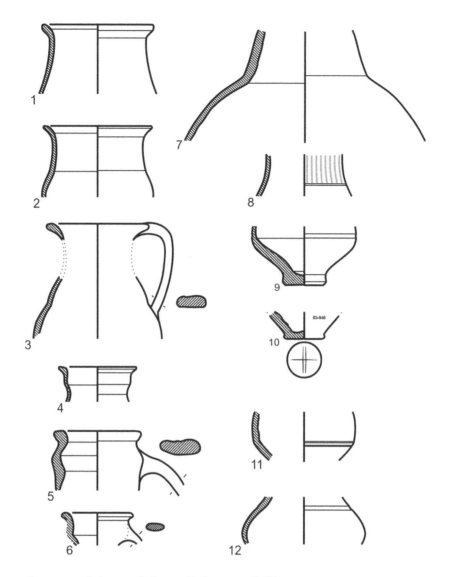

Fig. 5.67. Cerámica común romana de la zona 1. Jarras (1-7) y vasos (8-12).

asemeja a la forma Halt. 75B (Beltrán Lloris, 1990: 209, fig. 101, 931).

Hemos identificado una fuente EP6 (fig. 5.68: 4) con una superficie muy desgastada, de borde con desplazamiento horizontal abierto caracterizado por unas acanaladuras en la parte superior del borde, cuerpo oblicuo y tamaño mediano. Está encuadrada dentro de la fábrica 3.

Dentro de este grupo hemos documentado una pieza que podría identificarse como una fuente de borde y cuerpo convexo oblicuo abierto y tamaño mediano (fig 5.68: 3). Se encuadra dentro de la fábrica 2 y guarda similitud con ciertos tipos relacionados con platos pequeños documentados en el campamento de *Petavonium* (Carretero Vaquero, 2000: 689) y en la zona de la Meseta Central (Blanco García, 2017: 189), no encontrando paralelos dentro de la bibliografía lucense.

Hemos identificado un mortero (fig. 5.68: 7) de borde con desplazamiento horizontal abierto que conserva su pico vertedor. La parte superior del borde está decorada con acanaladuras. De tamaño mediano y factura poco cuidada, sus pastas son de color ocre y presenta abundantes desgrasantes micáceos y cuarcíticos, además de un nulo tratamiento superficial, características que lo alejan de los M3 de *Lucus Augusti* (Alcorta Irastorza, 2001: 306-312).

También hemos documentado un par de piezas de cuerpo y base de grandes dimensiones, con pastas de color naranja y abundantes desgrasantes de cuarzo y mica en su superficie, así como acusadas marcas de torno en su cara interna (fig. 5.68: 9) que se asemejan a los tiestos TR de *Lucus Augusti* (Alcorta Irastorza, 2001: 300-303, fig. 127) aunque la falta de un perfil más desarrollado no ha permitido encajarlo en ninguna forma conocida.

Hemos identificado dos piezas que, por sus características morfotecnológicas, difieren del resto de la muestra analizada. Por un lado, un cuenco pequeño (fig. 5.68: 6, fig. 5. 100: 3), de borde cóncavo y cuerpo convexo, tiene unas pastas grises micáceas, de textura porosa y un tratamiento superficial cuidado, con decoración impresa a ruedecilla (Nozal Calvo y Puertas Gutiérrez, 1995: 106) en la cara externa del cuerpo. Por sus características tecnológicas, lo podemos relacionar con la cerámica gris tardía de *Lucus Augusti* (Alcorta Irastorza, 2001: 383), pero no encaja en ninguno de los grupos formales conocidos. Puede tratarse de un recipiente aasimilable a algunas formas de la *terra sigillata* gálica tardía o DSP (Uscatescu Barrón et al., 1994: 208, fig. 12).

Por último, se ha documentado otro cuenco (fig. 5.68: 8, fig. 5.100: 4) de tamaño mediano, borde oblicuo y cuerpo convexo, pastas color siena oscuro y alisado cuidado, que recuerda a una Drag. 27, y que se corresponde con la forma I27 de *Lucus Augusti*.

5.3.3.2. Zona 2 (sector este del sistema defensivo. 1988-1989)

Entre 1988 y 1989, se realizó un corte transversal en los parapetos y fosos del lado este del yacimiento,

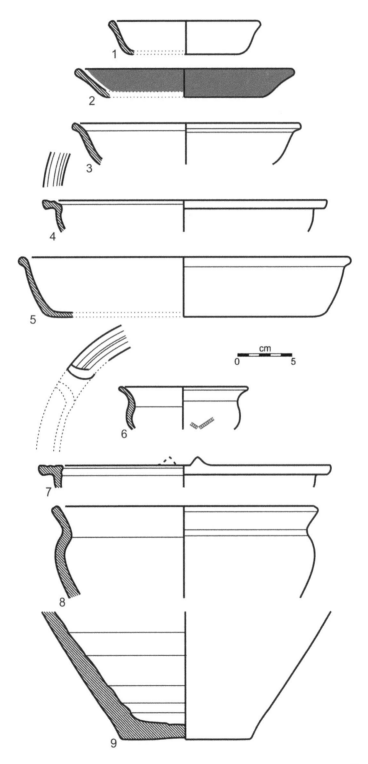

Fig. 5.68. Cerámica común romana de la zona 1. Platos (1-2), fuentes (3-5), mortero (7), tiesto (9) y otros (6 y 8).

documentándose la estructura del sistema defensivo, construido "a base de paramentos de pedra pola cara interior e de moreas de terra e pedra polo lado exterior e sobre candaseu foso" (Arias Vilas y Fábregas Valcarce, 2003: 197). En los cuadros 12-S/1 y 12-S/4 (fig. 5.69), situados entre el segundo y el tercer parapeto, bajo un nivel en el que se documenta "un recinto a xeito de corpo de garda aberto cara a entrada Leste do Castro" (Arias Vilas y Fábregas Valcarce., 2003: 197), se exhumaron restos de algunas estructuras consistentes en "un nivel de barro apisonado e nunha lareira pequena" (Arias Vilas y Fábregas Valcarce, 2003: 197). En la bibliografía se refieren a este nivel como anterior a la construcción de sistema defensivo (Arias Vilas y Fábregas Valcarce, 2003: 197).

Durante esta campaña, además, se realizaron dataciones radiocarbónicas sobre varias muestras. La primera (CSIC n° 896) se hizo sobre huesos sueltos recogidos "… na parte alta do recheo interior de terra da muralla principal, que cobre o cerne ou nervio pétreo […] deste primeiro e principal recinto amurallado…" (Arias Vilas y Fábregas Valcarce, 2003: 198). Las siguientes se realizaron sobre tres carbones vegetales, los dos primeros (CSIS n° 938 y n° 862) tienen una procedencia que se detalla a continuación:

> … concentración de carbóns localizada no espacio que está sobre ou a rentes da segunda muralla, e vinculada a algúns elementos constructivos (restos de pallabarros) e a cerámica castrexa moi común, atípica e esnaquizada" (Arias Vilas y Fábregas Valcarce., 2003: 198)

Y una tercera muestra de carbón (CSIC n° 861) localizada en:

> …unha lareiriña situada cerca da terceira muralla e nas inmediacións daquela concentración de cinzas a carbóns, e pode asociarse a un solo de barro apisonado

que deu alguna cerámica común castrexa como a xa antedita" (Arias Vilas y Fábregas Valcarce, 2003: 198).

De los resultados de estas dataciones (fig. 5.70), que no proceden de un contexto claro, ni están asociadas a ningún paquete estratigráfico, se dedujo un nivel de ocupación más antiguo, a grandes rasgos situado entre el S. I a.C. y la segunda década s. I d.C. según Arias Vilas (2000: 192).

- Cerámica de tradición indígena de la zona 2 (sector este del sistema defensivo).

La producción de tradición indígena es la única que hemos documentado en esta zona. Al igual que en la zona noreste, el conjunto de las ollas es el más abundante. Respecto a su morfología predominan los bordes oblicuos y cóncavos y los cuerpos convexos, y son frecuentes las ollas medianas respecto a las grandes y las pequeñas.

Hemos identificado aquí los mismos grupos formales que describíamos en el apartado anterior, con las mismas características morfotecnológicas y decorativas (fig.5.71-fig. 5.74, fig. 5.96: 4, fig. 5.97: 7). Están encuadrados en la fábrica 5 y no hemos documentado en ellos mucha decoración, aunque sí hemos registrado más recipientes decorados respecto a la zona anterior. Predominan las líneas bruñidas rectas o curvas (fig. 5.71: 7 y fig. 5.96: 1, fig. 5.72: 2-4 y fig. 5.96: 7, los estriados en la cara externa del cuerpo o del borde (fig. 5.71:4 y fig. 5.99: 2, fig. 5.72: 5 y 9, fig. 5.73: 1 y fig. 5.99: 1; fig. 5.74: 1), no pudiendo precisar si se trata de un tratamiento superficial o una decoración. Destacamos la presencia de una olla con decoración impresa en la cara externa del cuerpo (fig. 5.71: 10), y otra con decoración de líneas incisas oblicuas que se entrecruzan en la parte superior del cuerpo (fig. 5.73: 2 y fig. 5. 91: 3). También hemos documentado otra de borde oblicuo, cuerpo convexo y asa de sección rectangular partiendo del labio (fig.5.71: 5).

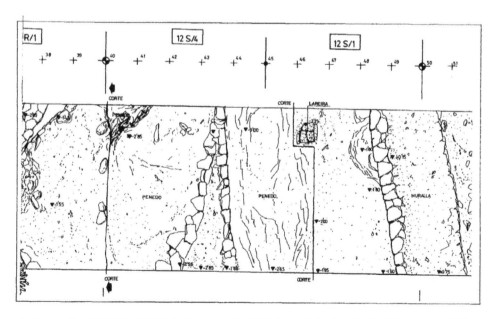

Fig. 5.69. Planta de los cuadros 12-S/4 y 12-S/1 de la zona este del sistema defensivo (Arias Vilas et al., 2003).

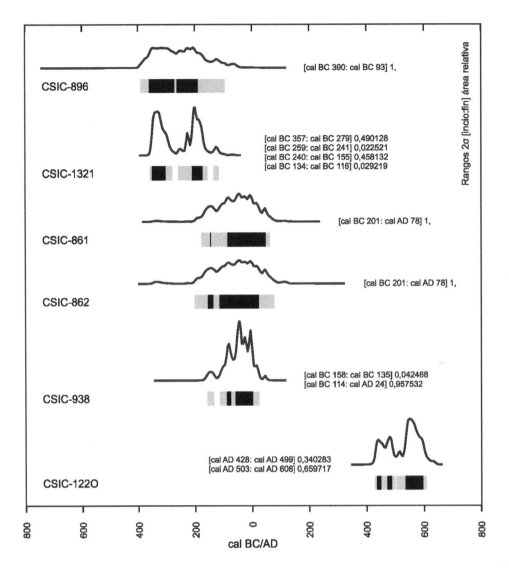

Fig. 5.70. Dataciones radiocarbónicas obtenidas para el yacimiento. Calibrado a 2σ (Stuvier, M. y Reimer, P. J. 1993).

Hemos analizado aparte un pequeño conjunto de ollas de pequeñas dimensiones (fig. 5.74: 1-4) que presentan morfologías variadas, mostrando borde recto, oblicuo, cóncavo y cuerpo convexo. Una de ellas presenta decoración estriada en la cara externa del cuerpo que pudo realizase bien a modo de acabado o bien a modo decorativo.

Así mismo, hemos documentado un conjunto de recipientes de grandes dimensiones de borde oblicuo y paredes gruesas, el escaso desarrollo del perfil no aporta mucha más información acerca de su morfología.

Hemos estudiado varios recipientes de difícil adscripción (fig. 5.75: 1-2), se trata de un pequeño conjunto de piezas de borde oblicuo o con desplazamiento horizontal abierto, seguidas por un cuello o cuerpo oblicuo del que desconocemos casi por completo su desarrollo formal. Recuerdan vagamente al segundo grupo morfológico definido en la zona 1 y tienen un tamaño mediano.

En esta parte del yacimiento hemos identificado un conjunto de recipientes ya registrados en la primera zona. Se trata de varias piezas (fig. 5.75: 3-5, fig. 5.97: 1 y 3), de borde convexo con un ligero desplazamiento horizontal abierto, cerrado o ambos, que presentan una decoración característica, consistente en una serie de incisiones horizontales realizadas con algún tipo de cuerpo hueco de sección semicircular. Destacamos en esta zona una pieza (fig. 5.75: 5 y fig. 5. 97: 5), donde las incisiones parecen haberse realizado con un instrumento más fino y puntiagudo respecto a las otras, dando como resultado líneas verticales incisas mucho más marcadas y delgadas. Tienen un tamaño mediano bastante homogéneo.

Hemos documentado varios recipientes de labio redondeado, borde oblicuo muy corto y poco marcado, sin cuello, y con un cuerpo que describe una curva muy leve casi vertical (fig. 5.75: 6-8). A pesar de carecer de decoración, son similares formalmente al recipiente de decoración horizontal bruñida de la zona noreste (fig.5.62:7), constituyendo un grupo formal diferenciado de recipientes de boca ancha que apenas presentan diferenciación en la transición entre el borde y el cuerpo.

Respecto a los cuencos, representados en menor medida que las ollas, pero con una huella importante dentro del conjunto cerámico, predominan las formas con un borde con desplazamiento horizontal cerrado acabado en labio redondeado o plano y cuerpo convexo o convexo oblicuo abierto (fig.5. 76 y fig. 5. 98: 4, fig. 5.77: 1-4), a excepción de una pieza con borde con desplazamiento horizontal bilateral (fig. 5.77: 3). Sus dimensiones los encuadran dentro del grupo de recipientes medianos o grandes.

Algunos de estos cuencos presentan una decoración a base de líneas incisas en la parte superior del labio (fig. 5.77:1-2), mientras que otra muestra decoración bruñida de líneas horizontales y verticales en la cara externa de la parte superior del cuerpo (fig. 5.76: 6).

Resaltamos una pieza (fig. 5.77: 4) que está compuesta por un labio redondeado seguido por un cuerpo convexo, y presenta dos cordones, horizontales y paralelos, en la

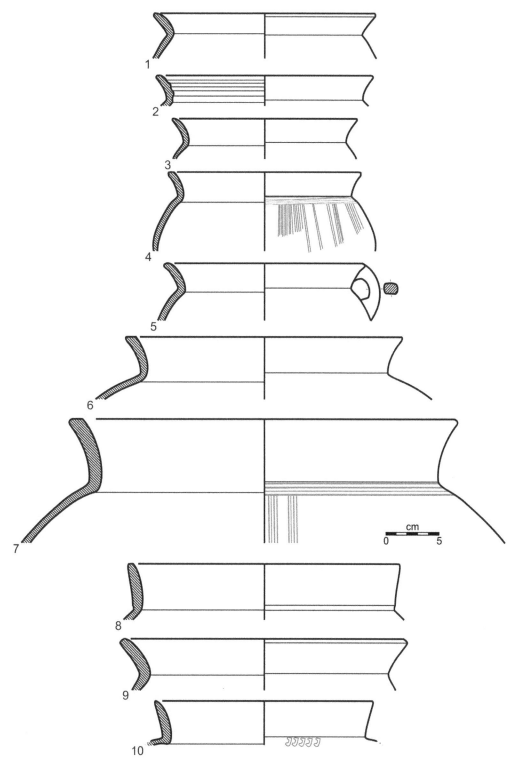

Fig. 5.71. Cerámica de tradición indígena de la zona 2. Ollas del grupo 1 (1-10).

cara externa del cuerpo. Dichos cordones están decorados por líneas incisas paralelas en la cara superior. Por último, hemos registrado un cuenco (fig.5.76: 4, fig. 5.99: 5), que presenta un pequeño orificio vertical en el borde.

Dentro de otro grupo hemos incluido dos tapaderas (fig. 5.77: 7-8) de pequeñas dimensiones que, por sus características, pueden incluirse también en el grupo de los cuencos. En otro grupo tenemos una pieza que se asemeja a una jarra de tamaño mediano, borde oblicuo y asa de

sección circular partiendo de la parte superior del borde. Ambos grupos están encuadrados dentro de la fábrica 5.

En esta zona hemos documentado un vaso o tazón con decoración de la forma L16 (fig. 5.77: 5) de tamaño mediano, relacionado con la cerámica común altoimperial y caracterizado un pequeño borde oblicuo y cuerpo convexo con un asa de sección rectangular, así como una decoración en base a líneas bruñidas oblicuas que conforman un motivo reticulado en la cara externa del

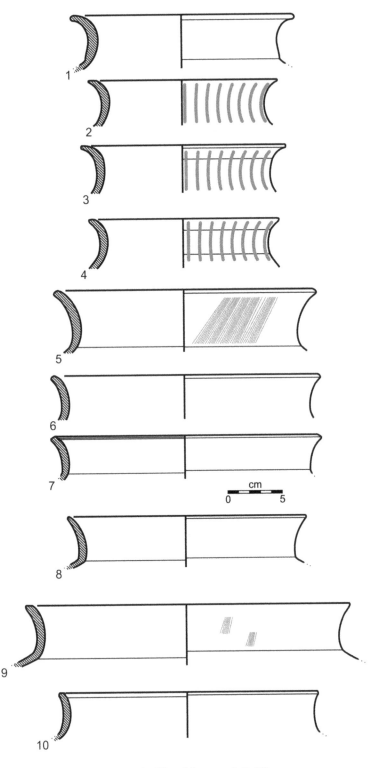

Fig. 5.72. Cerámica de tradición indígena de la zona 2. Ollas del grupo 1 (1-10).

cuerpo, situada sobre una línea espatulada horizontal. Está encuadrado dentro de la fábrica 6.

5.3.3.3. Zona 3 (sector sudeste del recinto central 1996)

Hemos estudiado los restos cerámicos recuperados durante la campaña realizada en 1996 por la empresa Terra Arqueos, momento en el cual se excavó una zona próxima a la entrada principal situada al sudeste del recinto central, no excavada anteriormente (fig. 5.78), y se realizó una

ampliación en la zona de expansión situada al oeste del castro, ya excavada en los años 70 y en 1992.

Tras retirar los niveles superficiales, se identificaron "… dúas rúas o zonas de paso […] en torno a elas algunhas estructuras de habitación pertencentes a distintos barrios" (López González y Álvarez González, 1996: 67). Entre estas "calles" se encuentra el denominado como "barrio II", en el que se documentó: "unha estructura principal que é rectangular e que na zona onde conflúen as rúas

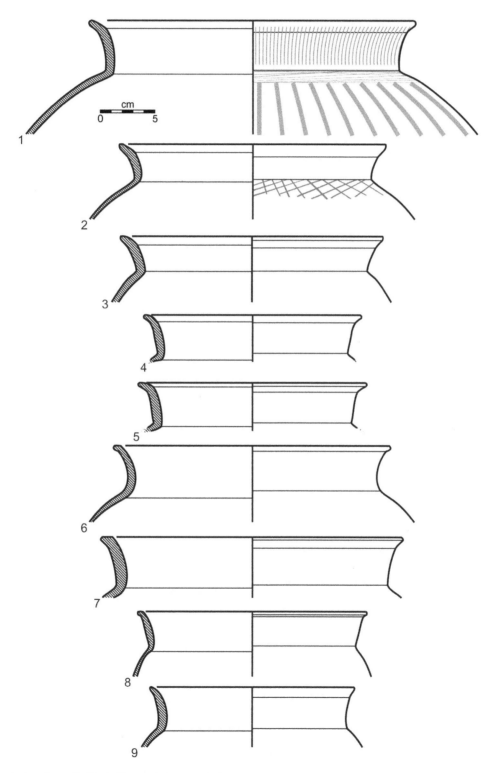

Fig. 5.73. Cerámica de tradición indígena de la zona 2. Ollas del grupo 1 (1-9).

ten un reforzo semicircular." (López González y Álvarez González., 1996: 67). En dirección norte se excavó parte de "… unha construcción rectangular escavada de antergo e que ten sobrepasado o nivel de solo…" (López González y Álvarez González, 1996: 68). Sin embargo, la construcción más relevante es la del "barrio I":

…unha construcción circular cunha pequena dependencia adosada, semicircular, sita na zona de acceso a vivienda" en cuyo interior se documentó un "fogar enmarcado por lousas fincadas en vertical e ten adosado un pequeno poiete ou banco de pedra. Sobre o chan na zona sur documentouse outro banco de pedra, mentras que o leste afloraba ó rocha o nivel do pavimento." (López González y Álvarez González, 1996: 68).

A nivel estratigráfico, la documentación indica que los espacios asociados a los exteriores de las estructuras tienen un solo nivel en la estratigrafía mientras que los interiores de las viviendas o habitaciones tienen un nivel de derrumbe y otro de ocupación (López González y Álvarez González, 1996: 48). En la documentación administrativa se concluye que esta zona sudeste tiene las mismas características que el resto del recinto central, coincidiendo con "…a cronoloxía que ten o xacemento fruto das investigacións nas anteriores campañas de escavacións realizadas." (López González y Álvarez González, 1996: 49).

- Cerámica de tradición indígena de la zona 3 (sudeste).

En esta zona, a diferencia de las anteriores, la cerámica de tradición indígena no es la producción más abundante si se tiene en cuenta la totalidad de los restos cerámicos recogidos. Las ollas, que hemos documentado en mucha menor medida respecto a las otras zonas, encajan dentro de los grupos descritos anteriormente, concretamente con el

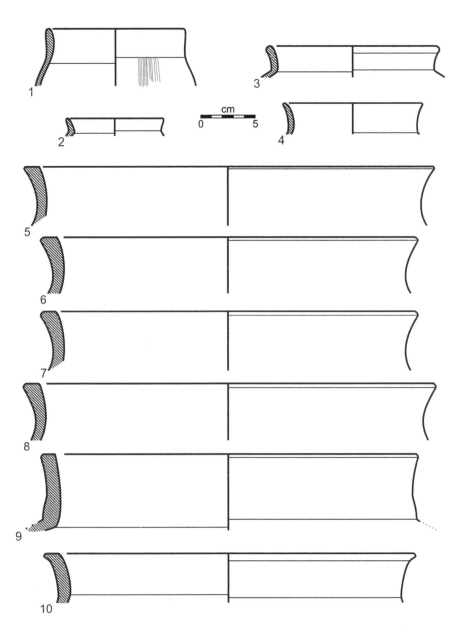

Fig. 5.74. Cerámica de tradición indígena de la zona 2. Ollas pequeñas (1-14) y grandes (6-10).

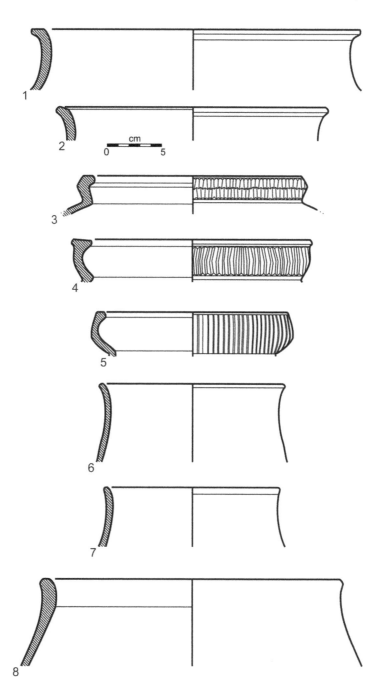

Fig. 5.75. Cerámica de tradición indígena de la zona 2. Ollas (1-8).

segundo grupo formal (fig.5.79: 1-8) de labio redondeado seguido por un borde con desplazamiento horizontal abierto o un borde oblicuo que, a través de una línea cóncava u oblicua se une a un cuerpo convexo. Estas ollas tienen un tamaño mediano y grande y la gran mayoría se encuentran dentro de la fábrica 5.

Hemos documentado un fragmento de cuerpo y borde oblicuo que se corresponde con una olla grande (fig. 5.79: 9, fig. 5.98 3). Se encuadra dentro de la fábrica 5 y presenta una decoración de pequeñas líneas rectas incisas oblicuas en la cara externa del cuello, en su parte inferior. El escaso desarrollo de su perfil no ha permitido encajarla en ninguna forma conocida, aunque podría tratarse de una olla del segundo grupo formal.

Destacamos una ollita (fig. 5.80: 1) de tamaño pequeño y borde casi recto seguido por un cuerpo convexo, que presenta un asa de sección circular situada en la parte media del cuerpo. Se encuentra dentro de la fábrica 5. Mencionamos un fragmento de asa de sección rectangular que presenta decoración estampillada en los laterales del asa (fig. 5.96: 2).

En esta zona también documentamos cerámica común altoimperial, subgrupo que difiere en forma y tecnología respecto al conjunto de la cerámica de tradición indígena. Por un lado, hemos identificado un conjunto de ollas de borde facetado, caracterizadas por un borde con desplazamiento horizontal abierto y cuerpo convexo (fig.5. 80: 2-5). Estas piezas tienen un tamaño mediano y

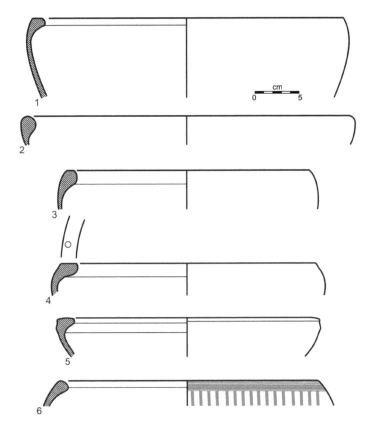

Fig. 5.76. Cerámica de tradición indígena de la zona 2. Cuencos (1-6).

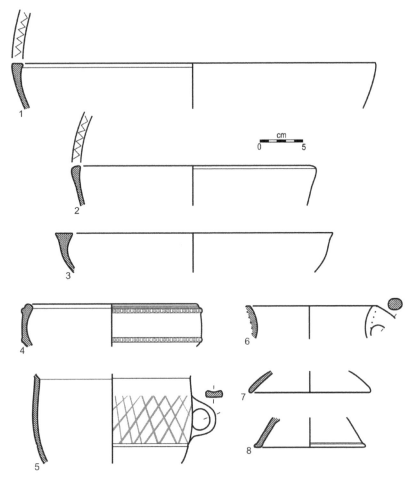

Fig. 5.77. Cerámica de tradición indígena de la zona 2. Cuencos (1-4) y otros (5-8).

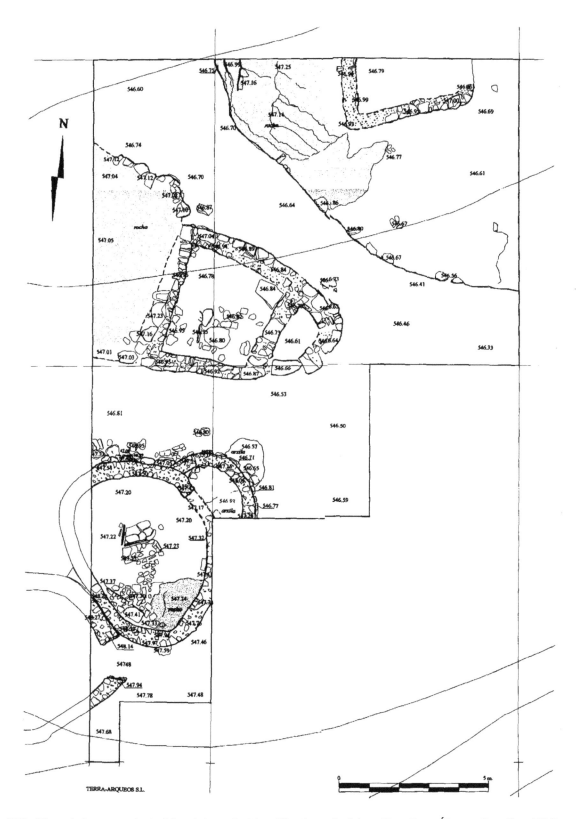

Fig. 5.78. Plano de la zona sudeste del recinto central (modificado según López González y Álvarez González, 1996).

grande, y la mayoría están relacionadas con la fábrica 6. No presentan decoración, aunque en una de ellas hemos documentado un cordón horizontal en la inflexión entre el borde y el cuerpo (fig. 5.80: 2, fig. 5. 98: 6).

Hemos identificado un pequeño conjunto de cuencos en el que agrupamos varias piezas que presentan un labio redondeado seguido por un cuerpo convexo poco

desarrollado con una carena en su parte media (fig.5.80: 7-8). Con un tamaño mediano, guardan cierta similitud con los L12 de *Lucus Augusti*, especialmente a nivel tecnológico, enmarcándose en la fábrica 6, sin embargo, morfológicamente se apartan de esta forma.

Una de las pieza (fig. 5.80: 9), a pesar de estar incluida dentro del conjunto de los cuencos, tiene una morfología diferente al resto, con un labio plano ligeramente rehundido y un cuerpo convexo oblicuo abierto. Su tamaño es mediano y no descartamos que pueda tratarse de una tapadera, dada su morfología. Presenta unas pastas grises y un tratamiento superficial basado en un alisado bastante cuidado y estaría situada entre la fábrica 1 y la fábrica 5A.

Hemos identificado una fuente (fig. 5.80: 6) muy similar a la documentada en la zona 1 del castro (fig. 5.64: 15), semejante morfológicamente a las L19 o las F1, pero con unas dimensiones mucho más reducidas.

- Cerámica común romana de la zona 3 (sudeste).

En esta zona las producciones romanas se documentan en mayor medida que las de tradición indígena. El grupo de las ollas también sobresale ligeramente respecto a otras zonas. Identificamos aquí O1 (fig. 5.81: 5-7), O2 (fig.5.81: 3-4 y 8, fig. 5. 99: 1) y un importante conjunto de O24 (fig. 5.81: 9-15), todos encuadrados en la fábrica 1 y con una dimensiones de tamaño mediano para las O1 y las O2, y pequeñas para las O24. No presentan decoración, a excepción de varios recipientes O24 (fig. 5.81: 9-10) que

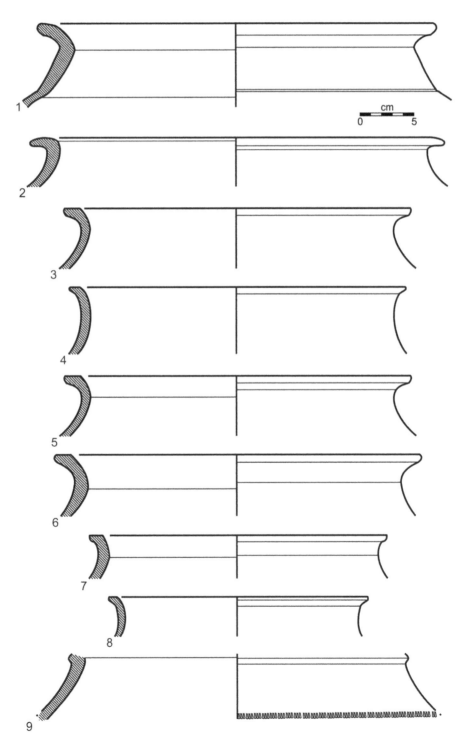

Fig. 5.79. Cerámica de tradición indígena de la zona 3. Ollas (1-9).

muestra líneas rectas verticales bruñidas en la cara externa del cuerpo.

Hemos identificado tres recipientes de O7 (fig.5.81: 1-2), también relacionados con las ollas CNT-AQTA (Esteban Delgado et al., 2008), con características morfotecnológicas similares a las que describíamos en la zona 1.

En esta zona hemos documentado un conjunto importante de vasos V2 (fig. 5.82: 1-6) de tamaño pequeño. Están enmarcados en la fábrica 2 y suelen presentar decoración

en base a líneas acanaladas horizontales en la parte media del cuerpo (fig. 5.82: 5-6) y, en ocasiones, líneas bruñidas rectas verticales en la cara externa del cuerpo (fig. 5.82: 6, fig. 5.99: 2). Asociado a los vasos, hemos registrado un pequeño fragmento de pie realzado y cuerpo convexo que presenta un grafito con forma de t en la cara externa de la base (fig. 5. 99: 5).

Hemos identificado un pequeño conjunto de recipientes semejantes a las jarras (fig.5.82: 7-10) de pequeñas dimensiones, encuadrados en la fábrica 3. Una de las

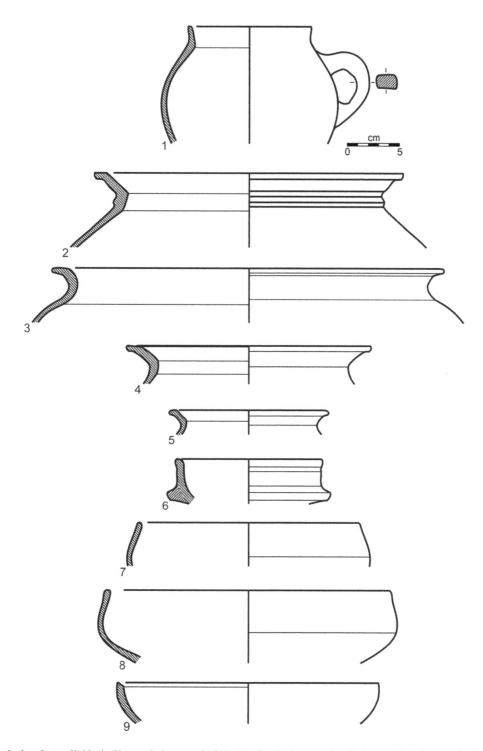

Fig. 5.80. Cerámica de tradición indígena de la zona 3. Olla (1). Cerámica común altoimperial de la zona 3. (Ollas 2-5), cuencos (7-8) y otros (6 y 9).

piezas presenta un borde oblicuo acabado en labio redondeado cuello convexo y asa de sección ovalada que parte del cuello (fig. 5.82: 9). Debido al escaso desarrollo de su perfil y su mal estado de conservación no hemos podido encajarlos dentro de formas conocidas.

Hemos documentado un par de piezas de similares características, pero con un borde más grande (fig.5.82: 7-8), que podrían encuadrarse dentro del tipo J7 (Alcorta Irastorza, 2001: 293-294, fig. 123) de continuar el desarrollo del perfil lo suficiente como para poder constatar su similitud.

También hemos analizado una pieza de borde recto seguido de un cuello cóncavo (fig. 5.82: 10) en el que parece apreciarse restos de engobe en su cara externa, lo que podría identificarla como una EJ1, aunque su reducido tamaño no aconseja adscribirla a ninguna forma conocida.

Hemos documentado un grupo de cuencos que dividimos en dos: por un lado, los C3 (fig. 5.82: 11-15), de tamaño mediano y grande, adscritos a la fábrica 2 y, por otro lado, un cuenco de tamaño mediano, con un labio redondeado y ligeramente engrosado hacia el exterior, seguido de un cuerpo convexo oblicuo abierto marcado en la parte

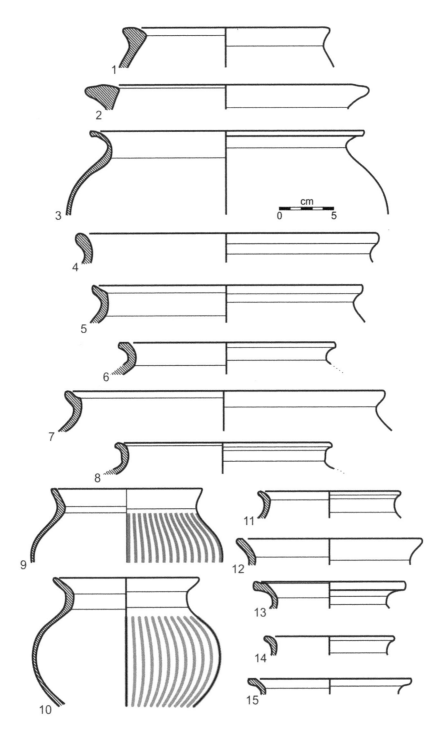

Fig. 5.81. Cerámica común romana de la zona 3. Ollas (1-15).

inferior por una carena o leve inflexión (fig. 5.82: 16) que, por sus características tecnológicas, podría coincidir con los C3, pero que se aparta morfológicamente de esta forma.

Hemos identificado dos platos (fig.5.83: 1-2) de tamaño mediano. Uno de ellos es un P1 (fig. 5.83: 1) y el otro, que presenta un engobe en la cara interna del cuerpo (fig. 5.83: 2) coincide con los EP3. Se encuadran dentro de la fábrica 2 y 3 respectivamente.

También identificamos varias fuentes EP6 (fig.5.83: 3-4), engobadas, de tamaño mediano y líneas acanaladas en la cara superior del borde.

Hemos documentado una fuente de perfil completo y tamaño grande (fig. 5.83: 5). Tiene un labio engrosado y un cuerpo oblicuo abierto que acaba en una base plana. Esta forma se relaciona con algunos de los platos documentados en *Lucus Augusti* por sus características tecnológicas, con unas pastas de color siena oscuro, abundantes desgrasantes y alisados cuidados, que la encuadran en la fábrica 3, sin embargo, no guarda similitudes morfológicas con ninguna forma lucense. Podría asemejarse a varias formas documentadas por Vegas (1977: 46).

Por último, contamos con la presencia de dos recipientes de cerámica gris tardía, una fuente con borde con desplazamiento horizontal abierto de tamaño grande

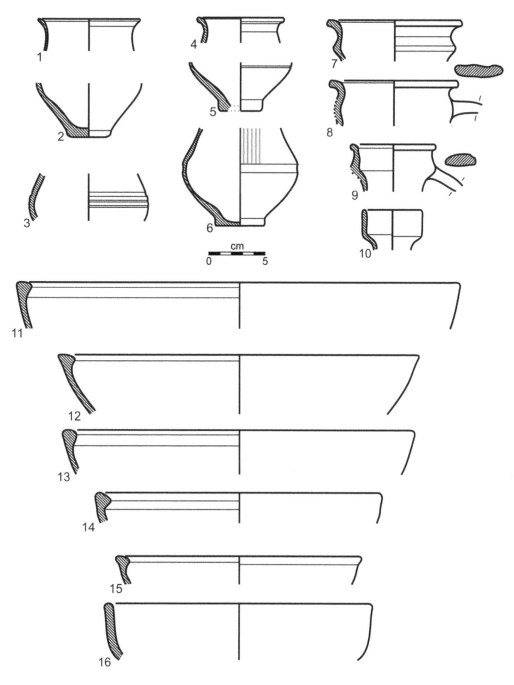

Fig. 5.82. Cerámica común romana de la zona 3. Vasos (1-6), jarras (7-10) y cuencos (11-16).

GT1 (fig. 5.83: 7) y una fuente de borde engrosado de sección triangular de tamaño mediano GT3 (fig. 5.83: 6). Sus características tecnológicas las acercan a la fábrica 2, aunque presentan unas pastas mucho más depuradas que las del resto de la muestra, de color gris o gris claro, micáceas, con cuidados tratamientos superficiales en base a alisados.

5.3.3.4. Zona 4 (zona de expansión oeste, 1996)

En la zona de expansión oeste, excavada también en 1996 por Terra Arqueos, se amplió el trazado del camino conocido (fig. 5.80) y al sur se documentó "… parte duṅha estructura de habitación cun espacio exterior sito o leste o borde do muro que delimitaba o acceso." (López González y Álvarez González, 1996: 69). Este espacio estaba pavimentado con losas de pizarra y se le ha adscrito un uso como zona de trabajo y almacenaje adosado a la vivienda ya que aquí se documentaron restos de semillas (López González y Álvarez González, 1996: 69). En el interior se encontraron dos pequeñas estructuras: un

"contedor de forma rectangular, feito con lousas de pedra e delimitado cuns pequenos muretes" y "un silo de forma circular escavado no chan" (López González y Álvarez González, 1996: 69). Para esta zona se plantea la pregunta de si su ocupación fue simultánea a la del recinto central o si, por el contrario, fue una expansión de la población en un momento concreto de la ocupación del castro (López González y Álvarez González, 1996: 49).

Durante la campaña de excavación se realizaron varias dataciones radiocarbónicas sobre dos muestras de madera, una (CSIC nº 1321) recogida en el exterior de la vivienda, "metida por baixo o muro de peche e, polo tanto, anterior a ese muro" (López González y Álvarez González, 1996: 50) y otra (CSIC nº 1220) en el camino de acceso, "ó pe do muro que delimitaba a rúa, nun nivel mixturado con algún restos de derrube do muro, polo que pertence a un momento de abandono do camiño" (López González y Álvarez González, 1996: 50). La primera muestra, tomada en el exterior de la vivienda, da una fecha de entre el s. III y el I a.C., y la segunda, recogida

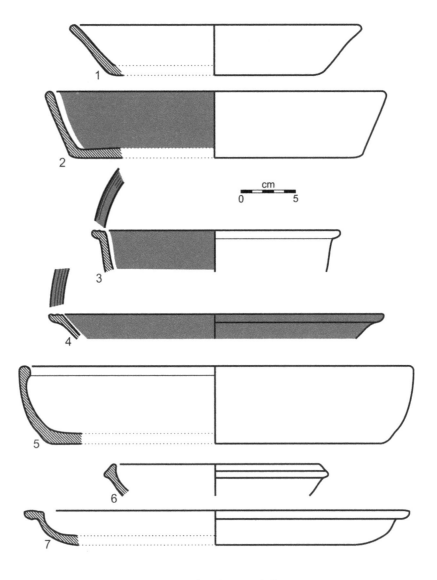

Fig. 5.83. Cerámica común romana de la zona 3. Platos (1-2) y fuentes (3-7).

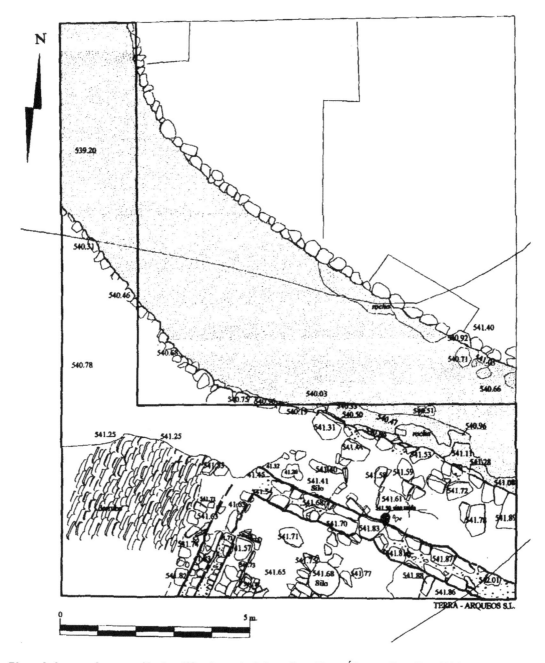

Fig. 5.84. Plano de la zona de expansión (modificado según López González y Álvarez González, 1996).

en el camino, da una datación estimada entre el s IV-VI d.C. (fig. 5.70).

En esta zona prácticamente solo hemos documentado cerámica común romana, a excepción de un pequeño conjunto cuyo mal estado de conservación desaconseja realizar sobre él grandes inferencias. Se trata de cuatro fragmentos de ollas caracterizadas por un borde con desplazamiento horizontal abierto y cuerpo convexo, o con borde oblicuo y cuerpo convexo. Estas piezas tienen un tamaño mediano y un escaso desarrollo del perfil, pueden estar relacionadas con las ollas de borde facetado, pero no se han podido adscribir dentro de ningún tipo. Por sus características tecnológicas, que las relacionan con la fábrica 6, se trata de cerámica de tradición indígena (fig.5.85: 1-4).

- Cerámica común romana de la zona 4 (zona de expansión).

Las ollas, de tamaño pequeño y grande, se adscriben a los tipos O1 (fig. 5.85: 8-9), O2 (fig. 5.85: 6-7) y O5 (fig. 5.85: 10). Carecen de decoración a excepción de algunas acanaladuras horizontales bajo el borde en el caso de la O5. La mayoría está dentro de la fábrica 6, pero destacan en esta zona algunos ejemplos de ollas relacionadas con la fábrica 2.

Hemos identificado un borde de grandes dimensiones, 41 cm de diámetro, que se asemeja a una olla (fig. 5.84: 5), pero que no se ha podido encajar dentro de ningún tipo. Está situada dentro de la fábrica 1.

En un grupo aparte hemos estudiado jarras de tamaño pequeño y mediano (fig. 5. 86: 1-7). Dentro del mismo,

113

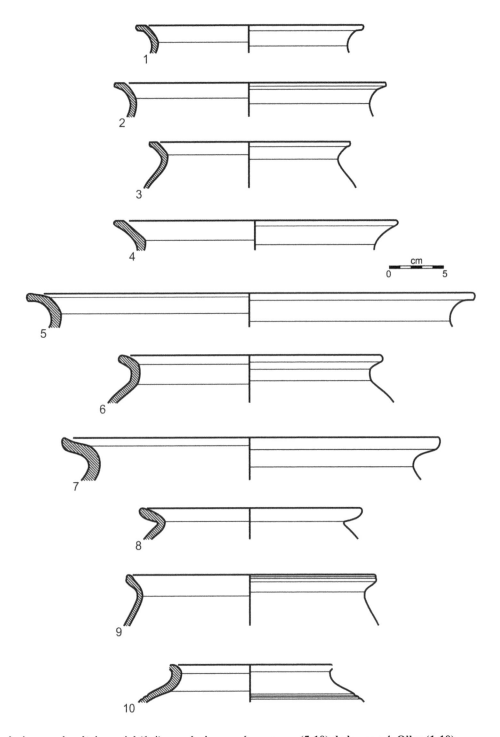

Fig. 5.85. Cerámica común altoimperial (1-4) y cerámica común romana (5-10) de la zona 4. Ollas (1-10).

documentamos un recipiente J1, sin decoración (fig. 5.86: 7), asociado a la fábrica 2. Además, hemos identificado una pieza de borde y cuello de una jarra EJ2, engobada (fig. 5.86: 5) y otra de EJ1 (fig. 5.86: 6) también engobada. Ambas situadas en la fábrica 3.

Dentro del grupo de las jarras, hemos documentado un pequeño conjunto caracterizado por un diámetro mayor que el resto, y una morfología que presenta un borde oblicuo, en ocasiones con moldura, seguido de un cuello cóncavo (fig. 5.86: 1-3). Estas piezas se asemejan a las J7, o cántaros biansados, pero no reúnen todas las

características de esta forma. Se relacionan con la fábrica 1 y 3.

Destacamos otra pieza de tamaño pequeño, borde oblicuo de corto desarrollo y cuerpo convexo que presenta engobe en la cara externa del cuerpo. En ella documentamos un cordón horizontal, de una anchura considerable, situado en la parte superior del cuerpo (fig. 5.86: 8). Lo hemos relacionado con los vasos V4, y se adscribe dentro de la fábrica 4.

Hemos documentado una pieza, que se asemeja a un cuenco, de borde con desplazamiento horizontal abierto y

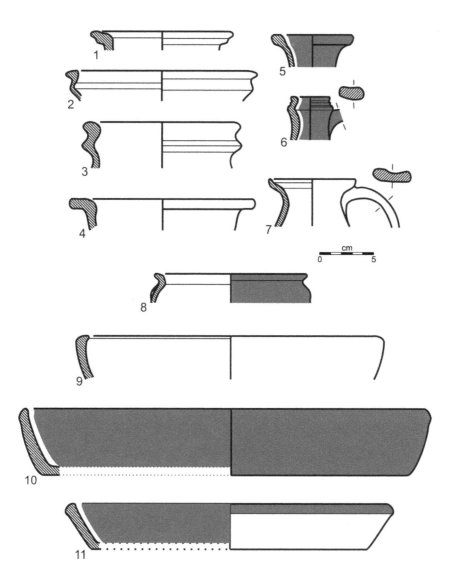

Fig. 5.86. Cerámica común romana de la zona 4. Jarras (1-3, 5-7), cuenco (4), vaso (8) y platos (9-11).

cuerpo que parece ser convexo oblicuo abierto (fig. 5.86: 4) de tamaño pequeño. Es una forma muy característica dentro de la cerámica común romana tanto en la zona de Lugo (Alcorta Irastorza, 2001:325-328), como en otras zonas del Imperio (Carretero Vaquero, 2000: 693), sin embargo, debido a sus escasas dimensiones y su deterioro superficial no hemos podido encajarlo en ningún tipo conocido. Está dentro de la fábrica 3.

Otro grupo estudiado, aunque en menor medida, es el de los platos (fig. 5.86: 9-11). De tamaño mediano y grande, los dividimos dentro del P1 (fig. 5.86: 9) y los EP1 (fig. 5.86: 10-11), engobados en la cara interna y externa del cuerpo. Se adscriben dentro de la fábrica 2 y 3 respectivamente.

5.3.3.5. *Zona 5 (zona sudoeste del recinto central, 2016)*

Analizamos las colecciones cerámicas procedentes de la campaña de 2016. Este año se excavó una nueva zona de 39 m² (fig. 5.87) en el tramo sudoeste de la "calle"

principal del recinto central (López González et al., 2016). En esta excavación se pudo identificar los límites de la "calle", delimitada al sur por "...un corte na roca e por unha pequena cimentación duhna estrutura circular case perdida, e ó norte por un pequeno muro de contención." (López González et al., 2016: 22).

Posteriormente se realizó una ampliación en esta actuación hacia el este y el oeste para tener una zona de paso recuperada en su totalidad, ocupando finalmente la intervención una superficie de unos 120 m² (López González et al., 2016: 15).

En este espacio se localizan la mayor parte de los materiales registrados en esta campaña, incluido un "conxunto de pequenas moedas de época tardía, procedente do derrumbe da construción aledaña polo sur que se atopa caído sobre este espazo" (López González et al., 2016: 238). Según el análisis estratigráfico se documentó la existencia de "un nivel de uso ou frecuentación cos restos da última fase

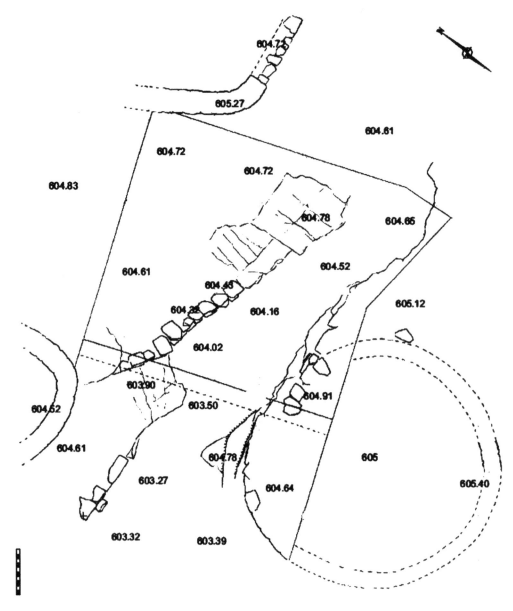

Fig. 5.87. Plano de la zona sudoeste (modificado según López González et al., 2016).

de ocupación" (López González et al., 2016: 225), que se situó dentro de "unha época xeral en torno ao século IV d.C." (López González et al., 2016: 238).

- Cerámica común romana de la zona 5 (Sudoeste).

Estas producciones son las únicas hemos podido identificar en esta zona. Documentamos un grupo de ollas y ollitas de tamaño pequeño y mediano y que se corresponden con los O1 (fig.5.88: 1) O2 (fig. 5.88: 2-4), O7 (fig. 5.88: 7-9) y O24 (fig. 5.88: 5-6). Las O7, al igual que en las anteriores zonas, las adscribimos dentro de las CNT-AQTA (Esteban et al., 2008). Carecen de decoración, a excepción de algunas molduras horizontales bajo el borde de una O2 (fig. 5.88: 3), líneas bruñidas verticales en la cara externa del cuerpo de algunas ollitas (fig.5.88: 5, fig. 5.99: 3) y un cepillado en la cara externa del cuerpo en una de las O7 (fig. 5.88:9).

Uno de los tipos que hemos documentado de manera marginal, es el de los vasos V2 (fig. 5.89, 1-2), de tamaño pequeño. Estos vasos presentan decoración en la cara externa del cuello a través de bruñidos verticales. También hemos identificado varios ejemplos de V1 (fig. 5.89: 1-2) de tamaño pequeño y con decoración bruñida de retícula en la cara externa del cuerpo. Se adscriben a la fábrica 3.

Dentro del grupo de los platos, diferenciamos dos variantes, un P1 (fig. 5.89: 5) y varios EP3 (fig. 5.89: 6-8), de tamaño mediano y adscritos a la fábrica 3. Hemos diferenciado una pieza que se asemeja a una fuente (fig. 5.89: 9) de borde oblicuo y cuerpo convexo oblicuo abierto, de tamaño mediano. Está adscrita a la fábrica 1 y se ha incluido dentro del grupo de las fuentes por su similitud con ciertos tipos relacionados con platos pequeños documentados en el campamento de *Petavonium* (Carretero Vaquero, 2000: 689) y en la zona de la Meseta Central (Blanco

García, 2017: 189), no encontrando paralelos dentro de la bibliografía lucense.

Hay que mencionar la presencia de un mortero (fig. 5.90: 2) de borde con desplazamiento horizontal abierto y pico vertedor. De tamaño grande y factura poco cuidada, sus pastas son de color ocre y presenta abundantes desgrasantes de mica y cuarzo. Su estado de conservación es deficiente y no permite observar su tratamiento superficial. Además, hemos analizado una tapadera de base plana y asa central de sección oval, caracterizada por presentar una decoración incisa ondulante bordeando la cara externa (fig.5. 90:1, fig. 5.100:1), para la que no hemos encontrado un paralelo significativo.

Hemos estudiado dos fuentes de borde con desplazamiento horizontal abierto. La primera se corresponde con una cerámica gris tardía GT1 (fig. 5.90: 4, fig. 5.100: 2), tiene tamaño mediano y presenta una decoración bruñida en la cara superior del borde, formando un motivo zigzagueante. La segunda se trata de una forma que recuerda a la Hayes 59 (fig. 5.90: 5) y que tiene su paralelo con la imitación I59 de *Lucus Augusti*. Está caracterizada por una base plana con acanaladuras concéntricas en el fondo de la pieza, tiene un tamaño grande y presenta un engobe en la cara interna del cuerpo. Se adscriben dentro de la fábrica 2 y 1 respectivamente.

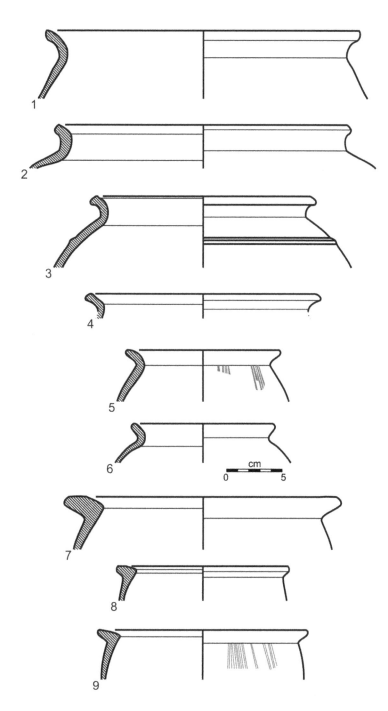

Fig. 5.88. Cerámica común romana de la zona 5. Ollas (1-9).

Resalta un conjunto de piezas que se asemejan a producciones de la *terra sigillata*. Dos cuencos de tamaño mediano y cuerpo convexo que podrían tratarse de una I27, muy similar a la identificada en el noreste del recinto (fig. 5.68: 8), sin embargo, la presencia de unos orificios en la parte central del cuerpo de una de las piezas (fig. 5.90: 6) la aleja de esta forma, mientras que la segunda presenta un escaso desarrollo del perfil (fig. 5.90:7).

Documentamos un recipiente pequeño prácticamente completo de borde con desplazamiento horizontal abierto, cuerpo recto y pie realzado (fig. 5.90: 3, fig. 5.100: 5), que se asemeja a la forma Rigoir 7 (Rigoir, 1968: 223), de la TSGT o DSP (*terra sigillata gálica* tardía), aunque con pastas naranjas y engobe en ambas caras del cuerpo. Se adscriben dentro de la fábrica 3.

5.3.4. *Los materiales y su cronología*

5.3.4.1. *Zona 1 (zona noreste del recinto central. Años 70, 1983, 1984 y 1992)*

Analizando cada zona en su conjunto, en la zona noreste del recinto central la cerámica de tradición indígena es más abundante que la cerámica común romana, proliferando las ollas de borde recto u oblicuo y cuerpo convexo, seguidas en mucha menor medida por los cuencos de borde con desplazamiento horizontal cerrado y cuerpo convexo. Aunque son piezas con características tecnológicas muy similares, hemos identificado algunos recipientes que, siendo considerados de tradición indígena, muestran una morfotecnología algo diferente, como las ollas de borde facetado, el vaso L16 y las tazas monoansadas. La cerámica común romana de esta zona muestra una mayor

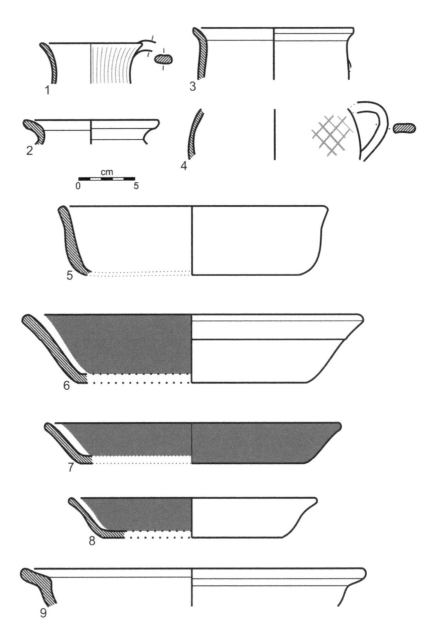

Fig. 5.89. Cerámica común romana de la zona 5. Vasos (1-4), platos (5-8) y fuente (9).

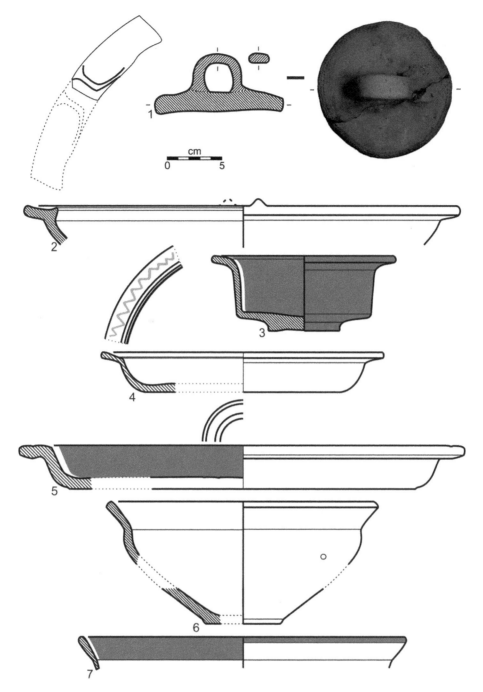

Fig. 5.90. Cerámica común romana de la zona 5. Tapadera (1), mortero (2) y otros (3-7).

variabilidad formal respecto a la de tradición indígena, documentándose ollas, jarras, cuencos, platos y fuentes, sin que predomine ninguna forma sobre las demás.

Respecto a lo que estas producciones pueden aportar acerca de la cronología de esta zona, la cerámica de tradición indígena estudiada presenta unas características morfotecnológicas similares a las de las cerámicas documentadas en castros de época romana, como Punta do Castro (Lozano et al., 2015), el castro de Zoñán (Vigo García, 2007), diferenciándose en sus características tecnológicas de cerámicas de tradición indígena más antiguas documentadas en sitios como el castro de Vixil (Ramil Rego, 1997a), no mostrando, salvo algunas

excepciones, la característica decoración plástica en el cuerpo. Hay ciertos recipientes que actualmente pueden delimitar algo más esta cronología, como las ollas de borde facetado, presentes en el Chao Samartín en los s. I y II d.C. (Hevia González y Montes López, 2009: 88), o los L14, L13 y L16 de *Lucus Augusti* (Alcorta, 2001: 114 - 124), con una cronología que va del s. I al II d.C. (fig. 5.91).

Dentro de la cerámica común romana, en esta zona hemos documentado tipos de larga adscripción cronológica, como las ollas O1 y O2, situadas entre el s. II y el V d.C. (Alcorta, 2001: 196-197), junto con platos P1 y EP3 de cronología similar (Alcorta, 2001: 348 y 359). Los vasos V2 estarán presentes a partir del s. II en *Lucus Augusti* hasta finales del S. IV d.C. (Alcorta, 2001: 267). Con cronologías algo más precisas tenemos, la fuente tipo Halt. 75B, "ligada a imitaciones de cerámica de engobe rojo pompeyano asociadas a producciones itálicas de época augustea" (Beltrán Lloris, 1990:206-207), los cuencos C3, situados entre el s. I y II d.C. (Alcorta, 2001: 332), las ollas O24, entre el s. II y el IV (Alcorta Irastorza, 2001: 252), las jarras J1, de mediados del s. II hasta mediados del s. IV d.C. (Alcorta Irastorza, 2001: 280), o el cuenco de imitación I27, a grandes rasgos situado en el s. III d.C. (Alcorta Irastorza, 2001: 368) Asimismo, hay que tener en cuenta algunas piezas de marcado carácter tardío, como las fuentes tipo EP6 y las ollas O7, que van del s. IV al V (Alcorta Irastorza, 2001: 354 y 208), y el cuenco que se asemeja a las formas de TSGT, cuya producción atlántica está situada entre el s. IV y el VI d.C. (Uscatescu Barrón et al., 1994: 288). Con lo cual se marca un arco cronológico bastante amplio para el noreste del recinto central (fig. 5.87).

Si contrastamos esta información con los distintos niveles que se describen para esta área (Arias Vilas et al., 2016: 23), veremos que, en ninguna de las campañas arqueológicas llevadas a cabo en esta zona del castro y estudiadas para este trabajo, hemos contado con un registro estratigráfico que vaya más allá de la numeración de las cuadrículas y de los materiales registrados en ellas. No se han reflejado en ningún lugar las coordenadas o la profundidad a la que se recuperaban las piezas ni tampoco su contexto, Sin embargo, debemos tener en cuenta que la mayor parte de la cerámica común romana aparece en las campañas de los años 70 y de 1983, por lo que suponemos que se excavaron los niveles superiores; mientras que en las campañas de 1984 y 1992 es probable que se profundizase más pues fue entonces cuando se documentó la mayor potencia estratigráfica y los mencionados niveles prerromanos. En este momento la cerámica romana está presente de manera

muy marginal, encontrando solo dos piezas, entre las que se encuentra la fuente altoimperial Halt. 75B, junto con un fragmento en muy mal estado de conservación que podría tratarse de una *tégula*.

Respecto a la aportación de otros materiales acerca de la cronología de esta zona, hay que aclarar que la mayoría de la *terra sigillata* y de las monedas exhumadas en los años 70 no cuentan con una referencia que indique la zona exacta de su procedencia dentro del yacimiento, por lo que pueden existir muchas piezas procedentes de esta zona de las que no tenemos constancia. Consultando las documentación museográfica (Durán Fuentes et al., 1996-2017) y ciñéndonos a aquellas piezas de las que sí sabemos su procedencia, se documentaron en las campañas de los años 70 una pieza de TSH, fechada entre el s. II y el III y nueve piezas relacionadas con la TSHT con cronologías entre el s. III y el V, junto con una Drag.37, fechada entre el s. IV y V (Durán Fuentes et al., 1996-2017). Las monedas con procedencia conocida pertenecen a la campaña de 1983, y son 9 *follis* situados entre el s. III y el V d.C. y 4 *semis* del s. IV y V d.C. (Durán Fuentes et al., 1996-2017).

Así pues, en los niveles de los años 70 y de 1983, considerados más recientes, hemos documentado materiales que van del s. I al V d.C. con tipos altoimperiales, tipos más tardíos y monedas bajo imperiales. En los niveles de 1984 y 1992, considerados más antiguos, la falta de cerámica común romana podría hacer suponer que son previos a la conquista, sin embargo, hemos de tener en cuenta varios factores: por un lado, los llamados niveles prerromanos no tienen ninguna estructura definida asociada a los materiales, más allá de los "dous pequenos muros desfeitos" (Arias Vilas, 2000: 193) que se exhumaron en la excavación de 1992. Por otro lado, las producciones

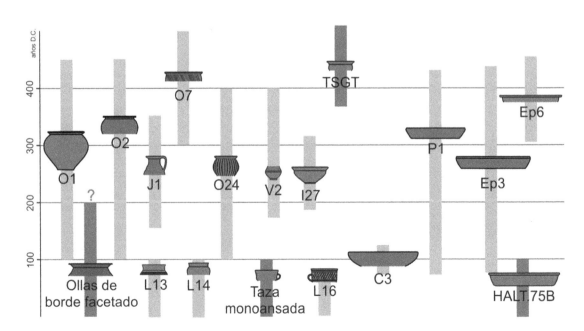

Fig. 5.91. Cuadro cronológico de la zona 1 según los datos de Alcorta Irastorza (2001), Hevia González y Montes López. (2009), Rigoir (1968) y Beltrán Lloris (1990).

de tradición indígena documentadas no muestran distinciones significativas de un nivel a otro o respecto a las del resto del yacimiento, por lo que nada indica que sean de un momento precedente. Aunque estos muros y niveles podrían ser anteriores a otros documentados en el yacimiento, no hay ningún dato que permita adscribirlos a un momento concreto. Para poder alcanzar a comprender en profundidad la secuencia evolutiva de esta zona, se necesitaría un registro estratigráfico del que carecemos por completo por lo que, teniendo en cuenta todos los datos proporcionados, parece que estamos ante una zona de una larga ocupación, del s. I al V d.C., no habiendo, por el momento, datos que permitan sostener fehacientemente una fecha previa.

En los últimos años, se ha continuado con las excavaciones arqueológicas en este sector del castro (López Marcos et al, 2019; Álvarez González et al, 2020 y 2021) y en otros (Pérez Rozas y Torres Iglesias, 2021). Estas intervenciones parecen apuntalar la existencia de esas ocupaciones más antiguas con dataciones y nuevas estructuras. Sin embargo, dado el carácter reciente de estos hallazgos, posteriores a la realización de este trabajo, aún no hemos podido analizar sus implicaciones, por lo que hemos basado las conclusiones exclusivamente en los materiales que sí hemos podido estudiar, sin perjuicio de que estas nuevas evidencias puedan zanjar el debate demostrando la existencia de esas ocupaciones.

5.3.4.2. Zona 2 (zona este del sistema defensivo. 1988-1989)

Para la zona del sistema defensivo situado al este y excavado entre 1988 y 1989, solo hemos identificado producciones de tradición indígena que muestran una gran similitud morfotecnológica respecto a las registradas en la zona noreste. También hemos constatado aquí ollas y cuencos de idénticas características, junto con un vaso L16.

Esta zona tiene asociadas las mismas problemáticas que se identificaban para la zona noreste. Las dos campañas realizadas aquí tampoco cuentan con un registro estratigráfico que permita discernir niveles y estratos a los que adscribir las cerámicas estudiadas. Las dataciones realizadas (fig. 5.70) no se asocian a ningún nivel definido ni tampoco a ningún grupo de materiales, por lo que no permiten razonar la cronología del lugar.

No hemos documentado aquí ningún otro material que pueda ayudar a precisar la cronología de la zona estudiada, salvo el vaso tipo L16, cronológicamente situado en el s. I d. C., mientras que el resto de la cerámica no se diferencia de la de otras zonas del castro con cronologías más tardías.

5.3.4.3. Zona 3 (zona sudeste del recinto central. 1996)

En la zona sudeste del recinto central (fig. 5.92), excavada en 1996, la dinámica cambia, siendo la cerámica común más abundante frente a la cerámica de tradición indígena. En esta zona hemos documentado ollas, cuencos y fuentes junto con otras formas como vasos y jarras. La cerámica de tradición indígena no presenta diferencias respeto a la de otras áreas, a excepción de las ollas de borde facetado que se identifican aquí en mayor medida.

Respecto a la cronología que indican estos materiales, las ollas de borde facetado se adscriben dentro de época altoimperial. Dentro de la cerámica común romana, encontramos recipientes con una larga adscripción

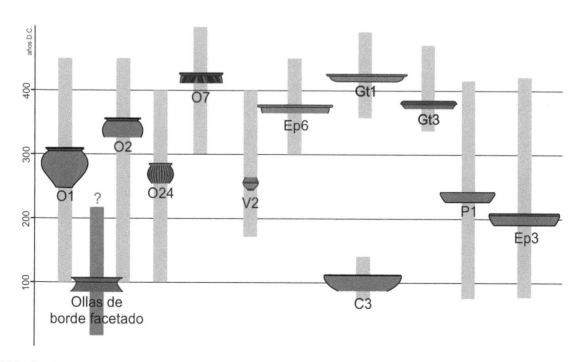

Fig. 5.92. Cuadro cronológico de la zona 3 según los datos de Alcorta Irastorza (2001) y Hevia González y Montes López (2009).

cronológica como las O1, las O2, las O24, los V2, los P1 y EP3, pero igualmente hemos documentado la presencia de cuencos C3, situados en el s. I y II d.C., y de cerámicas consideradas tardíos, como los EP6, las O7 o las fuentes CGT, cerámicas grises tardías fechadas entre el s. IV y el s. VII d.C. (Alcorta, 2001: 354 y 385).

A tenor de la estratigrafía, para esta zona se excavaron "niveis arqueolóxicos que responden a un mesmo nivel cultural" (López González y Álvarez González, 1996: 48), lo que implica el registro de numerosas unidades estratigráficas, pero tan solo un único nivel de ocupación.

Si comparamos los datos estratigráficos con los materiales documentados, percibimos que hay una gran homogeneidad de formas y tipos entre las distintas unidades estratigráficas. En las unidades estratigráficas superiores encontramos las cerámicas más tardías, pero aparecen junto a cuencos C3, fechados en los primeros siglos del cambio de era y que se documentan también en las unidades estratigráficas inferiores. Sin embargo, es posible que estos cuencos tengan una cronología mayor que la que muestran en *Lucus Augusti*, algo a lo que ya se apunta en la bibliografía (Alcorta Irastorza, 2001: 333).

Según la documentación administrativa y las fichas del museo (Durán Fuentes et al., 1996-2017), se recogieron en esta campaña cuatro fragmentos de TSH y siete de TSHT con cronologías imprecisas que los sitúan entre el s. II y el V d.C. Asimismo, se recogieron 6 *follis* fechados, entre el s. III y el V d.C. (Durán Fuentes et al., 1996-2017).

Teniendo en cuenta estos datos, todo apunta a una cronología de ocupación con un inicio más tardío respecto a otras zonas, aunque tampoco demasiado teniendo en cuenta la pervivencia de los tipos altoimperiales,

situándose la ocupación entre principios del s. II y el IV d.C. (fig. 5.92).

5.3.4.4. Zona 4 (zona de expansión oeste. 1996)

En la zona de expansión oeste, también excavada en 1996, hemos identificado casi de manera mayoritaria una única producción, la cerámica común romana, teniendo la cerámica de tradición indígena una presencia marginal. En este caso abundan las ollas respecto a los platos y las jarras, que se recogen en menor medida. De nuevo hemos documentado recipientes de larga duración, como las O1, O2, P1 y EP1, junto a la J1, situada entre el s. III y el V d.C., el V4, entre el s. II y el III d.C. (Alcorta Irastorza, 2001: 274) y otros de cronología bajoimperial como la O5, la EJ1 y la EJ2 (Alcorta Irastorza, 2001: 204, 295 y 298).

La mayoría de los materiales seleccionados para el estudio proceden de la zona excavada en el camino, conocida como "calle III" a la que la documentación administrativa adscribe un único nivel arqueológico (López González y Álvarez González, 1996). Las dataciones radiocarbónicas realizadas en muestras de madera procedentes tanto de esta calle como del exterior de la vivienda ofrecen fechas con una cronología dilatada (fig. 5.70). El contexto de procedencia de estas muestras, un estrato bajo un muro y un nivel de derrumbe desaconseja su consideración a la hora de acotar la cronología ya que pudo haber mediado un tiempo indeterminado entre su combustión, referencia de la datación radiocarbónica, y su deposición o incorporación a estos niveles.

En esta zona también se documentó un *follis* fechado según las fichas de materiales existentes en el Museo de Viladonga entre el s. III y el s. V d.C. (Durán Fuentes et al., 1996-2017), 20 fragmentos de TSH y 33 de TSHT.

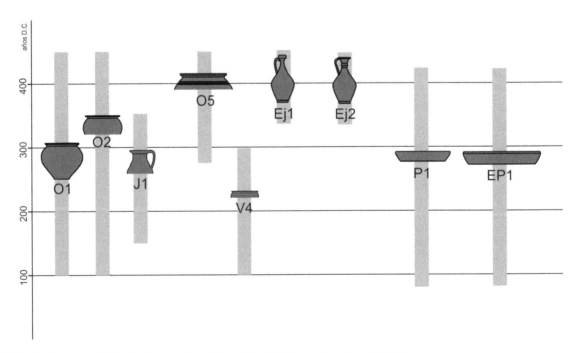

Fig. 5.93. Cuadro cronológico de la zona 4 según los datos de Alcorta Irastorza (2001).

Esta zona se sitúa en un momento más tardío respecto a las otras, entre el s. III y el V d.C. (fig. 5.93), debido a la presencia de determinadas cerámicas que inician su producción en esta fecha y que conviven en las colecciones estudiadas con otras que, si bien pudieron iniciarse antes, todavía existen en este momento y resultan coherentes con esta datación.

5.3.4.5. Zona 5 (zona sudoeste del recinto central. 2016)

En la zona sudoeste del recinto, la cerámica común romana es la única producción documentada (fig. 5.94). Junto a las ollas O1, O2, O24, los vasos V1 y V2 y los EP1 o P1, con una amplia cronología que va del s. II y al V d.C., documentamos recipientes tardíos como la cerámica gris GT1, una imitación I59, fechada en el s. IV y V d.C. (Alcorta Irastorza, 2001: 379) y una pieza que se asemeja a la forma Rigoir 7 de la TSGT, producción situada entre el s. IV-VI d.C. (Uscatescu Barrón et al., 1994: 288)

Estos tipos coinciden en cronología con 23 fragmentos de *terra sigillata* sin clasificar y con el conjunto de monedas de época de Constantino documentado en esa zona y fechado en el s. IV d.C. (López et al., 2016: 161). Los tipos más tardíos aparecerán en todas las unidades estratigráficas de la excavación, lo que hace suponer un momento tardío en torno al s. IV-V d.C. (fig. 5.90).

5.3.5. Conclusiones sobre la cerámica del castro de Viladonga

Tras el estudio de todos los materiales, la cerámica de tradición indígena presenta unas características morfotecnológicas muy homogéneas en la mayoría de las zonas estudiadas. Su presencia es mayor en las zonas noreste y este del sistema defensivo, observándose en menor medida en la zona sudeste, de manera marginal en la zona de expansión y estando ausente en la zona sudoeste. Esta producción tiene como característica principal una gran presencia de las ollas sobre el resto de los grupos formales: cuencos, vasos y tazas. Los tipos considerados altoimperiales dentro de la cerámica de tradición indígena han de ser tenidos en cuenta, ya que algunos de ellos presentan formas, técnicas, como tratamientos superficiales o decoración, que posteriormente estarán presentes en la cerámica común romana con cronologías más tardías, es el caso del vaso L16, que recuerda a la posterior forma V1 (Hevia González y Montes López, 2009: 50), o las ollas de borde facetado, muy similares a las O1 y O1A de la común romana (Hevia González y Montes López, 2009:88).

La cerámica común romana, considerada de manera conjunta, está presente en menor medida respecto a la de tradición indígena, sin embargo, a diferencia de ésta, está en todos los contextos analizados. En esta producción las ollas también tienen una mayor presencia frente al resto de las formas, aunque en ningún momento de manera tan acusada como en la cerámica de tradición indígena. En menor medida aparecerán vasos, jarras, cuencos, platos y fuentes, junto con un par de morteros y algunos recipientes que imitan tipos tardíos de TSGT. Cabe destacar que hemos observado una menor presencia de ollas de cerámica común romana respecto a las ollas de producción de tradición indígena cuando estas dos producciones aparecen juntas, tal vez por un mayor empleo de las ollas de la segunda producción respecto a la primera para las tareas de cocina, sin embargo, las formas características

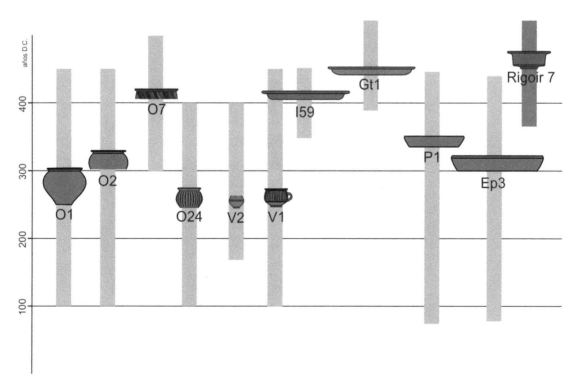

Fig. 5.94. **Cuadro cronológico de la zona 5 según los datos de Alcorta Irastorza (2001) y Rigoir (1968).**

del servicio de mesa, como los platos, fuentes, cuencos y jarras están casi exclusivamente en la cerámica romana.

La muestra estudiada en Viladonga se puede relacionar sin grandes problemas con otros castros de su entorno más inmediato como Zoñán (Vigo García, 2007), pero también de lugares más alejados como la costa lucense (Lozano et al., 2015) o el oeste asturiano (Hevia González y Montes López., 2009). Respecto a la procedencia de los recipientes, por el momento no se han documentado alfares en Viladonga, lo que, unido a su semejanza formal y tecnológica con otros lugares, pudiera hacer pensar que proceden de un centro de producción común. Sin embargo, antes de intentar localizar ese centro, sería necesario comprobar que esa similitud existe también a nivel mineralógico a través de análisis petrográficos, ya que, si la similitud no pasase de un nivel técnico y formal, el escenario sería diferente y tendríamos que hablar de múltiples centros productores de cerámicas semejantes.

Respecto a la cronología general del castro de Viladonga, la primera incógnita surge en torno a la existencia o no de una ocupación previa a la conquista romana. Los argumentos a favor de esta interpretación se basan en un nivel prerromano, cuyas estructuras y materiales, sin embargo, no resultan determinantes; en dataciones radiocarbónicas realizadas en el corte del sistema defensivo que, hasta ahora, no han podido relacionarse de manera clara con un nivel de ocupación, y en objetos tradicionalmente adscritos a momentos anteriores, unos, como hachas pulidas y una de bronce, que pueden proceder de hallazgos fortuitos realizados por los habitantes del castro, y otros, como los torques y algún recipiente evocador de tradiciones alfareras anteriores, que pueden ser fruto de una longeva amortización debido a su gran valor intrínseco, o producidos de forma arcaizante como resultado de una idiosincrasia individual, pero todos ellos adolecen de contar con una posición estratigráfica indefinida. Ha quedado demostrado que la aparición de cerámica de tradición indígena no indica por sí sola un

Fig. 5.95. Cerámica de tradición indígena del castro de Viladonga (1-6).

momento anterior a la conquista y en ausencia de un registro estratigráfico minucioso y riguroso realizar otras inferencias en este sentido resulta demasiado arriesgado.

Con los datos recogidos hasta el momento, parece más plausible una propuesta cronológica que sitúe la zona noreste en un amplio marco cronológico, tal vez el s. I para sus niveles más profundos, relacionable quizás a los niveles inferiores de la parte este del sistema defensivo, mientras que los niveles superiores se inscribirían ya en un momento plenamente romano, coetáneo tal vez a la zona sudeste del recinto central y fechado entre el s. II y el V. La zona sudoeste del recinto central y la zona de expansión oeste parecen responder a una ocupación más tardía, con una cronología entre el s. III y el V d.C. Como mencionamos anteriormente, un futuro análisis de los

nuevos hallazgos procedente de la zona noroeste del castro podrá ayudar a esclarecer estas cuestiones.

5.3.6. *Apartado gráfico – Fotografías*

Fig. 5.96. Cerámica de tradición indígena del castro de Viladonga (1-7).

Fig. 5.97. **Cerámica de tradición indígena del castro de Viladonga (1-7).**

Fig. 5.98. Cerámica de tradición indígena del castro de Viladonga (1-5). Cerámica común altoimperial del castro de Viladonga (6).

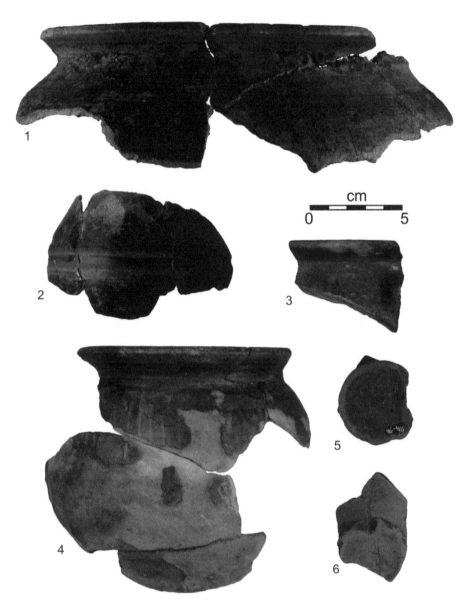

Fig. 5.99. Cerámica común romana del castro de Viladonga (1-6).

Fig. 5.100. Cerámica común romana del castro de Viladonga (1-5).

6

Discusión de resultados. La cerámica común del s. I a.C. al s. V d.C. en castros de la provincia de Lugo

En este aparatado valoraremos en conjunto las colecciones estudiadas en los diferentes yacimientos seleccionados. El propósito de este capítulo es el de caracterizar las distintas producciones de cerámica común documentadas, con sus tipos o grupos formales, al tiempo que hacemos hincapié en su cronología y sus paralelos con otras zonas.

6.1. Cerámica común de tradición indígena

Esta producción representa una parte importante del conjunto de la muestra analizada. La documentamos en todos los yacimientos estudiados y no precisamente de forma marginal, igualando o incluso superando a la cerámica común romana en muchos casos, especialmente en el castro de Saa y algunas zonas del castro de Viladonga.

Su variedad formal no es muy grande. Está mayoritariamente presente en el grupo formal de las ollas, estando menos presentes otras formas como los cuencos o las tapaderas. Dentro de este apartado también hemos incluido en un epígrafe aparte un subgrupo de cerámicas de tradición indígena que muestran ciertas características morfotecnológicas que los diferencian del resto de la producción y que denominamos cerámica común altoimperial.

6.1.1. Ollas

Este es el conjunto más importante dentro de la cerámica de tradición indígena documentándose profusamente en todos los yacimientos estudiados. La presencia de ollas de cerámica común romana o de otras producciones no parece influir en su elaboración, ya que han sido documentadas en la mayoría de los contextos analizados, lo cual hace suponer un uso muy extendido, aún en época romana.

Al carecer de una tipología previa para la cerámica de tradición indígena de esta zona, y teniendo en cuenta que las características de las fábricas asociadas a esta producción son muy homogéneas, hemos optado por diferenciar este gran conjunto en base al desarrollo de su perfil, estableciendo varios grupos formales muy generales, susceptibles de ser redefinidos en estudios futuros.

6.1.1.1. Grupo 1

En lo que respecta a ollas de tradición indígena, este es el grupo formal mayoritario en todos los yacimientos estudiados. Incluimos aquí todos los recipientes de labio redondeado o plano, borde oblicuo, cóncavo o recto, sin cuello, que continúan su desarrollo hacía un cuerpo convexo a través de una inflexión neta (fig. 6.1- fig. 6.6).

También incorporamos dentro de esta agrupación todas aquellas piezas que muestran una leve inflexión en la parte superior del borde o un breve desplazamiento horizontal abierto, demasiado pequeño o poco marcado como para ser considerado un borde y que, por lo tanto, no altera la estructura formal de la pieza lo suficiente como para establecer en base a ello otro grupo formal.

Aunque es un grupo muy grande con dimensiones muy variadas, la mayoría de los recipientes estudiados presentan un tamaño mediano. No se ha conservado ningún perfil completo a excepción de los de algunas ollitas L14, pero dado que todas las bases documentadas asociadas a esta producción son planas de borde inferior recto, asumimos este desarrollo formal para el grupo 1 y para el resto de los grupos relacionados con la cerámica de tradición indígena. A nivel tecnológico la mayoría se encuadra dentro de la fábrica 5, con alguna excepción dentro de la 5A.

Dentro del grupo 1 también hemos incluido un conjunto de recipientes de grandes dimensiones. La mayoría coinciden con las características morfológicas dadas al grupo 1, aunque hemos documentado algunas piezas con un pequeño borde oblicuo seguido por lo que parece ser un cuerpo convexo (fig. 6.5: 10). Hay que destacar que la mayoría de estas piezas, debido a sus grandes dimensiones y escaso desarrollo del perfil, no han ofrecido ningún diámetro fiable.

Otro conjunto que hemos diferenciado dentro del grupo 1 es el de las ollitas pequeñas, la mayoría relacionadas con el tipo L14 de *Lucus Augusti* (fig. 6.6: 1-6), destacando un ejemplar adscrito dentro del L13 (fig. 6.6: 10), ambos con cronología del s. I d.C. (Alcorta Irastorza, 2001: 114-124). Diferenciamos piezas con borde recto (fig. 6.6: 8-9) y otras con un pequeño borde oblicuo (fig. 6.6: 7-11).

Cabe destacar que, en todo este conjunto, solo hemos constatado la presencia de dos ollas con un asa de sección rectangular, una partiendo del labio (fig. 6.1: 2) y la otra de la zona superior del cuerpo (fig. 6.6, 11).

A nivel formal, dentro de este grupo son abundantes las ollas en las que hemos podido documentar un estrechamiento del borde en la parte superior del mismo (fig. 6.1). También hay piezas en las que hemos documentado lo contrario, un estrechamiento del borde al acercarse a la inflexión con el cuerpo en contraposición con un mayor ensanchamiento en la zona próxima al labio normalmente plano (fig. 6.3). Este estilo se suele observar a menudo en las ollas de más de 30 cm de diámetro de borde (fig. 6.5: 2,5 y 8). El resto de las ollas de este grupo presentan un borde cóncavo u oblicuo más o menos pronunciado con un grosor homogéneo tanto en el borde como en el cuerpo (fig. 6.2, fig. 6.4, fig. 6.6). El borde cóncavo de grosor homogéneo es el más común dentro de las piezas de pequeñas dimensiones (fig. 6.6).

Todos estos desarrollos del borde son el resultado de una distinta ejecución de las técnicas de elaboración basadas probablemente en las preferencias del alfarero o en la funcionalidad de la pieza, algo sobre lo que, por el

momento, no se ha podido establecer ninguna hipótesis fiable. La alta fragmentación de la muestra analizada imposibilita trabajar con formas completas que confirmen si estas características del borde se pueden individualizar para construir un tipo o, si simplemente son un hecho fortuito asociado a una elaboración artesanal.

La mayoría de los recipientes del grupo 1, quizá debido al escaso desarrollo del perfil de las piezas estudiadas,

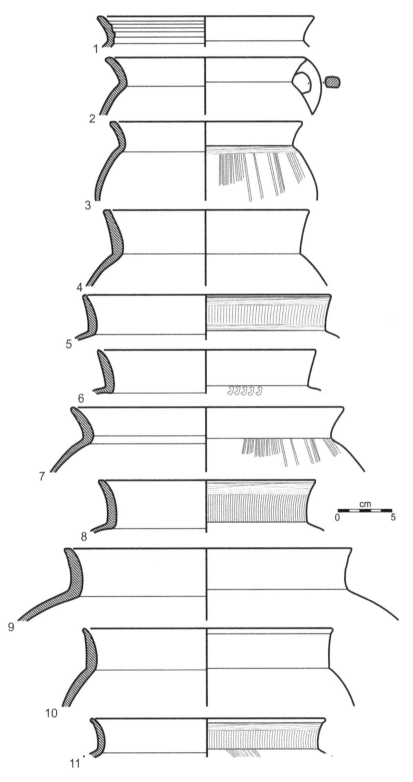

Fig. 6.1. Cerámica de tradición indígena. Ollas del grupo 1 (1-11).

no presentan ningún tipo de decoración, pero hemos documentado ejemplos puntuales, la mayoría asociados al borde, consistentes en un modelo decorativo de líneas bruñidas horizontales y verticales en la cara externa del borde (fig. 6.1: 5 y 8, fig. 6.3 7) del cuerpo (fig. 6.1: 3, fig. 6.4: 4 y 6, fig. 6.6: 1), o en ambos (fig. 6.1: 11), así como piezas con líneas verticales bruñidas, también en la cara externa del borde (fig. 6.2: 6) o del cuerpo (fig. 6.6: 9). Así mismo hemos documentado motivos estriados en la cara externa del cuerpo (fig. 6.4: 5) y del borde (fig. 6.2: 7, fig. 6.3: 2, fig. 6.4: 6) de algunos recipientes, junto con un ejemplo de líneas oblicuas incisas que se entrecruzan formando un motivo reticulado en la cara externa del cuerpo (fig. 6.4: 7). También hay que destacar una pieza con una banda horizontal de motivos en forma de ce invertida, dispuestos consecutivamente y elaborados con la técnica de la impresión (fig. 6.1: 6), y la decoración estampillada propia de la olla L13 (Fig. 6.6, 10).

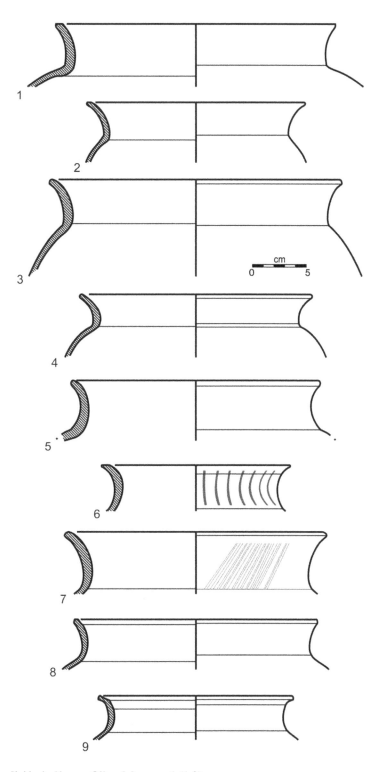

Fig. 6.2. Cerámica de tradición indígena. Ollas del grupo 1 (1-9).

Las ollas pertenecientes al grupo 1 están extensamente representadas en todos los yacimientos estudiados. Es el grupo mayoritario dentro de las colecciones cerámicas del castro de Saa y representan la mayor parte de la cerámica de tradición indígena documentada en la zona 1 y 2 del castro de Viladonga y del castro de Agra dos Castros, contextos que sitúan este grupo entre el s. I a.C. y el s. II-III d.C.

Hemos encontrado paralelos entre estas ollas y las del "grupo 4" del castro de Vixil (Ramil Rego, 1997a: 95, fig. 12 y 13), castro con una cronología del s. II a.C. al

s. I d.C., con las del llamado "grupo morfológico 1" del castro de Punta do Castro (Lozano et al, 2015: Fig. 2, 1-5), yacimiento con una cronología que va del s. I al V d.C. (Ramil Rego et al., 1995: 113), con los conjuntos "Cerrados-02, 03 y 05" del castro de Zoñán (Vigo García, 2007: 177-183 y 187) yacimiento también con una cronología romana, del s. II al IV d.C. y con la "Forma 1" de Maya para los castros asturianos (Maya González, 1988: 156) especialmente con los ejemplares del castro de Coaña (Maya González, 1988: 163, fig. 43, B; 164, fig. 44, C). Maya establece una cronología para esta forma que va del s. I a.C. al s. II d.C., aunque infiere un origen anterior,

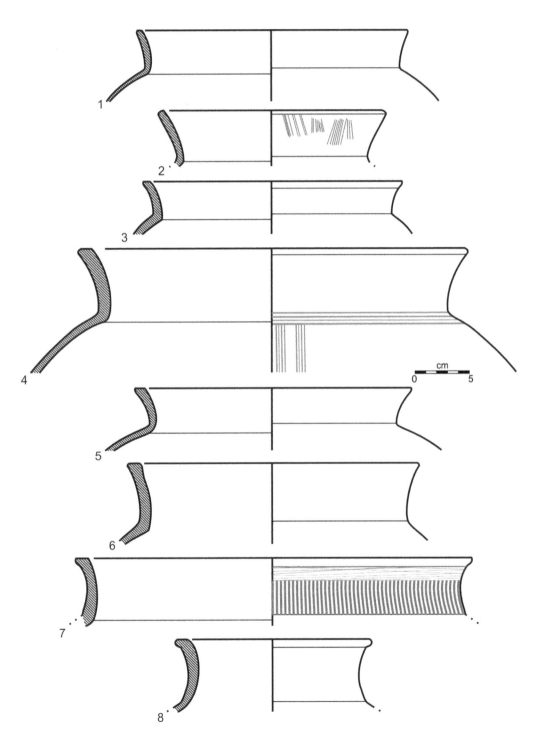

Fig. 6.3. Cerámica de tradición indígena. Ollas del grupo 1 (1-8).

que sitúa a finales de la Edad del Bronce (Maya González, 1988: 156). También se asemejan en su desarrollo formal a las "ollas de borde vertical" del s. I d.C. del castro del Chao Samartín (Hevia González y Montes López., 2009: 68), pero difieren en cuanto a las características de sus pastas y su tratamiento superficial. Así mismo guardan bastantes similitudes con las ollas documentadas en el castro de Vilela (Álvarez González et al, 2006: 21-23) ya en época romana. En suma, es una forma para la que no se ha establecido un origen claro, pudiendo tratarse de una

continuidad de la Segunda Edad del Hierro que continuará elaborándose durante el s. I a.C. y los primeros siglos de la dominación romana, para finalmente desaparecer a lo largo del s. III d.C.

6.1.1.2. Grupo 2

Las ollas del grupo 2 también se constituyen como uno de los conjuntos más importantes dentro de la cerámica de tradición indígena. Englobamos aquí todos aquellos

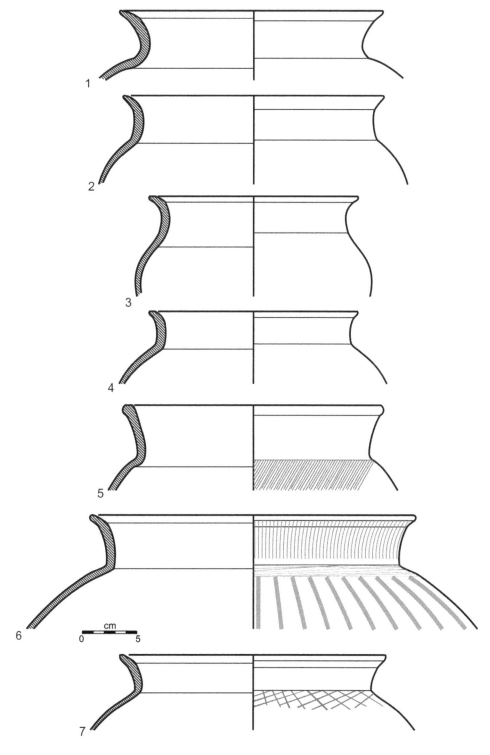

Fig. 6.4. Cerámica de tradición indígena. Ollas del grupo 1 (1-7).

recipientes que presentan un borde con desplazamiento lateral abierto u borde oblicuo de escaso desarrollo, seguido por un cuerpo de línea compleja oblicua abierta que, por lo menos en las piezas que conservan un desarrollo del perfil lo suficientemente amplio como para constatarlo, parece cambiar hacia una línea convexa a través de una inflexión poco marcada (fig. 6.7, fig. 6.8). Se encuadran dentro de los recipientes de tamaño mediano y grande, aunque la mayoría de ellas se sitúa dentro de los 20 y 30 cm de diámetro de borde. Estas piezas se adscriben dentro de las fábricas 5 y 5A.

Dentro de este grupo diferenciamos tres conjuntos, por un lado, los recipientes con un borde oblicuo que presentan un pequeño desplazamiento horizontal abierto de muy corto desarrollo (fig. 6.7) en la parte superior del borde, por otro lado, los recipientes con borde oblicuo acabado en labio redondeado (fig. 6.8: 1-8) y, en último lugar, las ollas con borde con desplazamiento horizontal abierto (fig. 6.8: 9-10). Como variante (fig. 6.9) dentro de este grupo, diferenciamos un conjunto de piezas de borde oblicuo corto, seguido de un cuerpo oblicuo cerrado de longitud variable, documentando una pieza con hasta

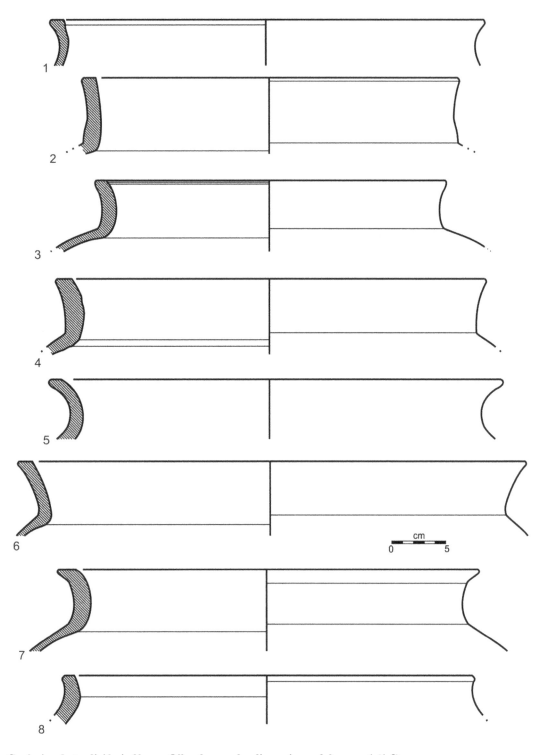

Fig. 6.5. Cerámica de tradición indígena. Ollas de grandes dimensiones del grupo 1 (1-8).

7 cm de longitud (fig. 6.9, 4), e interrumpida por una inflexión neta que inicia un cuerpo convexo. Será en esta variante donde se documenten los únicos ejemplos de decoración asociados a las ollas del grupo 2, dos recipientes que muestran una línea horizontal bruñida en la inflexión del cuello al cuerpo de la que parten una serie de líneas rectas verticales paralelas en la cara externa del cuerpo (fig. 6.9: 6).

Aunque este grupo está en todos los yacimientos, constatamos su presencia en menor medida que el grupo 1. Lo hemos identificado tanto en el castro de Saa como en la zona 1 y 3 del castro de Viladonga, siendo su presencia en Agra dos Castros meramente anecdótica.

Hemos encontrado paralelos entre las ollas de este grupo y las del "grupo 4" del castro de Vixil (Ramil Rego, 1997a: 94, fig. 11, 1-2), con las del "grupo morfológico 2" del castro de Punta do Castro (Lozano et al., 2015: 223, fig. 3), las del grupo "cerrados 06" del castro de Zoñán (Vigo García, 2007: 189-191) y la forma 1 de Maya (Maya González, 1988: 161, fig. 41, B, 163, fig. 43, A, Marín Suarez, 2008: 300-301). Asimismo, hemos encontrado parecidos en el desarrollo formal de la variante (fig. 6.9) con las ollas tipo L1 de *Lucus Augusti*, pero difieren en

cuanto a pastas, tratamiento superficial y decoración. Es posible establecer para este grupo una cronología muy similar al anterior para la zona estudiada, entre el s. I a.C. y el s. III d.C.

6.1.1.3. Grupo 3

En este grupo (fig. 6.10) se encuentran todos los recipientes de labio plano o redondeado, borde convexo con un ligero desplazamiento horizontal cerrado, abierto o bilateral con facetado en la cara interna del borde que, a través de una inflexión neta, da paso a un cuerpo convexo. Sus dimensiones son bastante homogéneas en todo el conjunto, siendo piezas de tamaño mediano. Todas ellas se pueden adscribir dentro de la fábrica 5.

La característica principal que define a este conjunto, además de su morfología, es la decoración que presenta en la cara externa del borde, realizada a través de una sucesión de impresiones de un cuerpo hueco de sección semicircular, probablemente algún tipo de cánula cortada. Estas impresiones pueden darse marcadamente en una dirección o realizarse de manera bidireccional, solapándose en un punto intermedio las dos direcciones. La excepción la documentamos en dos piezas del castro de

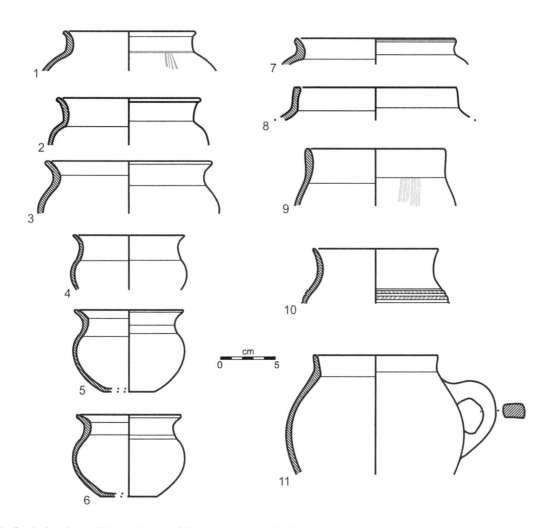

Fig. 6.6. Cerámica de tradición indígena. Ollitas del grupo 1 (1-11).

Agra dos Castros, que presentan una decoración en la cara externa del borde convexo a base de una sucesión de líneas oblicuas incisas abiertas y cerradas (fig. 6.10, 4). En las piezas que conservan partes del cuerpo lo suficientemente desarrolladas, hemos podido constatar también decoración plástica o estampillada, dispuesta conjuntamente y conformando diversos patrones decorativos (fig. 6.10: 7-8).

Su presencia se ha podido constatar en todos los yacimientos estudiados, aunque la documentamos de forma marginal, no destacando ningún yacimiento sobre otro a este respecto. En Viladonga se encuentran en la zona 1 y 2, en el castro de Agra dos Castros en la zona 1 y 3, mientras que en el castro de Saa identificamos un conjunto de tres piezas, las mejor conservadas de toda la muestra, asociadas a niveles de derrumbe de la muralla y de la estructura 2.

No hemos encontrado paralelos para estos recipientes en la zona que nos ocupa (Alcorta Irastorza, 2001), ni en zonas próximas como la mariña lucense (Lozano et al, 2015) o

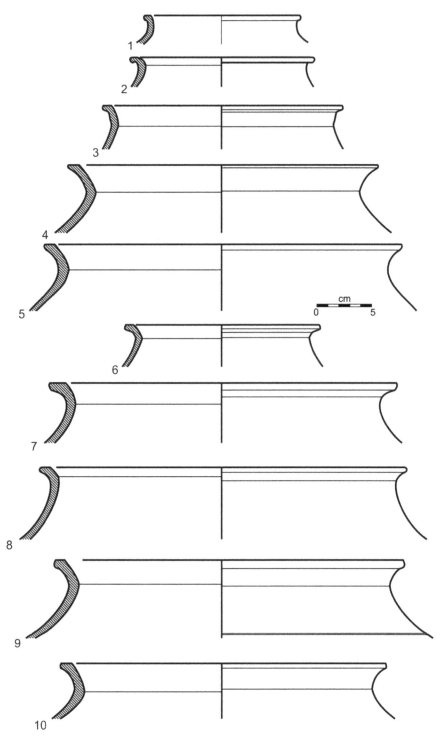

Fig. 6.7. Cerámica de tradición indígena. Ollas del grupo 2 (1-10).

Asturias (Hevia González y Montes López, 2009 y Maya González, 1988). En cambio, sí hemos documentado paralelos entre este grupo y piezas documentadas en castros de la fachada atlántica, como Baroña (Rey Castiñeira, 1991: 625), Toralla (Rey Castiñeira, 1991: 820) y Santa Tecla (Rey Castiñeira, 1991: 869). También recuerdan vagamente a piezas de O Achadizo, A Lanzada y Montealegre, (Rey Castiñeira, 1991: 703, 768, 775), aunque los recipientes de estos últimos castros difieren de los de la zona estudiada en su desarrollo del borde, con un perfil mucho más corto y ancho. El grupo 3 es el único de los grupos para el que hemos documentado paralelos solamente en la zona de la fachada atlántica y el sur de Galicia.

Las características decorativas que tiene este grupo provocan que se relacione con técnicas alfareras anteriores, atribuyéndoles cierta antigüedad por ello a los contextos en las que son recogidos. Si bien es cierto que este tipo de decoración plástica se encuentra documentada en castros de Lugo anteriores al cambio de era como el castro de Vixil, y en numerosos castros de otras zonas de Galicia a los que se les da una mayor antigüedad (Rey Castiñeira, 1991), parece que, en el caso que nos ocupa todas estas piezas se documentan en niveles situados dentro del s. I a.C. y del s. I d.C. en adelante, por lo que la presencia de este grupo puede tratarse de una continuidad de formas

Fig. 6.8. Cerámica de tradición indígena. Ollas del grupo 2 (1-10).

anteriores que seguirá elaborándose marginalmente en los primeros siglos de la época romana.

6.1.1.4. Grupo 4

El grupo 4 engloba un conjunto de recipientes de labio redondeado, borde oblicuo muy corto y poco marcado o con un leve desplazamiento horizontal abierto, sin cuello, y con un cuerpo que describe una curva muy poco marcada y casi vertical (fig. 6.12) que podría derivar en una forma convexa hacía una base plana, presentando una morfología tipo *caccabus* como una olla de abertura amplia para cocinar alimentos (Beltrán Lloris, 1990: 201). Este grupo pertenece a la fábrica 5.

Dentro de este grupo hemos documentado dos variantes, un conjunto de recipientes (fig. 6.11: 1-3) de paredes delgadas y un conjunto de mayores dimensiones (fig. 6.11: 4-8) que, además de mostrar unas paredes más gruesas, presenta un engrosamiento en la zona superior de la pieza. Los recipientes de este grupo no suelen presentar decoración, aunque hemos documentado algunas excepciones con decoración a base de líneas acanaladas (fig. 6.11, 4) o bruñidas (fig. 6.11, 7) en la cara externa del cuerpo.

Aunque su presencia es discreta, las piezas de este grupo se documentan en todos los yacimientos estudiados. En Viladonga sólo hemos constatado en la zona 2, en el castro de Saa los identificamos en los niveles superficiales, en la zona de la muralla y en la estructura 2 mientras que en Agra dos Castros su presencia se reduce a varias piezas documentadas en el sondeo 3.

Respecto a sus paralelos con las cerámicas de otros yacimientos estos no son muchos. Hemos encontrado similitudes entre la primera variante y el llamado grupo 1 del castro de Vixil (Ramil Rego, 1997a: 92, fig. 9) y cierta similitud con una de las formas identificadas en Punta do Castro (Lozano et al., 2015: 225, fig. 7.2). Sumando estos paralelos con los contextos de los que proceden las piezas de este grupo, situamos este conjunto entre el s. I a.C. y el s. I d.C.

6.1.1.5. Grupo 5

Este grupo (fig. 6.12: 1-4) está compuesto por un reducido conjunto de materiales que sólo hemos documentado en el castro de Saa. Se trata de unos recipientes que presentan un labio con un ligero desplazamiento horizontal cerrado,

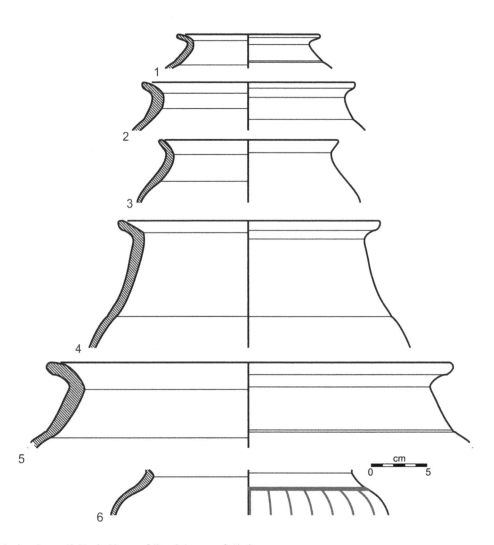

Fig. 6.9. Cerámica de tradición indígena. Ollas del grupo 2 (1-6).

borde oblicuo cerrado que, a través de una inflexión neta, da paso a un cuerpo convexo. Tienen un tamaño mediano y carecen de decoración. Se encuadran dentro de la fábrica 5, aunque hay que destacar que todos estos recipientes presentan unas tonalidades marrones o sienas, enmarcándose en una gama cromática clara que contrasta con el resto de la muestra analizada.

Como ya hemos resaltado, se trata de un grupo que sólo se ha documentado en el castro de Saa, lo que les confiere necesariamente un contexto enmarcado en el cambio de Era. No hemos documentado paralelos.

6.1.1.6. Otras

Incluimos aquí las ollas que no encajan en ninguno de los grupos anteriormente descritos, bien por el escaso desarrollo de sus perfiles o bien porque sus características formales los alejan de las formas conocidas.

Documentamos un pequeño conjunto (fig. 6.12: 5) situado dentro de la fábrica 5, de bordes cóncavos que presenta un orificio circular que atraviesa la pieza de lado a lado. Estos recipientes, que presentan un desarrollo del perfil demasiado escaso como para inferir diámetro u desarrollo formal los documentamos en el castro de Saa y en Agra dos Castros y los relacionamos con las ollas de tradición indígena tipo L10 descritas en la bibliografía lucense como "ollas de orejeta perforada", con cronología del s. I d.C. (Alcorta Irastorza, 2001: 109). Este se trata de un tipo muy extendido en todo el Noroeste dentro de la cerámica de tradición indígena, y se documenta en Galicia (Rey Castiñeira, 1991: 867), Asturias (Maya González, 1988:

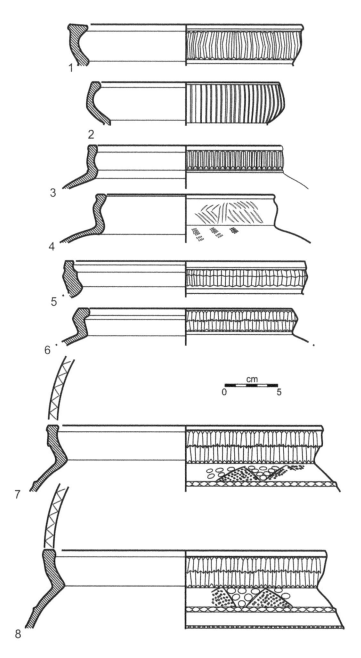

Fig. 6.10. Cerámica de tradición indígena. Ollas del grupo 3 (1-8).

158, Berrocal-Rangel, 2002: 166, fig. 59:1) y Portugal (Alcorta Irastorza, 2001: 109).

Otra de estas formas aisladas la documentamos en el castro de Viladonga (fig.6.12: 6). Se trata de un recipiente mediano cuya tecnología lo encuadra dentro de la 5A, presenta una decoración y morfología peculiares, no encontrando un ejemplar parecido en toda la muestra. Por el momento no hemos encontrado paralelos.

Otra de las ollas (fig. 6.12: 7), documentada en la zona 1 del castro de Viladonga, no encaja en ninguno de los grupos establecidos dentro de la cerámica de tradición

indígena y, aunque encontramos ciertas similitudes formales entre esta pieza y algunas ollitas de producción romana, como las O25 o los vasos V3, sus característica tecnológicas son propias de la cerámica de tradición indígena, encuadrándose dentro de la fábrica 5.

La última olla (fig. 6.12: 8) procede de la zona 3 de Viladonga, se encuadra dentro de la fábrica 5 y presenta una decoración de pequeñas líneas rectas incisas oblicuas en la cara externa del cuello, en su parte inferior., Aunque podría tratarse de una olla del grupo 2, destaca por su decoración, que documentamos de forma aislada dentro de las colecciones estudiadas para este trabajo.

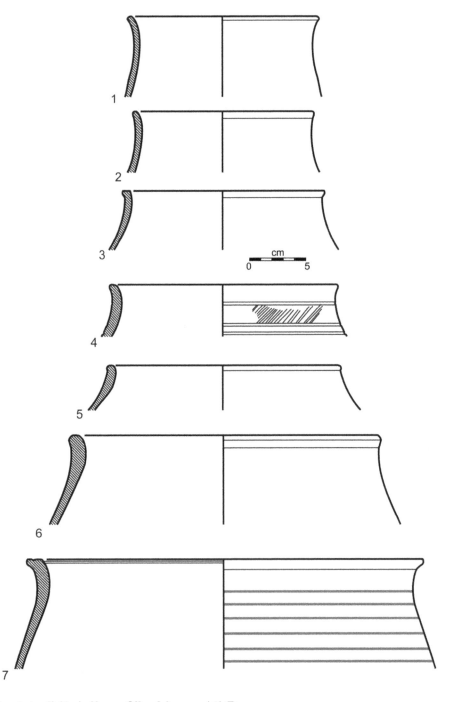

Fig. 6.11. Cerámica de tradición indígena. Ollas del grupo 4 (1-7).

142

6.1.2. Cuencos

Aunque menos abundantes que las ollas, su presencia también es significativa, especialmente en el castro de Saa y en la zona 1 y 2 del castro de Viladonga. Al igual que hemos hecho con las ollas, al carecer de una tipología de base y tener toda esta producción características tecnológicas similares, hemos intentado definir una serie de grupos morfológicos, diferenciando dos grandes grupos, de perfil cerrado o abierto.

6.1.2.1. Grupo 1

Este primer grupo está caracterizado por presentar un labio plano o redondeado, borde con desplazamiento horizontal cerrado y cuerpo convexo. Los cuencos de este grupo están divididos en dos variantes, las piezas que muestran un labio plano o redondeado seguido por un borde con desplazamiento horizontal cerrado que presenta una cara plana tanto en la parte superior como en la parte inferior (fig. 6.13) y las piezas de labio redondeado y borde engrosado (fig. 6.14). Todos ellos se adhieren a la fábrica 5, y presentan unas dimensiones variadas, siendo la mayoría de tamaño mediano.

En estos cuencos hemos documentado más decoración que en las ollas. Dentro de los de la primera variante, encontramos en la parte superior plana del borde bandas de líneas incisas en forma de uve (fig. 6.13: 4-5) y decoración estampillada de motivos vegetales (fig. 6.13:

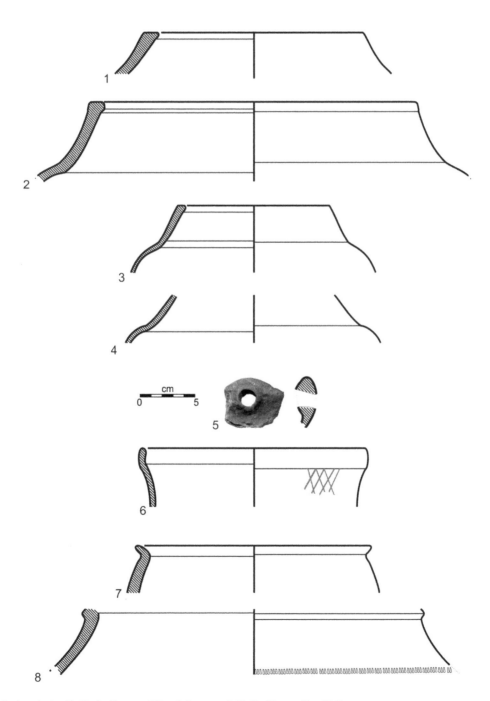

Fig. 6.12. Cerámica de tradición indígena. Ollas del grupo 5 (1-4). Otras ollas (5-8).

3). En un recipiente hemos constatado un pequeño orificio (fig. 6.13: 7). En los cuencos de la segunda variante tenemos decoración en la parte superior del cuerpo, en la cara externa próxima al labio, consistente en una banda horizontal de líneas incisas en forma de ese (fig. 6.14, 6) o líneas horizontales y verticales bruñidas (fig. 6.14, 7). Estos cuencos están presentes en los tres yacimientos estudiados y a este grupo pertenecen los escasos ejemplos de cuencos de tradición indígena documentados en Agra

dos Castros. Hemos documentado un fuerte paralelo entre este grupo y los cuencos analizados en Punta do Castro (Lozano et al., 2015: 224, fig. 5, 2-3) así como con los cuencos documentados en Zoñán agrupados bajo el nombre de "cerrado-1, globulares" (Vigo García, 2007: 176). Con estos datos, hemos podido concretar una cronología ya en época romana, teniendo su momento de vigencia a lo largo del s. I d.C. y continuando en el s. II d.C.

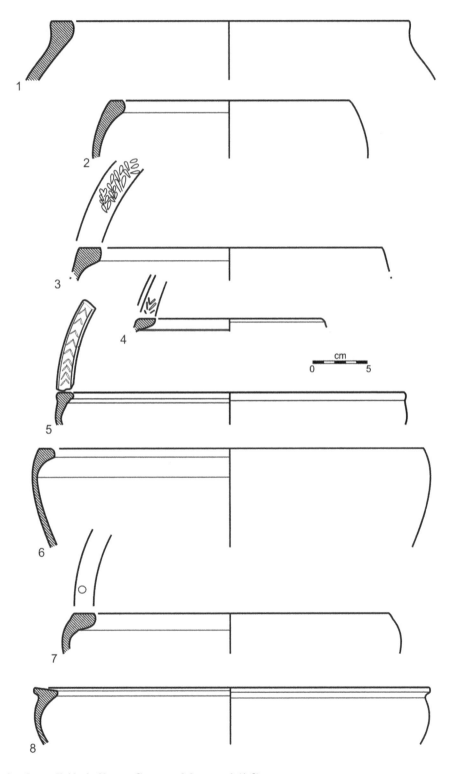

Fig. 6.13. Cerámica de tradición indígena. Cuencos del grupo 1 (1-8).

6.1.2.2. Grupo 2

Este segundo grupo está caracterizado por presentar un borde con desplazamiento horizontal cerrado, abierto o bilateral, seguido por un cuerpo convexo oblicuo abierto. Tienen menos representación que el grupo anterior, presentan un tamaño mediano o grande y están encuadrados dentro de la fábrica 5. Estos cuencos también presentan decoración en la parte superior plana del borde, líneas incisas onduladas en forma de ese (fig. 6.15: 6) o líneas incisas zigzagueantes (fig. 6.15: 7).

Los cuencos de este grupo los documentamos en el castro de Saa y en la zona 1 y 2 del castro de Viladonga. Respecto a los paralelos encontrados, tenemos referencias próximas como el "grupo 2" del castro de Vixil (Ramil Rego, 1997a: 93, fig. 10, 1-5), el grupo "abertos 03" del castro de Zoñán (Vigo García, 2007: 170) y con cuencos documentados en la Campa Torres bajo el nombre de "cerámica con bordes impresos/incisos" (Maya González y Cuesta Toribio, 2001: 215, fig. 140: 3-5). Por los datos de los que disponemos, parece que este grupo tiene una cronología anterior respecto al primer grupo, pudiendo rastrear su presencia en un momento anterior al cambio de Era y documentándose no más allá del s. II d.C.

En un grupo aparte tenemos dos piezas con decoración plástica (fig. 6.15, 8-9). Por su morfología pueden tratarse de cuencos o de otro tipo de recipientes. Son de tamaño pequeño y pertenecen a la fábrica 5. Se registraron en la zona 1 (fig. 6.15: 8) y 2 (fig. 6.15: 9) de Viladonga.

6.1.3. Otras formas

En este apartado incluimos piezas de tradición indígena que no hemos podido clasificar dentro de ninguno de los otros grupos por el escaso desarrollo de su perfil o por sus diferencias formales o tecnológicas.

Hemos identificado un conjunto de piezas (fig. 6.16: 1-3) que, debido al escaso desarrollo del perfil, no hemos podido adscribir dentro de ninguna forma conocida. Se trata de un conjunto de recipientes de borde oblicuo, o de borde y cuello oblicuo, de tamaño mediano, agrupados dentro de la fábrica 5. Estos recipientes, documentados en su mayoría en Agra dos Castros, con una excepción de la zona 3 de Viladonga, podrían encajar dentro del grupo 1 de las ollas. Guardan similitudes con recipientes documentados en Zoñán (Vigo García, 2007: 183), también de escaso desarrollo, y lo mismo ocurre con piezas registradas en la Campa Torres (Maya González y Cuesta Toribio, 2001: 191, fig. 116, 1-3).

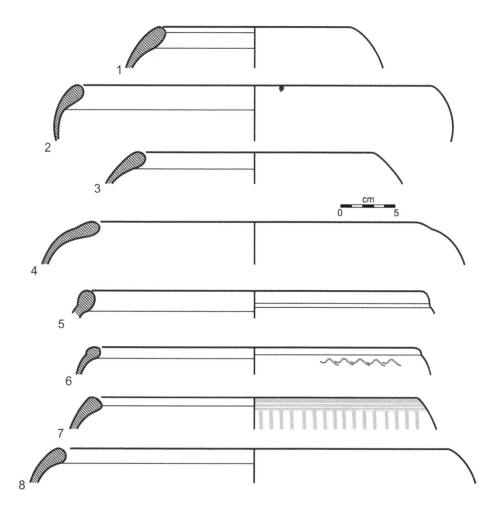

Fig. 6.14. Cerámica de tradición indígena. Cuencos del grupo 1 (1-8).

En Agra dos Castros documentamos una pieza (fig. 6.16: 4) que presenta una decoración de tres pequeñas líneas incisas en la cara externa del cuerpo. Es una pieza de pequeñas dimensiones adscrita dentro de la fábrica 5A, para la que no tenemos paralelos, aunque podría tratarse de una ollita.

También tenemos un conjunto de cerámicas que se asemejan as tapaderas (fig. 6.16: 5-7) en la zona 2 de Viladonga y en el castro de Saa. Son de tamaño pequeño y mediano y están encuadradas dentro de la fábrica 5 y la 5A. El desarrollo de su perfil hace que puedan encajar

dentro de las tapaderas o de los cuencos, no pudiendo aportar más información al respecto.

Por último, hemos registrado dos piezas de distintas características y desarrollo formal que podían encuadrarse dentro del grupo de las jarras (fig. 6.16: 8-9), grupo que no se ha podido constatar dentro de la tradición indígena de esta zona. Las registramos en Agra dos Castros y la zona 2 de Viladonga y no hemos podido contemplar ningún paralelo debido a su mal estado de conservación y su escaso desarrollo.

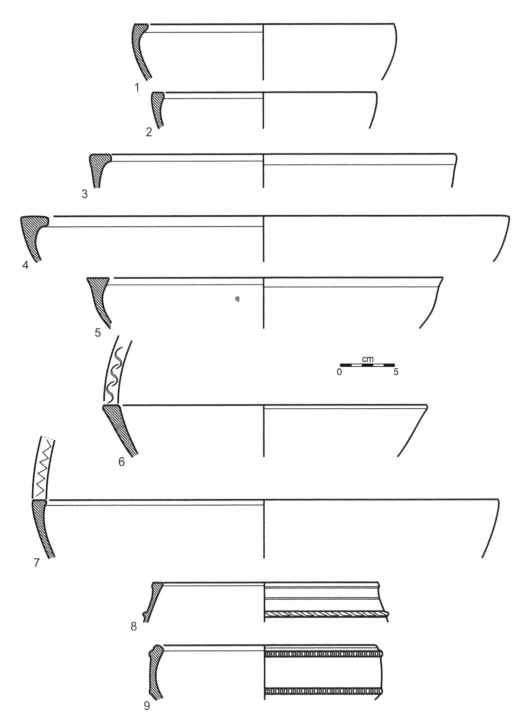

Fig. 6.15. Cerámica de tradición indígena. Cuencos del grupo 2 (1-7). Otros cuencos (8-9).

A nivel morfotecnológico se trata de una producción compuesta por ollas, cuencos, tapaderas y un par de jarras de adscripción dudosa. Mayoritariamente presentan pastas oscuras: grises, negras o marrones, con núcleos del mismo color o con fractura bicolor, una cocción irregular que en ocasiones produce varios colores a lo largo de la superficie de la pieza y en su núcleo y una fuerte presencia de desgrasantes de cuarzo y mica. Algunas piezas, especialmente las tapaderas y las ollas del grupo 2, muestran unos acabados algo más cuidados, con alisados más intensos y unas pastas más depuradas.

Hemos constatado cierta continuidad morfotecnológica en casi toda esta producción a lo largo de los siglos. Por destacar algunas variaciones formales, parece que el grosor de las paredes, especialmente en la zona del borde, va disminuyendo, así como la longitud de estos, documentando también una menor presencia decorativa y un paulatino abandono de la decoración plástica como recurso estético, exceptuando algunos ejemplos como las ollas del grupo 3. Respecto a la decoración, algunas de estas cerámicas, como muchas de las ollas que hemos documentado en el grupo 1, suelen recibir el nombre de "cerámicas de decoración bruñida" por presentar líneas bruñidas verticales, horizontales y oblicuas en la cara externa del cuerpo. Estas cerámicas son tratadas como una producción propia del Noroeste de la Península Ibérica (Maya González, 1988: 155, Hidalgo Cuñarro, 1985; Manzano Hernández, 1986), que incluso se ha puesto en relación con producciones foráneas como la *Black-Burnished Industry* de la *Britania* (Peacock, 1977) y la *terra nigra* de la *Galia* y la zona belga (Truffeau-

Libre, 1980 Paunier, 1981), conformando un conjunto de tradición indígena que se considera como una producción característica de la zona atlántica del Imperio.

Este conjunto tiene una fuerte presencia en todos los yacimientos estudiados. Lo hemos documentado de manera predominante en el castro de Saa y en la zona 1 y 2 del castro de Viladonga, y aparece complementando a la cerámica común romana en todos los sondeos del castro de Agra dos Castros. En lo referente a la zona objeto de estudio esta producción está presente en un momento inmediatamente anterior al cambio de Era, continúa sin grandes cambios durante los primeros siglos de la dominación romana y comienza a desaparecer hacía época bajoimperial, así que cronológicamente se puede situar, preliminarmente y a la espera de nuevos datos, entre el s. I a.C. al s. III d.C. O bien se trata de una producción que continúa con una serie de técnicas y formas que ya se usaban en momentos inmediatamente anteriores a la conquista romana, o bien simplemente se trata de una producción regional que pudo tener sus orígenes en los primeros momentos de dicha conquista, como ya se apunta en otros lugares (Berrocal-Rangel, 2002: 165). En ambos casos se trata de una serie de recipientes que continuarán elaborándose durante época romana.

A grandes rasgos, la cerámica documentada muestra paralelos con la cerámica de tradición indígena de la mayoría de los castros del Noroeste de la Península Ibérica. Las similitudes más fuertes que hemos podido corroborar son las que hemos establecido con castros de la zona interior de Lugo, como el castro de Zoñán (Vigo García,

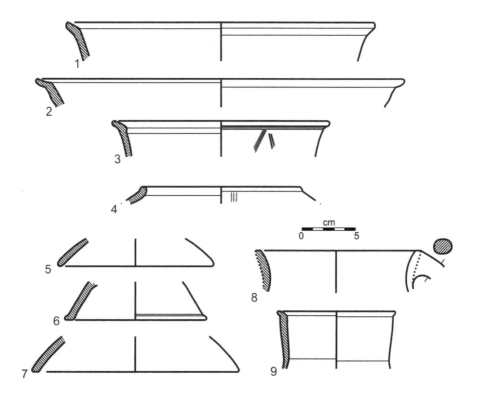

Fig. 6.16. Cerámica de tradición indígena. Otras formas (1-9).

2007), el castro de Castromaior (López González et al., 2007), el castro de Vixil (Ramil Rego, 1997a), castros de la costa lucense como Punta do Castro (Lozano Hermida et al, 2015) y el castro de Fazouro (Barbi Alonso, 1991), y yacimientos del occidente asturiano, como la cerámica de tradición astur documentada en el castro de Coaña (Maya González, 1988). Estas similitudes se desvanecen a medida que se establecen comparaciones con yacimientos del sur de Galicia, el Norte de Portugal y la costa atlántica (Rey Castiñeira, 1991), y lo mismo ocurre hacia el este, hacia la zona de Zamora (Esparza Arroyo, 1987) y León (Carretero Vaquero, 2000), con muchos tipos que aquí no se han documentado, así como unas características tecnológicas y decorativas distintas a las presentes en las colecciones estudiadas.

6.1.4. Subgrupo de cerámica común altoimperial

A lo largo del s. I d.C. la cerámica de tradición indígena comienza a variar algunas de sus técnicas de elaboración, produciendo cerámicas con pastas más depuradas, paredes más finas, un tratamiento superficial más cuidado basado en frecuentes alisados, bruñidos y cepillados especialmente en la cara interna de la pieza. Esto no se produce en perjuicio de las técnicas anteriores que, como se ha visto, permanecerán en la mayoría de las piezas documentadas a lo largo del s. I y II d.C. y que, en cierta medida, también permanecerán en este subgrupo en forma de tratamientos superficiales como el bruñido o el cepillado, el facetado en la cara interna del borde y la presencia de motivos decorativos considerados como propios de la tradición indígena como las retículas bruñidas o la decoración plástica.

Otra de las características principales de este subgrupo, además de las novedades tecnológicas, serán las novedades formales. En grupos como las ollas y los cuencos hemos encontrado variabilidades morfológicas que se constatarán más adelante dentro de la cerámica común romana, junto con un aumento del ajuar que se traduce en una presencia marginal de vasos, platos y fuentes que parecen venir a complementar a la producción de tradición indígena. Estas nuevas formas también se constatarán más adelante en algunos de los tipos de la cerámica común romana.

6.1.4.1. Ollas

Este es el grupo formal más representado. Hemos identificado un amplio conjunto de ollas de borde con desplazamiento horizontal abierto y cuerpo convexo (fig. 6.17), adscritas a la fábrica 5A y 6, de tamaño mediano y grande. Estas ollas, documentadas en la zona 1 y 3 del castro de Viladonga, en todos los sondeos del castro de Agra dos Castros y, muy profusamente, en el castro de Saa, tienen relación con las L1 de *Lucus Augusti* y con las ollas de borde facetado del Chao Samartín, ambos cronológicamente adscritos al s. I d.C. (Hevia González y Montes López, 2009: 88; Alcorta Irastorza, 2001:87). Los recipientes documentados no reúnen todas las características adscritas a esta forma, como es el caso de

la "decoración de arquerías o decoración estampillada" de las L1. Las "ollas de borde facetado" del castro del Chao Samartín, son ollas con el mismo desarrollo formal y tecnológico que las de las colecciones estudiadas y que, además, también han sido puestas en relación con las L1 lucenses.

Estos tipos, característicos del s. I d.C., en palabras de algunos autores (Hevia González y Montes López, 2009: 88) son susceptibles de perdurar también lo largo del s. II d.C. En relación con esto se puede establecer un paralelo entre estos recipientes y el grupo "cerrados 09" del castro de Zoñán (Vigo García, 2007: 197), lo cual, sumado a su identificación también en la zona 3 de Viladonga, corroborarían esta hipótesis inicial. También hemos encontrado paralelos con las "ollas de cerámica nativa del grupo 1" documentadas en el castro de Cuiñas (Ramil Rego, 1997b: 135-136, fig. 2-3) en A Fonsagrada, situado cronológicamente entre el s. I y el IV d.C.

Dentro de este conjunto hemos diferenciado un grupo con las mismas características que el anterior, pero de mayores dimensiones (fig. 6.17: 8-9). Estas ollas tan solo están presentes en el castro de Saa y están relacionadas con el conjunto L7 de *Lucus Augusti* como ollas de almacenaje, también situadas dentro del marco del s. I d.C. en la ciudad.

Hemos documentado un conjunto de ollas de labio redondeado, borde oblicuo y cuerpo que comienza con un desarrollo casi cóncavo para ir variando hacia una curva convexa (fig. 6.18: 1-5) que se adscriben dentro de la variante L1C de *Lucus Augusti*. Están vinculadas a la fábrica 6, tienen tamaño mediano y, aunque se documentaron en todos los yacimientos estudiados, muestran una especial incidencia en el castro de Saa, donde registramos todos los recipientes decorados en forma de bandas de líneas incisas oblicuas paralelas en la parte media del cuerpo, en su cara externa (fig. 6.18: 5). También en Saa documentamos un par de ejemplares con decoración estampillada de "arquerías" (fig. 6.18: 3). Según algunos autores, estas técnicas decorativas estarían "ligadas a tradiciones anteriores y se impondrían durante estos años hasta la época Flavia" (Alcorta Irastorza, 2005a: 1; Maya González y Cuesta Toribio, 2001: 191).

Dentro del grupo de las ollas también hemos registrado un conjunto de recipientes de borde oblicuo de corto desarrollo, cuello oblicuo o cóncavo, seguido por un cuerpo convexo (fig. 6.18: 6-8) Son de tamaño mediano. Estas piezas se asemejan a la variante de las ollas del grupo 2 (fig. 6.9) en su desarrollo formal, sin embargo, presentan unas pastas naranjas más depuradas, huellas de torno lento con fuertes cepillados y alisados en la cara interna de la pieza y abundantes desgrasantes de cuarzo en la superficie externa que las diferencian y que podían constituirse como una variante dentro de la fábrica 6, por eso se encuentran dentro de este subgrupo. Aunque también presentan similitudes formales respecto al grupo L1C, difieren tecnológicamente y carecen de decoración.

Están presentes mayoritariamente en el castro de Saa, con un par de dudosos ejemplos en Agra dos Castros, lo que hace pensar en una posible producción local.

Hemos identificado dos pequeños conjuntos. El primero (fig. 6.18, 9) está compuesto por un par de recipientes de tamaño mediano, borde oblicuo con un ligero rehundimiento en la cara interna del mismo y cuerpo convexo. Guardan similitudes con el grupo L9

de *Lucus Augusti*, se adscriben a la fábrica 6, y fueron documentados en la zona 1 de Viladonga y en el castro de Saa, constituyendo otro ejemplo de recipientes relacionados con una forma documentada dentro del siglo I d.C. (Alcorta Irastorza, 2001: 107).

En el segundo (fig. 6.18:10), hemos agrupado un conjunto de bordes de desplazamiento horizontal abierto con un hundimiento en la cara interna, probablemente para la

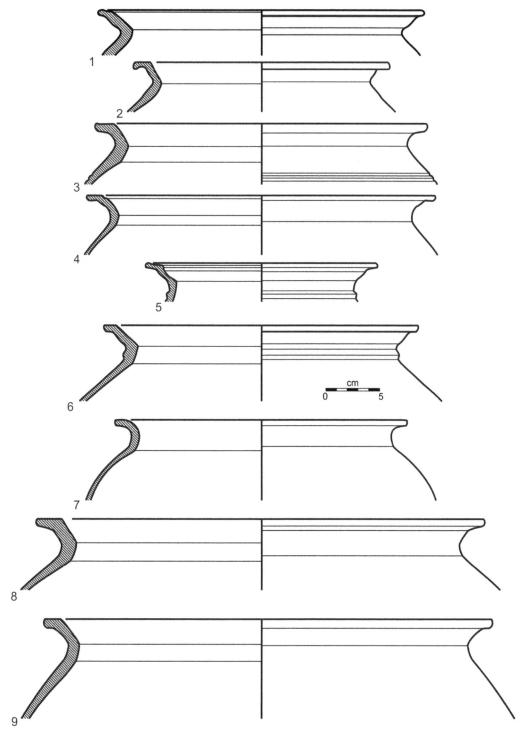

Fig. 6.17. Cerámica común altoimperial. Ollas (1-9).

utilización de una tapadera, a los que les sigue un cuello prácticamente recto u oblicuo que recuerdan a las jarras L5 de *Lucus Augusti*, pero el escaso desarrollo del perfil no permite asegurar si continúa con el desarrollo formal característico de este grupo. Estos bordes están adscritos a la fábrica 6, tienen un tamaño pequeño y mediano y podrían estar presentes en el castro de Saa. El L5 se adscribe al s. I d.C. (Alcorta Irastorza, 2001: 99).

La documentación de estas ollas en la mayoría de los yacimientos parece obedecer, más que una sustitución de las formas anteriores, a una complementación dentro del ajuar cerámico, y su elaboración no va en detrimento del consumo del resto de las ollas de tradición indígena, que seguirán identificándose en gran medida en todos los contextos estudiados.

6.1.4.2. Cuencos

Tan solo hemos identificado un pequeño conjunto de cuencos L12 (Fig. 6.19, 3-5), documentados en *Lucus Augusti* durante el s. I d.C. (Alcorta Irastorza, 2001: 111). Son de pequeñas dimensiones y presentan un desarrollo característico, con el labio apuntado y la carena en la parte media del cuerpo convexo. Este conjunto solo estará documentado en Agra dos Castros.

Hemos diferenciado tres recipientes de mayores dimensiones (fig. 6.19: 1-2), en la zona 3 de Viladonga que formalmente recuerdan vagamente a los L12, pero se apartan demasiado de esta forma como para adscribirlos. Todos estos cuencos están dentro de la fábrica 6 o 5A y son de tamaño mediano.

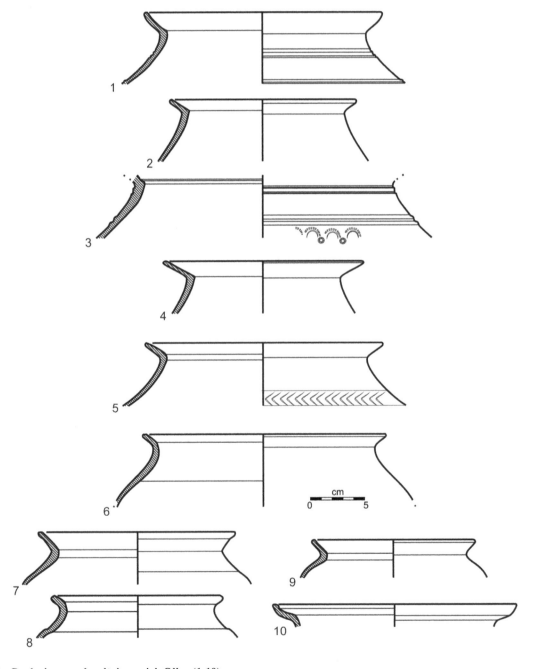

Fig. 6.18. Cerámica común altoimperial. Ollas (1-10).

El grupo de los cuencos es muy reducido dentro de este subgrupo, lo que hace pensar que, durante estos primeros siglos se continuará empleando de manera predominante los cuencos del grupo 1 y 2 de la cerámica de tradición indígena, documentados profusamente en todos los yacimientos a excepción de Agra dos Castros.

6.1.4.2. Vasos

Una de las novedades más importantes dentro de este subgrupo será la introducción de pequeños vasos de borde oblicuo de corto desarrollo y cuerpo ligeramente convexo, en ocasiones casi recto (fig. 6.19: 6-11). Están adscritos a la fábrica 6 y los relacionamos directamente con los vasos L16 de *Lucus Augusti*, documentados también en Asturias bajo el nombre de "tazón monoansado de fabricación regional" (Hevia González y Montes López, 2009: 50). Estos vasos se caracterizan por presentar una decoración de retícula bruñida en la parte media externa del cuerpo, encuadrada entre dos líneas acanaladas horizontales. Ambos tipos están situados dentro del s. I d.C. (Alcorta Irastorza, 2001: 264, Hevia González y Montes López, 2009: 50) y son considerados precursores de los vasos tipo V1 de la cerámica común romana (Hevia González y Montes López, 2009: 50), de similar desarrollo formal, pero fabricados ya con técnicas romanas. En la muestra estudiada, la mayoría de ellos los documentamos en el castro de Agra dos Castros, a excepción de dos piezas, situadas en la zona 1 y 2 del castro de Viladonga.

6.1.4.3. Platos y fuentes

Dentro de este subgrupo altoimperial también hemos documentado la introducción, muy marginal, de recipientes formales asociados con los platos y las fuentes.

Identificamos el primer ejemplo de un plato asociado a una producción de tradición indígena en esta zona. Se trata de un plato de cuerpo convexo oblicuo abierto y base plana que presenta una pequeña visera en la cara interna del borde, en su parte superior, probablemente para el empleo de una tapadera (fig. 6.20: 13). Tiene tamaño mediano y está adscrito a la fábrica 6. Este plato se encuadra dentro del L17 de *Lucus Augusti*, situado en el s. I d.C. (Alcorta Irastorza, 2001: 125), y únicamente los documentamos en Agra dos Castros. También guarda cierta similitud con las "cazuelas bajas de fondo plano" documentadas en el Chao Samartín para el s. I d.C. (Hevia González y Montes López, 2009: 73-76).

Diferenciamos un pequeño conjunto de fuentes con visera oblicua partiendo de la zona inferior del cuerpo. Las tres primeras (fig. 6.20, 6-7), documentadas en la zona 1 y 3 de Viladonga y en el castro de Saa, se caracterizan por presentar un tamaño bastante pequeño, inferior a los 13 cm de diámetro máximo. La última (fig. 6.20: 8), de grandes dimensiones, presenta una morfología peculiar. Tienen una factura poco cuidada, que las enmarca dentro de la fábrica 5A. En ambos casos, el primer conjunto debido a su

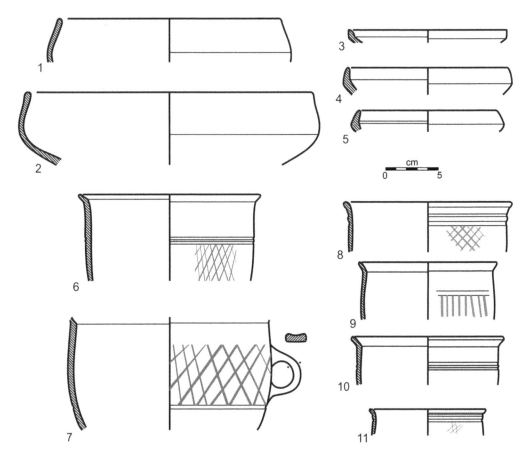

Fig. 6.19. Cerámica común altoimperial. Cuencos (1-5) y vasos (6-11).

reducido tamaño y el segundo por causa de su morfología, presentan diferencias respecto al L19 o el posterior F1 de *Lucus Augusti*. Para las primeras, encontramos similitudes con una pieza documentada en el castro de Zoñán (Vigo García, 2007: 164), lo que las puede situar en un contexto del s. II d.C.

La aparición de estos dos grupos formales se produce de manera muy lenta y progresiva, documentándose a lo largo del s. I d.C. pocos ejemplos de recipientes asociados a estas formas. En el s. II d.C., la introducción de los nuevos grupos romanos vendrá a complementar el ajuar a este respecto con los platos grises, las fuentes de diverso tipo y los platos de imitación de engobe rojo pompeyano.

6.1.4.4. Otros

En esta categoría agrupamos los recipientes que no hemos incluido dentro del resto de los grupos formales documentados debido a su escaso volumen o sus características diferenciadoras. Destacamos los dos ejemplares relacionados con el castro del Chao Samartín

documentados en el castro de Agra dos Castros (Hevia González y Montes López, 2009: 76-80): la "cazuela troncocónica" y la "cazuela de fondo plano" (fig. 6.20: 10-11). Estos recipientes, adscritos a la fábrica 6 y para los que no tenemos más paralelos en la muestra estudiada o dentro de las formas lucenses, se asemejan a los recipientes asturianos cronológicamente situados dentro del s. I d.C., y constituyen otro ejemplo de formas no documentadas anteriormente dentro de la cerámica de tradición indígena.

Incluimos en este apartado dos tazas identificadas en la zona 1 del castro de Viladonga (fig. 6.20: 3-4), puestas en relación con las "tazas carenadas monoansadas" del castro del Chao Samartín (Hevia González y Montes López, 2009: 51, fig. 34-35), por la similitud morfotecnológica de las piezas. Este tipo se encuentra situado en el s. I d.C.

En el yacimiento de Agra dos Castros documentamos varios fragmentos de borde y cuerpo de lo que podrían ser ollas que presentan un engobe rojo cubriendo la cara interna de la pieza (fig. 6.20: 1-2). Ya hemos apuntado a

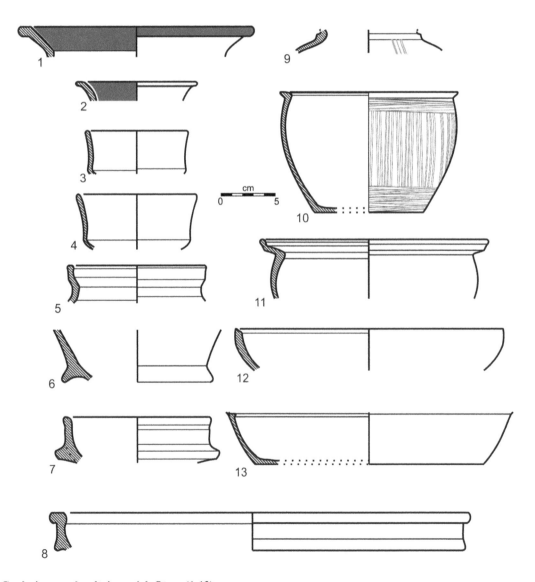

Fig. 6.20. Cerámica común altoimperial. Otros (1-13).

que estos fragmentos, demasiado reducidos como para hacer grandes inferencias sobre ellos, se pueden poner en relación con las ollas de fabricación regional altoimperial engobadas del Chao Samartín (Hevia González y Montes López, 2009: 71) y las ollas engobadas tempranas de *Lucus Augusti* (Alcorta Irastorza, 2005b), elaboradas durante los s. I y II d.C. En este apartado también incluimos una pequeña pieza de pastas naranjas que muestra un engobe en la cara interna de la misma y que se asemeja a los vasitos anaranjados ovoides engobados del s. II d.C. (Hevia González y Montes López, 2009: 102) del castro del Chao Samartín.

Diferenciamos también dos piezas de pequeñas dimensiones documentadas en el castro de Saa que podrían corresponderse con jarras de boca ancha de la cerámica común romana (fig. 6.20: 5). Sin embargo, sus características tecnológicas las alejan de este tipo de producciones.

En último lugar, documentamos en la zona 3 de Viladonga una pieza (fig. 6.20: 12) adscrita dentro de la fábrica 6 y para la que no se ha encontrado ningún paralelo. Su morfología permite adscribirla tanto dentro del grupo de los cuencos como de las tapaderas y, aunque se asemeja a ciertos tipos de la cerámica común romana, como los platos de borde bífido (Vegas, 1973: 43-44; Serrano Ramos, 2000), el desarrollo del labio, oblicuo en su cara interna, no acaba de encajar dentro de ningún forma conocida.

Este subgrupo de la cerámica común altoimperial está documentado en todos los yacimientos estudiados, cobrando especial relevancia en la zona 1 de Viladonga, en el castro de Saa y en el castro de Agra dos Castros. En él hemos podido constatar la continuidad de técnicas y tradiciones de la cerámica de tradición indígena como el empleo del torno lento, el uso del bruñido o el cepillado, junto con motivos decorativos como la retícula bruñida y, en ocasiones, la decoración plástica en cerámicas fabricadas ya en época romana. Al mismo tiempo también hemos podido observar la influencia romana en la introducción de formas cerámicas nuevas como los platos, los vasos o las fuentes, que comenzarán a ser elaborados a partir del s. I d.C. todavía con técnicas propias de la tradición indígena. El vaso L16 o las ollas facetadas de borde horizontal son buena muestra de este proceso de hibridación cultural ya que, a finales del s. I d.C. comenzarán a elaborarse con técnicas propias del mundo romano.

Este tipo de ajuares cerámicos serán característicos en muchas zonas del Noroeste durante los primeros siglos de la dominación romana, se han documentado en Lugo (Alcorta Irastorza, 2001), Asturias (Hevia González y Montes López, 2009, Berrocal-Rangel, 2002: 164) y el Norte de Portugal (Soeiro, 1981). Esta cerámica presenta en su haber técnicas, decoraciones y formas propias de dos culturas diferenciadas, sirviendo de ejemplo de lo que debió suponer el proceso de hibridación cultural en este territorio.

6.2. Cerámica común romana

Este conjunto de producciones también se muestra como una parte importante de las colecciones estudiadas, aunque su presencia, al contrario que la de la cerámica indígena variará significativamente de un yacimiento a otro dependiendo del área y la época a la que pertenezcan los contextos estudiados.

Para estructurar este apartado, dado que la mayoría de las piezas analizadas se corresponden a formas y tipos ya conocidos y estudiados en la bibliografía, se describirá brevemente cada conjunto formal, constatando su presencia en los yacimientos estudiados y que relación establecen respecto a las otras producciones.

6.2.1. Ollas

Este conjunto es el más abundante dentro de la cerámica común romana. Se compone principalmente de ollas de labio redondeado, borde oblicuo o cóncavo y cuerpo convexo, relacionadas con las formas O1 (fig. 6.21: 1-4), O2 (fig. 6.21: 5-10) y O24 (fig. 6.22: 1-4), con una presencia reducida de otros tipos como el O5 (fig. 6.22: 5-6) y el O6 (fig. 6.22: 10).

Son ollas de tamaño mediano, a excepción de las ollitas O24 que muestran un tamaño pequeño. Están vinculadas a la fábricas 1 y, en menor medida, a la 2, y no suelen presentar ningún tipo de decoración, exceptuando líneas rectas verticales paralelas bruñidas en la cara externa del cuerpo de algunas O24 y las acanaladuras horizontales paralelas rectas u onduladas en la parte superior del cuerpo que caracterizan a las O5 y las O6.

En un conjunto aparte hemos agrupado un grupo de recipientes de similares características morfotecnológicas que las ollas mencionadas pero que presentan un tamaño más grande (fig. 6.22: 7-9). Su desarrollo del perfil es demasiado escaso para saber si tienen relación con el tipo O12, caracterizado por un modelo decorativo a base de líneas bruñidas en la parte media del cuerpo, por lo que las hemos agrupado bajo la categoría de "recipientes de grandes dimensiones".

Identificamos un conjunto de recipientes de labio redondeado, borde oblicuo con un ligero rehundimiento en su cara interna y un cuello cóncavo u oblicuo. Tienen dimensiones variables, de tamaño pequeño y grande, y se adscriben tanto a la fábrica 1 como a la fábrica 2 (fig. 6.23: 6-10). El escaso desarrollo de su perfil hace que las más pequeñas puedan clasificarse tanto dentro de las O3 como dentro de las J1, tipos de características muy similares. Hemos encuadrado dentro de las O3 los recipientes con restos de exposición al fuego y una factura menos cuidada por considerarse estos como ollas de cocina.

Todos estos tipos de ollas tienen un amplio marco cronológico, documentándose en Lugo desde el s. II al V d.C., a excepción de las O5 y las O6, que se registran tan solo durante los siglos IV y V d.C. (Alcorta Irastorza, 2001). Las O1, la O2 y la O24, están identificadas en todos los yacimientos estudiados, coincidiendo con la cronología de la ciudad, la O3 solo la documentamos en Agra dos Castros, también encajando dentro del amplio marco cronológico que se le da en *Lucus Augusti*. Las O5 y la O6 las identificamos en su mayoría en Agra dos Castros, lo que viene a contrastar con su carácter tardío, ya que el resto de los materiales presentes en el yacimiento son característicos de épocas más tempranas. Esto quizás esté indicando una cronología más amplia para estas ollas, que podrían considerarse como una variante dentro de las ollas O1 y O2.

El estudio de este conjunto de ollas ha recogido varias similitudes formales que pueden limitar el desarrollo de la investigación. Los parecidos entre las O3 y las J1, o los que documentamos en todas las ollas O1, O2, O24, O5 y O6, puede estar limitando la información que extraemos de estas piezas. Una revisión sobre estas formas, agrupando aquellas muy similares como las O1, las O2 y O5, por ejemplo, podría ayudar a acotar mejor una cronología que, por el momento, es muy genérica, así como plantear una secuencia evolutiva para las mismas. Debido a estos problemas, de momento la identificación de este conjunto de ollas no índica mucho, más allá de mostrar la progresiva introducción de producciones romanas en los yacimientos estudiados.

Identificamos un pequeño conjunto de ollas (fig. 6.23: 1-5) de borde con desplazamiento horizontal abierto u oblicuo engrosado en la parte de inflexión con el cuerpo convexo, lo

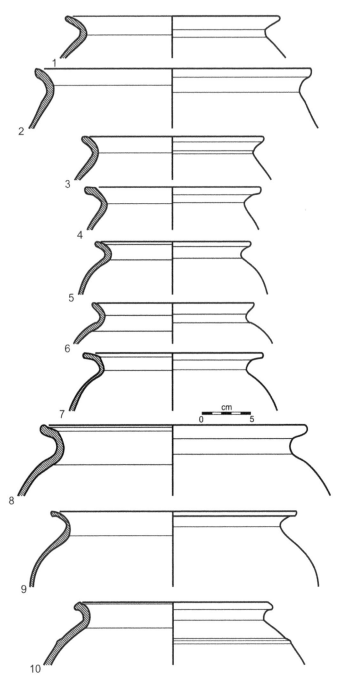

Fig. 6.21. Cerámica común romana. Ollas (1-10).

que confiere una sección al borde prácticamente triangular (Alcorta Irastorza, 2001:207). Estas ollas, documentadas en la zona 1, 3 y 4 de Viladonga, tienen un tamaño mediano y presentan una factura poco cuidada, situada entre la fábrica 1 y la 5, sin pertenecer a ninguna de las dos. Las cerámicas documentadas no poseen decoración, y una de las piezas (6.23: 3) presenta un ligero cepillado en la cara externa del cuerpo.

En un principio este conjunto fue adscrito dentro de las ollas O7 de *Lucus Augusti* u "ollas de borde triangular"

cronológicamente situadas en los siglos IV y V d.C., pero recientes estudios han documentado la presencia de la llamada "cerámica común no torneada de difusión aquitano-tarraconense" en la zona norte de Lugo (Lozano Hermida et al., 2016), de iguales características morfotecnológicas que estas O7, lo que hacen pensar en una relación más que probable con estas ollas de importación CNT-AQTA (Esteban Delgado et al., 2008), estableciendo un origen foráneo al que ya apunta Alcorta (2001:208-210) en su estudio y entrando la zona estudiada dentro del marco de distribución secundario al que apunta

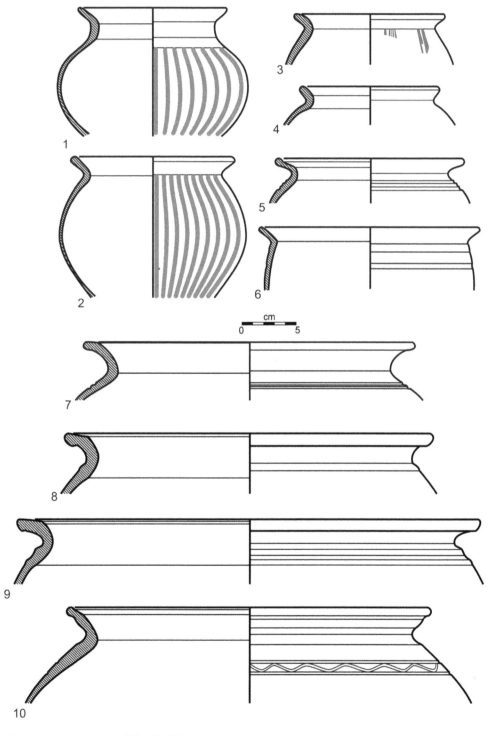

Fig. 6.22. Cerámica común romana. Ollas (1-10).

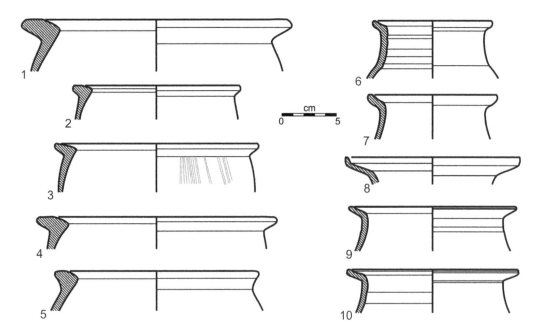

Fig. 6.23. Cerámica común romana. Ollas (1-10).

Aguarod Otal en sus trabajos (2017: 48-49). Dentro de las CNT, a nivel macroscópico estas piezas parecen encajar dentro de la fábrica G1 (Esteban Delgado et al., 2012: 27) y su cronología es mucho más amplia que la dada para las O7, estableciendo un marco que va del s. I al V d.C.

La identificación de esta producción en castros del entorno de *Lucus Augusti* como Viladonga puede estar indicando una mayor conexión entre los pueblos de la zona y las redes comerciales existentes en la época, especialmente con la red comercial cantábrica, a través de la cual ya sabemos que se introducían este tipo de productos en el Norte de Lugo (Lozano et al., 2016).

6.2.2. Jarras

El conjunto de las jarras, que no hemos documentado de manera clara dentro de la cerámica de tradición indígena tampoco es muy abundante dentro de la cerámica común romana de los yacimientos estudiados. Las identificando solo en Viladonga y Agra dos Castros, junto con un pequeño fragmento en muy mal estado de conservación procedente de los niveles superficiales del castro de Saa. Como dificultad añadida debemos destacar que la mayor parte de las piezas presentan un desarrollo del perfil muy escaso y un gran deterioro superficial, por lo que ha sido muy difícil adscribirlas a tipos concretos o incluso dilucidar si se trataban de jarras o de otro recipiente.

Hemos podido identificar un pequeño conjunto de J1 (fig. 6.24: 1-3) caracterizado por una embocadura amplia, una transición entre el cuello y el cuerpo poco marcada y unas dimensiones pequeñas. En algunas de estas piezas hemos podido documentar un asa acanalada de sección ovalada que parte de la zona superior del borde hasta la parte

superior del cuerpo. Estas jarras se documentan en *Lucus Augusti* desde finales del s II hasta el s. IV d.C. (Alcorta Irastorza, 2001: 280) y las registramos en la zona 1 y 3 de Viladonga, coincidiendo con las fechas en las que aparece en la ciudad.

Este tipo tiene en su definición formal el mismo problema que se pudo ver con las ollas O3, que imposibilita discernir en ocasiones donde clasificar estas piezas. Finalmente resolvimos incluir dentro de las J1 los recipientes que presentan una factura más cuidada, los adscritos dentro de la fábrica 2 y que carecen de marcas de exposición al fuego. Estos recipientes son descritos como servicio de mesa por lo que, en principio, no debería tener las mismas características tecnológicas que la O3.

Otro conjunto que hemos podido identificar es el de las jarras engobadas Ej1 (fig. 6.24: 12) y Ej2 (fig. 6.24: 10) características de los s. IV y V d.C. en *Lucus Augusti* (Alcorta, 2001: 295 y 298). Se trata de jarras de la fábrica 3 que presentan bordes rectos o cóncavos de pequeñas dimensiones seguidos por un cuello recto u oblicuo de largo desarrollo. Están adscritos a la fábrica 2. Con tan solo un par de piezas identificadas en la zona 3 de Viladonga, aparecen de manera muy marginal debido a que muchos de los bordes susceptibles de ser clasificados como Ej1 (fig. 6.24, 13-14) y Ej2 (fig. 6.24, 9 y 11) no presentan o no han conservado el engobe superficial que define a estas jarras y les da nombre.

Hemos diferenciado un conjunto de 3 recipientes de mayores dimensiones (fig. 6.24: 7-8) que se asemejan a los cántaros biansados de *Lucus Augusti*, llamados J7 (Alcorta Irastorza, 2001: 293). Estos recipientes, adscritos a la fábrica 3, presentan labio redondeado y borde oblicuo

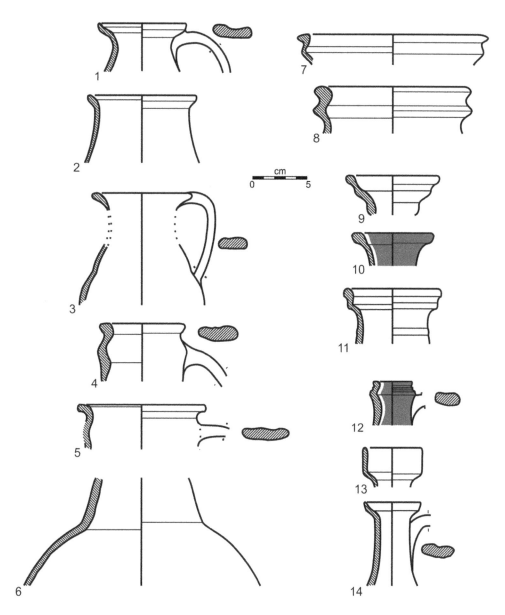

Fig. 6.24. Cerámica común romana. Jarras (1-14).

seguido por un cuello convexo. Aunque formalmente coinciden con las características del grupo, la falta de asas en los fragmentos analizados los aleja de las características definidas para esta forma.

En último lugar hemos agrupado todos los bordes que, debido al escaso desarrollo del perfil no han podido ser encajados dentro de ninguna forma conocida (fig. 6.24, 4-6). Muchos de ellos pueden relacionarse con las JT de *Lucus Augusti* del s. I d.C. (Alcorta Irastorza, 2001: 547), un grupo muy genérico de piezas de distintas características agrupadas bajo la denominación de "jarras tempranas" y que, realmente, son un conjunto heterogéneo en el que se pueden incluir la mayoría de las jarras documentadas en Viladonga y Agra dos Castros.

El principal problema que hemos detectado en el estudio de este conjunto es la estricta definición de los grupos de jarras que se encuentran en la bibliografía de base, lo cual,

sumado a la alta fragmentación de la muestra y su gran deterioro superficial, ha generado una gran imprecisión a la hora de identificar y clasificar las jarras que se han conservado dentro de las colecciones estudiadas.

6.2.3. *Vasos*

El conjunto de los vasos, aunque reducido, es de especial relevancia. Su pequeño tamaño y sus características tecnológicas y decorativas hacen que estas piezas sean fáciles de identificar y clasificar, aportando bastante información a pesar de su alta fragmentación. Dentro de las colecciones estudiadas, documentamos en Viladonga y Agra dos Castros los tipos V1, V2, marginalmente en Agra dos Castros el V3 y, por último, un único ejemplo de V4 en Viladonga.

Uno de los conjuntos más importantes es el de los vasos V1 (fig. 6.25, 7-10) que ya hemos puesto en relación con los vasos L16 de la cerámica común altoimperial. Este conjunto, de similares características que el anterior, presenta borde corto oblicuo, cuerpo convexo con una carena en la zona baja y pie realzado. Sus dimensiones y su decoración son las mismas, con recipientes de tamaño pequeño y decoración de retícula bruñida o de líneas rectas verticales bruñidas paralelas en la cara externa del cuerpo, enmarcada entre dos líneas acanaladas rectas horizontales. A nivel tecnológico es donde se diferencian del L16, adscribiéndose todos a la fábrica 2 y presentando una factura más cuidada, con líneas más suaves, esquinas redondeadas, marcas de torno rápido y una menor presencia de desgrasantes. Respecto a su cronología, en la ciudad de *Lucus Augusti* se documentan a continuación del anterior, desde finales del s. I d.C. hasta finales del s. III d.C. (Alcorta Irastorza, 2001: 264). En Agra dos Castros están presentes a lo largo del s. I y II d.C. y en el castro de Viladonga se registra en la zona 4 del yacimiento, situándose en un contexto algo más tardío.

Los vasos V2 (fig. 6.25: 1-6), aunque presentes en mayor medida que los V1, solo aparecen en el castro de Viladonga. Se trata de unos vasitos de borde oblicuo, seguidos sin una inflexión que los diferencie por un cuello cóncavo y ligeramente alargado que cambia, nuevamente sin inflexión, hacia un cuerpo convexo. Son recipientes de tamaño pequeño, están adscritos a la fábrica 2 y suelen presentar decoración, o bien en forma de líneas acanaladas horizontales rectas paralelas en la cara externa del cuerpo, en la parte baja, o líneas rectas paralelas bruñidas en la zona externa del cuello. En *Lucus Augusti* se registran desde finales del s. II hasta principios del s. IV d.C. (Alcorta, 2001: 267), mientras que en los yacimientos estudiados están documentados en la zona 1, 3 y 4 del castro de Viladonga, coincidiendo con la cronología dada para la ciudad.

Hemos identificado un V3 (fig. 6.25: 10) de cuello corto oblicuo y cuerpo convexo y pequeñas dimensiones. Este vaso se ha documentado desde finales del s. I d.C. hasta mediados del s. II d.C. en la ciudad de *Lucus Augusti* (Alcorta Irastorza, 2001: 271). También guarda similitud con los *vasa potoria* del castro del Chao Samartín (Hevia González y Montes López, 2009: 104) situados en el s. II d.C. Lo hemos identificado en el castro de Agra dos Castros, yacimiento enmarcado dentro de las mismas fechas altoimperiales.

Por último, hemos identificado un pequeño fragmento que podría constituir el único ejemplo documentado de vaso V4 (fig. 6.25: 11). Vasitos similares a los V2, pero con engobe en la cara externa del cuerpo y un hombro marcado en la parte superior del cuerpo. Este recipiente está presente en *Lucus Augusti* entre el s. II y el III d.C.

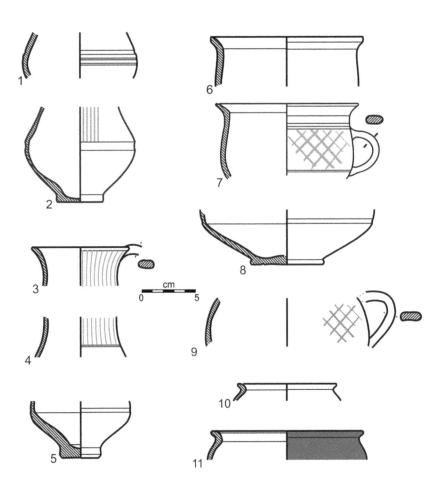

Fig. 6.25. Cerámica común romana. Vasos (1-11).

(Alcorta Irastorza, 2001: 274) y los registramos en la zona 4 del castro de Viladonga, coincidiendo con los siglos finales de esta cronología.

6.2.4. Cuencos

El grupo de los cuencos es amplio y variado dentro de las colecciones estudiadas. Lo documentamos principalmente en el castro de Viladonga, registrándose en Agra dos Castros de manera marginal, quizás por la fuerte predominancia de las fuentes, y estando prácticamente ausentes en el castro de Saa.

Los cuencos C3, están bien representados en la zona 1 y 3 del castro de Viladonga (fig. 6.26: 1-5). Se trata de unos recipientes de labio plano u oblicuo interno, un borde con un ligero desplazamiento horizontal cerrado y cuerpo convexo oblicuo abierto. Sus dimensiones son amplias, de tamaño mediano y grande y se encuentran adscritos a la fábrica 2. Este cuenco se ha documentado en *Lucus Augusti* entre el s. I-II d.C. (Alcorta, 2001: 332), pero, teniendo en cuenta los contextos donde aparece en el castro de Viladonga, podemos proponer una cronología algo mayor para estos cuencos, extendiéndola por lo menos hasta el s. III d.C.

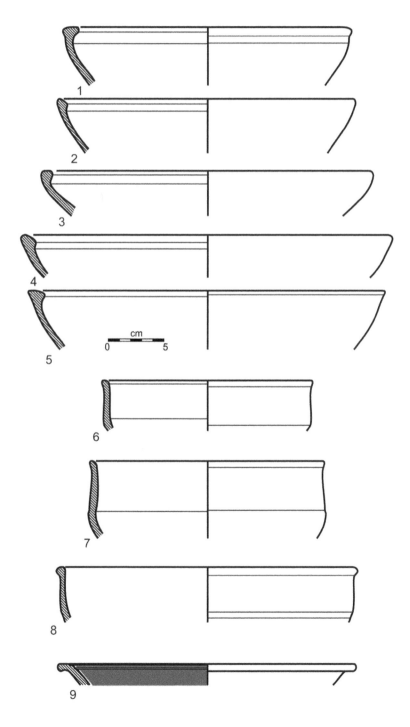

Fig. 6.26. Cerámica común romana. Cuencos (1-9).

El único ejemplo documentado de cuenco EC1 (fig. 6.26: 9) lo identificamos en Agra dos Castros. Se trata de un cuenco engobado de borde con desplazamiento horizontal abierto y cuerpo convexo oblicuo abierto, de tamaño mediano, adscrito a la fábrica 3. Este cuenco está enmarcado en los s. II-IV d.C. (Alcorta Irastorza, 2001: 325), coincidiendo en los primeros siglos con la cronología de Agra dos Castros.

Hemos agrupado un conjunto de cuencos que no hemos podido relacionar con los recipientes lucenses (fig. 6.26: 6-8). Se trata de recipientes con labio redondeado, ligeramente engrosado hacia el exterior y cuerpo convexo oblicuo abierto que presenta, en algunos casos, una carena en su zona inferior. Se adscriben a la fábrica 2 y presentan un tamaño mediano. Fueron documentados en la zona 1 de Viladonga y recuerdan vagamente al tipo C2 de *Lucus Augusti* por el engrosamiento del labio y la carena, pero difieren demasiado formalmente como para adscribirlos con total certeza.

Hemos estudiado un pequeño conjunto de recipientes de borde redondeado, cuerpo convexo oblicuo abierto, base plana y una visera oblicua de sección triangular en la parte superior del cuerpo (fig. 6.2: 1-3) en el castro de Saa y en Agra dos Castros. Aunque, por sus características formales podrían encajar dentro del grupo de los platos o de las fuentes, se asemejan a los cuencos C5 de *Lucus Augusti* debido a la presencia de visera en la parte superior del cuerpo. Pensamos que estos cuencos C5, para los que en la ciudad no se ha documentado un desarrollo formal completo (Alcorta Irastorza, 2001: 335), podrían presentar un cuerpo convexo oblicuo abierto y base plana, tal y como está documentado en la muestra estudiada, asemejándose más al grupo de los platos que al de los cuencos.

Hemos agrupado varios cuencos de características diversas para los que no hemos encontrado paralelos dentro de la bibliografía lucense, pero que están documentados dentro de la cerámica común romana. Todos se encuentran adscritos a la fábrica 1 y proceden del castro de Saa. El primero (fig. 6.27: 6) se relaciona con cuencos la forma Mezq. 67 de la TSH (Beltrán Lloris, 1990: 129, fig. 52,449) y con el tipo 22 de Vegas (Vegas, 1973: 61). El segundo (fig. 6.27: 7) muestra similitudes con los llamados "cuencos de borde entrante" de *Petavonium* (Carretero Vaquero, 2000: 667) de época altoimperial.

Hemos documentado dos recipientes que, por su escaso desarrollo del perfil son difíciles de adscribir a una forma concreta. Uno de ellos (fig. 6.27: 4), lo identificamos en la zona 4 del castro de Viladonga y es un cuenco de borde horizontal característico dentro de la cerámica común romana tanto en la zona de Lugo (Alcorta Irastorza, 2001:325-328), como en otras zonas del Imperio (Carretero Vaquero, 2000: 693).

El último cuenco, procedente de Agra dos Castros (fig. 6.27: 5), se corresponde a un recipiente con un desarrollo formal poco claro de peculiar factura para el que no podemos establecer ningún paralelo.

La presencia de cuencos de diverso tipo, con paralelos que no se corresponden con las formas documentadas en *Lucus Augusti* dentro de los yacimientos estudiados, puede estar indicando una mayor influencia de otros núcleos de romanización cercanos a los castros, hablándonos de una primera y tímida difusión de las formas romanas en los primeros momentos del cambio de Era, recipientes que pudieron haber llegado a lugares como el castro de Saa a través de vías de comunicación secundarias.

6.2.5. *Fuentes*

En esta categoría hemos clasificado un grupo de recipientes (fig. 6.27: 8-11), documentados en la zona 1 y 4 de Viladonga y el castro de Saa, que hemos incluido dentro del grupo de las fuentes por su similitud con ciertos tipos documentados en el campamento de *Petavonium* (Carretero Vaquero, 2000: 689-690), donde se ponen en relación con ciertas formas de la TSH, en la zona de la Meseta Central (Blanco García, 2017: 189), y con ciertas formas presentes en las fuentes o cuencos tardías de pastas grises (Alcorta Irastorza, 2001: 384). Sus diferencias morfotecnológicas las alejan de estas formas.

El grupo de las fuentes debe su gran presencia principalmente al amplio conjunto de F1 (fig. 6.28) documentado en el castro de Agra dos Castros. Estas fuentes de labio redondeado o engrosado, cuerpo convexo oblicuo abierto y visera oblicua de sección triangular en la parte inferior externa del cuerpo las identificamos únicamente en este yacimiento. Están adscritas a la fábrica 1, tienen un tamaño mediano y grande y suelen presentar decoración en forma de líneas acanaladas o espatuladas en la cara externa del cuerpo, bajo el borde o en la parte superior de la visera, documentándose un recipiente con una línea acanalada ondulada dispuesta horizontalmente en la cara interna del cuerpo (fig. 6.28: 6).

Teniendo en cuenta que en este yacimiento apenas hemos documentado otros cuencos o fuentes como los cuencos de tradición indígena documentados en el castro de Saa y de Viladonga, esto está indicando el predominio de una producción sobre otra. Su presencia resulta aún más notable habida cuenta que no hemos identificado fuentes F1 ni en las zonas analizadas del castro de Viladonga, yacimiento con numerosos tipos romanos documentados, ni en el castro de Saa. Desconocemos a qué se debe la fuerte presencia de F1 en este yacimiento, más allá de la cercanía de la ciudad y de la incierta utilización de esa zona del castro para algún tipo de actividad artesanal (Bartolomé Abraira, 2008b). Esta fuente se documenta en *Lucus Augusti* desde el s. II al s. V d.C. (Alcora Irastorza, 2001: 341), coincidiendo, debido a su amplio marco cronológico, con la cronología dada para Agra dos Castros. Está documentada también en el castro del Chao Samartín a lo largo del s. II d.C. (Hevia González y Montes López, 2009: 132).

En otro grupo (fig. 6.29) hemos agrupado todos los fragmentos de labio redondeado y cuerpo convexo oblicuo abierto, susceptibles de formar parte de los tipos F2 o F1, pero sin haber conservado el fragmento analizado el suficiente desarrollo como para constatar la presencia de una visera o de una carena. Estas piezas están presentes en todos los yacimientos estudiados, con especial incidencia en Agra dos Castros, en contraste con la única pieza documentada en el castro de Saa (fig. 6.29: 10) de paredes finas y forma más convexa. Esta especial incidencia en Agra dos Castros puede ser una consecuencia de la amplia presencia de fuentes F1, que dejan estos restos de bordes

de los que simplemente no se ha conservado desarrollo formal ni visera.

En un grupo más reducido hemos documentado las fuentes Ep6 (fig. 6.30: 9-10) presentes en la zona 1 y 3 de Viladonga, con un borde con desplazamiento horizontal abierto y líneas acanaladas paralelas en la parte superior del mismo. Estas piezas se encuentran engobadas y tienen un tamaño mediano. Estos platos tienen una cronología tardía en *Lucus Augusti* que va del s. IV al V d.C. (Alcorta Irastorza, 2001:354).

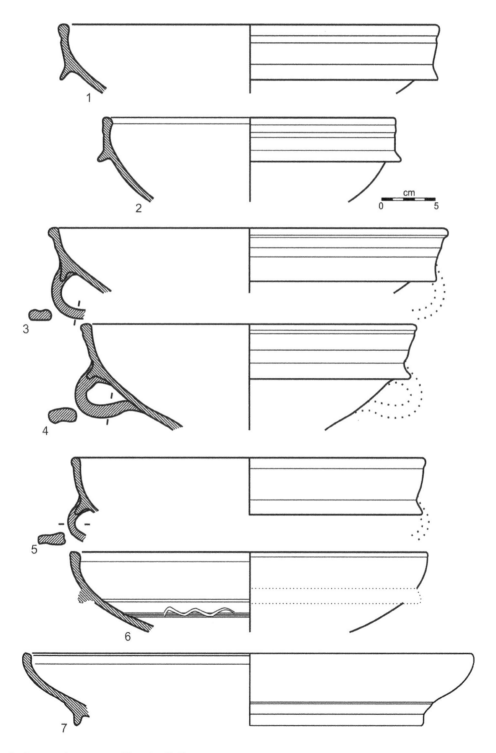

Fig. 6.28. Cerámica común romana. Fuentes (1-7).

Hemos diferenciado dos recipientes de tamaño mediano de la zona 1 y 3 del castro de Viladonga (fig. 6.30: 4-5) para los que no hemos encontrado paralelos en la bibliografía lucense. Los dos presentan un engrosamiento del labio, uno de ellos hacia fuera y el otro hacia adentro, seguido por un cuerpo convexo oblicuo abierto y una base plana. Uno de ellos (fig. 6.31: 5) se asemeja a la forma Halt. 75B (Beltrán Lloris, 1990: 209, fig. 101, 931) y el otro (fig. 6.31: 4) a varias formas documentadas por Vegas (1973: 46), ambos tipos asociados a imitaciones de producciones itálicas de época augustea.

6.2.6. *Platos*

Los platos, documentados todos en Viladonga y Agra dos Castros, se introducen de manera efectiva con la entrada de las formas de la cerámica común romana, no presentando una gran variedad formal. La mayoría de ellos pueden adscribirse dentro del grupo P1 (fig. 6.31, 1-3) o platos grises de *Lucus Augusti*, o dentro del amplio grupo de los EP (Fig. 6.30, 1-8), platos de imitación de engobe rojo pompeyano. Formalmente, estos dos grupos presentan recipientes de labio redondeado u oblicuo interior, cuerpo

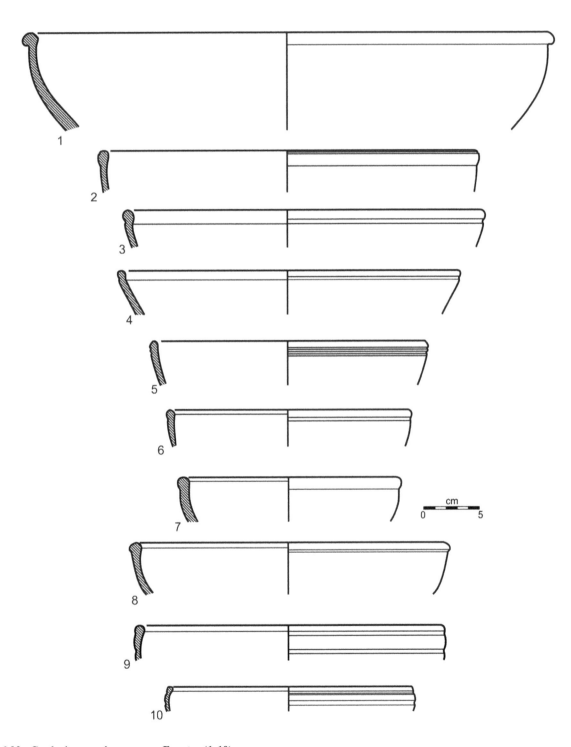

Fig. 6.29. Cerámica común romana. Fuentes (1-10).

oblicuo o convexo oblicuo abierto y base plana. En cuanto a sus dimensiones, son recipientes de tamaño mediano.

Estas producciones de engobe rojo, documentadas en todo el Imperio, guardan especial interés en esta zona por tratarse de "una imitación provincial de gran calidad" (Aguarod Otal, 2017: 38). Las pastas, analizadas por en estudios previos (Lapuente et al., 1996) son muy características y de buena factura, dándole nombre a una

fábrica que en un principio se denominó como "taller de las micas" (Aguarod Otal, 1991) y que, en la actualidad, se conoce como "engobe rojo tipo lucense" (Aguarod Otal, 2017: 38; Alcorta et al., 2014).

La mayoría de estos platos se inscriben dentro de la fábrica 3 y tienen una larga adscripción cronológica, entre el s. II y el V d.C. (Alcorta Irastorza, 2001).

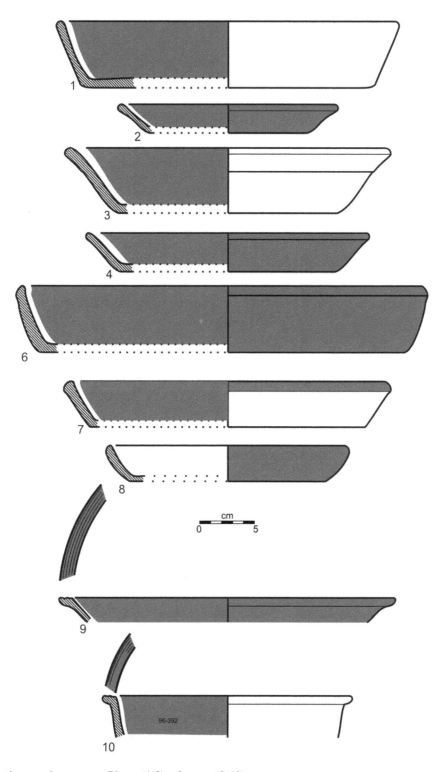

Fig. 6.30. Cerámica común romana. Platos (1-8) y fuentes (9-10).

6.2.7. *Otros*

En este apartado hemos agrupado recipientes documentados de manera muy marginal. El grupo de los morteros (fig. 6.31: 6-8), fueron identificados en el castro de Viladonga y en el castro de Saa. Los dos primeros (fig. 6.31: 7-8), proceden de la zona 1 y 4 del castro de Viladonga y comparten características muy similares. Se trata de dos pequeños fragmentos de borde con desplazamiento horizontal abierto, cuerpo convexo oblicuo abierto y pico vertedor en la parte superior del borde, una de las piezas (fig. 6.31: 7) muestra dos líneas acanaladas paralelas en la cara externa superior del borde. Son de tamaño mediano y grande y presentan unas pastas ocres, poco cuidadas, con abundantes desgrasantes en la superficie interna de la pieza. Estos morteros parecen una producción regional semejante a la documentada en *Lucus Augusti* bajo el nombre de M3 (Alcorta Irastorza, 2001: 306), situados en época altoimperial y que presentan una gran diversidad morfológica. Su presencia en la zona 4 de

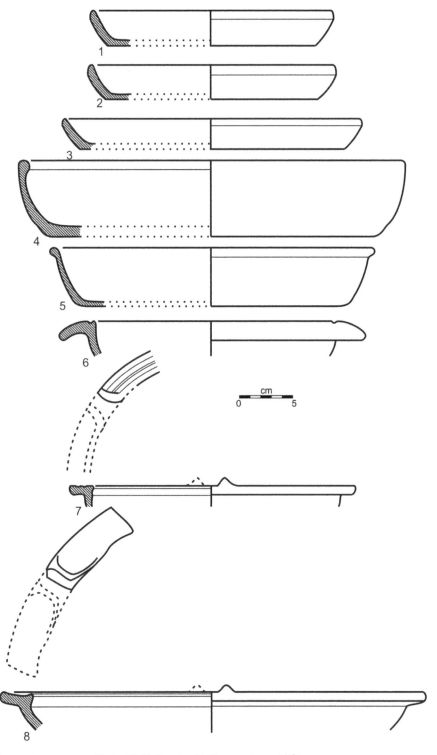

Fig. 6.31. Cerámica común romana. Platos (1-3), fuentes (4-5) y morteros (6-8).

Viladonga sugiere una continuidad de este recipiente a lo largo de la época bajoimperial.

El tercer mortero (fig. 6.31, 6), lo identificamos en el castro de Saa y, a pesar de que no presenta un pico vertedor, tiene una morfotecnología que lo inscribe dentro de este grupo. Lo relacionamos con los dramont 2 (Aguarod Otal, 1991: 140; Alcorta Irastorza, 2001: 151) del s. I d.C., aunque no coincide en pastas a los descritos para la ciudad, pudiendo inferir esto otra procedencia.

En un grupo aparte hemos registrado tres fragmentos que se asemejan a los tiestos TR de *Lucus Augusti* (fig. 6.32: 4-5) recipientes de grandes dimensiones empleados para el almacenaje, de base plana y cuerpo oblicuo con paredes bastante gruesas y pastas asociadas a la fábrica 3, caracterizadas por un fuerte color naranja en superficie y fractura tipo sándwich, además de fuertes líneas de torno rápido en la cara interna del cuerpo.

Este grupo tiene una cronología en la ciudad que sitúa su presencia desde finales del s. I d.C. hasta el s. IV d.C. (Alcorta Irastorza, 2001: 303). Dentro de los yacimientos estudiados, los hemos documentado tanto en Agra dos Castros como en la zona 1 del castro de Viladonga, donde no entra en contradicción con esta amplia cronología.

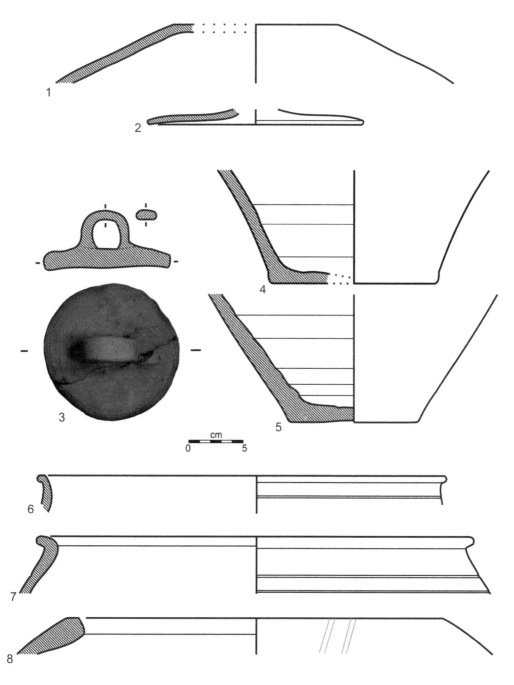

Fig. 6.32. Cerámica común romana. Otros (1-8).

Dentro del grupo de las tapaderas, hemos documentado dos en Agra dos Castros y una tercera, de características peculiares, en la zona 4 del castro de Viladonga. Las dos primeras (fig. 6.32, 1-2) son de manufactura sencilla, una de ellas presenta una base plana y un cuerpo oblicuo, mientras que la otra tiene un cuerpo cóncavo acabado en un labio redondeado. Sus dimensiones son de tamaño mediano y grande y ambas están en la fábrica 1. Sus características morfotecnológicas las acercan a formas conocidas, como las tapaderas T1 de amplia cronología, adscritas al s. II – V d.C. en la ciudad de *Lucus Augusti* (Alcorta Irastorza, 2001: 256).

La tercera tapadera (fig. 6.32: 3) tiene una morfotecnología que difiere del resto. Presenta un cuerpo plano de paredes gruesas y labios redondeados y un asa en la zona superior del cuerpo, en su parte central. Tiene un tamaño pequeño y unas pastas marrones, con desgrasantes micáceos en la superficie y un somero alisado en toda la pieza. Parece hecha a mano y presenta una decoración de líneas incisas onduladas en la parte superior del cuerpo, próxima al labio. Esta pieza, de carácter único, parece de fabricación local por sus características tecnológicas y no hemos encontrado paralelos para ella.

Hemos documentado un conjunto recipientes de grandes dimensiones que pueden corresponderse con algún tipo de *dolia* (fig. 6.32: 6-8) documentados todos en el castro de Agra dos Castros. Se trata de tres fragmentos, los dos primeros de labio redondeado, borde con un ligero desplazamiento horizontal abierto u oblicuo y cuerpo convexo, y el tercero de borde con desplazamiento horizontal cerrado y cuerpo convexo. El último fragmento presenta dos líneas bruñidas oblicuas rectas paralelas en la cara externa del cuerpo. Se adscriben dentro de la fábrica 5A, tienen líneas de torno rápido y recuerdan vagamente a ciertas formas de *dolia* tipo O11 (Alcorta Irastorza, 2001: 219).

6.2.8. Imitaciones/Importaciones

Hemos dejado para este apartado todas aquellas piezas que presentan características formales que recuerdan a otras producciones cerámicas, pero que están elaboradas con técnicas no asociadas a dicha producción, no pudiendo distinguir con los datos de los que disponemos si se tratan de imitaciones locales o de imitaciones procedentes de otros lugares del Imperio. A excepción de una pieza procedente de Agra dos Castros, la mayor parte de este conjunto fue documentado en el castro de Viladonga.

Hemos identificado un conjunto de piezas que parecen imitar o reproducir una producción tardía que ha recibido distintos nombres a lo largo de los años. Se trata de cerámicas de pastas grises o anaranjadas que, en un principio, se pusieron en relación con las *sigillatas*, denominándose "*sigillatas* paleocristianas grises y anaranjadas" (Rigoir, 1968). Esta denominación surge partir de unos talleres localizados en la zona meridional de Francia con una actividad centrada en el s. IV, V y VII cuyo final es difícil de precisar (Nozal Calvo, 1995: 14). Debido a su

cronología, posteriormente se las conoció como "*sigillatas* paleocristianas" y más adelante, para evitar confusiones con otras producciones, se las llamó "derivadas de las *sigillatas* paleocristianas" (Rigoir, 1972). Estas producciones se documentaron en la Península Ibérica considerándose en un principio como importaciones (Palol, 1949; Rigoir, 1971) y posteriormente como imitaciones de los alfares hispanos, denominándose entonces "*sigillata* hispánica tardía Imitación de la Paleocristiana" (Caballero Zoreda y Argente Oliver, 1975). En la actualidad algunos autores (Martínez Peñín, 2016, Uscatescu Barrón et al., 1994) denominan a estas producciones de manera más genérica como "*terra sigillata gálica* tardía (TSGT) o DSP".

Dentro de estas producciones hemos documentado un pequeño cuenco pequeño procedente de la zona 1 de Viladonga (fig. 6.33: 3) con una característica decoración estampillada a ruedecilla, y un recipiente prácticamente completo documentado en la zona 4 de Viladonga (fig. 6.33: 8), que se asemeja a la forma Rigoir 7 (Rigoir, 1968: 223), de la TSGT o DSP, aunque con pastas naranjas y engobe en ambas caras del cuerpo.

Por último, hemos agrupado todas las fuentes relacionadas con esta producción y adscritas también a las denominadas como GT1 (fig. 6.33: 1 y 4) y GT3 (fig. 6.33: 2) de *Lucus Augusti*. Todas ellas pertenecen a la zona 3 y 4 del castro de Viladonga y se adscriben dentro de las cerámicas grises finas tardías de la ciudad, una producción local relacionada con la TSHT o la TSGT (Alcorta Irastorza, 2001: 383).

Hemos documentado piezas que se asemejan a otras producciones de la *terra sigillata*. Hemos identificado una fuente que se asemeja a la forma Hayes 59 de la TSHT (fig. 6.33: 5). Sus características tecnológicas la acercan a la fábrica 3, semejante a la factura que presentan los platos engobados, y se encuentra recubierta de engobe en ambas superficies. Este recipiente documentado en la zona 4 del castro de Viladonga, se recoge en la ciudad de *Lucus Augusti* bajo el nombre de I59 y se le da una cronología tardía, del s. IV al V d.C. (Alcorta Irastorza, 2001: 379), coincidente con el contexto en el que se documentó en Viladonga.

Hemos identificado varios cuencos (fig. 6.33, 6-7 y 10) de la zona 1 y 4 de Viladonga que recuerdan a la forma Drag. 27, y que se asemejan a los I27 de *Lucus Augusti*. La única diferencia entre estas piezas reside en unos orificios en la parte central del cuerpo de una de ellas (fig. 6.33: 7), lo que sugiere que este tipo de recipientes pudieron tener cierta pervivencia en el tiempo y reutilizarse para otra función que la que tenían en un primer momento.

En último lugar hemos documentado una pieza procedente de Agra dos Castros relacionada con los recipientes I29 de *Lucus Augusti* (Alcorta Irastorza, 2001: 131) documentados en el s. I d.C. en la ciudad, coincidiendo con la cronología altoimperial de Agra dos Castros.

Aunque no descartamos, dada su marginalidad, que la presencia de estas piezas se deba a la consecuencia de una importación puntual a través de distintas redes comerciales, cuando comparamos sus características tecnológicas con las del resto de la cerámica común romana documentada, encontramos que, en muchos casos, presentan bastantes similitudes. Teniendo en cuenta que también se han identificado en la ciudad de *Lucus Augusti* (Alcorta Irastorza, 2001) proponemos una elaboración local o regional de estas producciones.

La cerámica común romana se ha documentado en la mayoría de los yacimientos estudiados. La hemos identificado en casi todas las zonas del castro de Viladonga

y en Agra dos Castros, siendo la excepción el castro de Saa, con tan solo un pequeño conjunto identificado. Más que aportar grandes precisiones cronológicas, su presencia o su ausencia puede ofrecer datos acerca de los contactos de las sociedades que vivían en estos lugares y las influencias que recibían de su entorno.

La cerámica común romana estudiada en los yacimientos seleccionados tiene fuertes paralelos con el resto de las colecciones documentadas en el área lucense. Sus características morfotecnológicas difieren de las documentadas en otras zonas como en el área bracarense

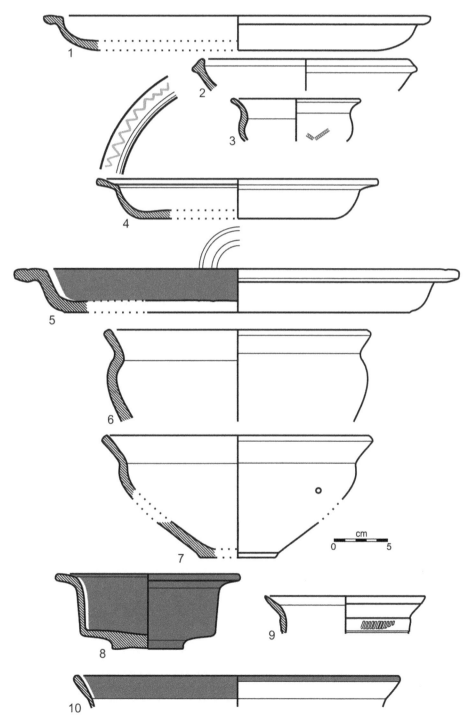

Fig. 6.33. Cerámica común romana. Imitaciones (1-10).

(Gomes, 2000; Leite, 1997; Delgado et al., 2009, Barbazán et al., 2019) la zona asturicense (Morillo Cerdán et al., 2005); o en la zona emeritense (Bustamante Álvarez, 2011) y se aproximan a las descritas para la ciudad (Alcorta Irastorza, 2001) o zonas próximas de la Asturias trasmontana (Hevia González y Montes López, 2009). A pesar de estos paralelos, no estamos en disposición de afirmar con los datos de los que disponemos que estas cerámicas hayan sido fabricadas en la ciudad o en el entorno de la ciudad. Los hornos documentados hasta la fecha, someramente estudiados (Alcorta et al, 2009-2010; Alcorta et al., 2014; Carrera Ramírez et al, 1989), no han ofrecido restos de producción fallida u otro tipo de datos que reflejen la implementación de esta producción en la ciudad.

Si comparamos la cerámica romana con la cerámica de tradición indígena en los primeros momentos de la dominación romana, se constata que muchos tipos, como las ollas o los cuencos, complementan a la cerámica de tradición indígena, mientras que otros vienen a ampliar este ajuar, como las jarras, los vasos, los platos y otras formas como los morteros que, aunque presentes en menor medida, también son significativos por lo que indican acerca de los cambios en los gustos de consumo. A medida que pasan los siglos esta cerámica prevalecerá sobre la de tradición indígena, variando sus formas y sus técnicas de fabricación, mostrándose más cuidada y con un ajuar más variado donde comienzan a proliferar, bien por importación bien por imitación, producciones de otras zonas del Imperio romano.

A lo largo de este estudio hemos podido constatar los problemas de clasificación a los que se aludía en el apartado metodológico. La imprecisión a la hora de definir unos grupos formales claros con formas que, en ocasiones, muestran características casi idénticas, dificulta la clasificación de las piezas estudiadas. También hemos comprobado como algunos criterios de clasificación como la decoración, la presencia de engobe y la presencia de asa, lastran esa clasificación debido a la alta fragmentación de la muestra estudiada.

A pesar de todo esto, hay que tener en cuenta que las formas documentadas en *Lucus Augusti* son la base de referencia con la que contamos hasta la fecha, por lo que debe ser un estudio para tener en cuenta debido a la proximidad con las colecciones estudiadas y sus similitudes morfotecnológicas. Nos limitamos a proponer la revisión de algunas clasificaciones problemáticas, precisándolas y acotándolas con los datos nuevos que pueda aportar esta y otras investigaciones, para así agilizar la identificación de las cerámicas estudiadas.

6.3. Decoración

Tras el análisis realizado sobre las colecciones seleccionadas, hemos podido comprobar que la decoración no parece una característica fundamental dentro de la cerámica objeto de estudio, no documentándose en la mayoría de los recipientes identificados. A pesar de esta primera impresión, hemos podido registrar un buen número de técnicas decorativas y motivos diversos, tanto en la cerámica de tradición indígena como en la cerámica común romana, muchos de los cuales se han identificado sobre fragmentos de cuerpo, indicando que, de conservar el suficiente desarrollo formal, tal vez habría más recipientes decorados de los que hemos podido documentar en un principio.

Los métodos que hemos podido diferenciar en la cerámica común son de diverso tipo, resaltando la decoración incisa (fig. 6.34: 1-3, fig. 6.37: 2), y la decoración acanalada (fig. 6.34: 4, fig. 6.37: 5). que se documenta tanto en la cerámica de tradición indígena como en la cerámica común romana.

También hemos identificado decoración impresa o estampillada (fig. 6.34: 5-6, fig. 3.35, fig. 6.37: 1, 3-5), que habitualmente aparece junto otras técnicas como líneas rectas acanaladas y que, en su mayoría, está asociada a la cerámica común altoimperial, así como decoración plástica, documentada en la cerámica de tradición indígena (Fig. 4.10, 1-4 y 6).

Hemos registrado el uso de tratamientos superficiales en la cara externa de las pieza que podemos entender como decoración, se trata del bruñido (fig. 6.36, fig. 6.37: 6) o la decoración a peine o estriada (fig. 6.36: 1). El bruñido lo hemos documentado en toda la muestra estudiada, independientemente del tipo de producción, mientras que el cepillado lo hemos identificado en recipientes asociados a la cerámica de tradición indígena.

El empleo de estas técnicas tendrá como resultado la producción de una serie de motivos y patrones decorativos de diverso tipo. Dentro de la cerámica común suelen predominar los motivos geométricos compuestos principalmente por líneas rectas u onduladas que se presentan horizontales, verticales u oblicuas (fig. 6.34: 1-4, fig. 6.35: 6-8, fig. 6.36, fig. 6.37: 5-6). Estas líneas aparecen solas, agrupadas paralelamente, o entrecruzadas, formando en ocasiones un motivo reticulado compuesto por varias líneas oblicuas bruñidas que se cruzan de un lado a otro (fig. 6.36: 4; fig. 6.37: 6).

Dentro de los motivos geométricos también hemos documentado círculos consecutivos (fig. 6.35: 2-4), en ocasiones concéntricos, rosetas (fig. 6.37: 4) y bandas de puntos incisos dispuestos de forma oblicua o formando eses (fig. 6.35: 7-8). Los motivos vegetales o figurados serán escasos dentro de la cerámica común, siendo los últimos inexistentes, pero pueden ser habituales las bandas de decoración espigada o vegetal en la parte superior del borde (fig. 6.35: 1 y 6).

Los patrones decorativos son menos frecuentes, pero hemos documentado el uso de varias técnicas en una misma pieza, como la utilización de la decoración plástica junto con la técnica estampillada o incisa (fig. 6.37: 1-3), la presencia de decoración acanalada o cordones horizontales seguido por líneas bruñidas (fig. 6.37: 6), o piezas estampilladas con acanaladuras o cordones (fig.6.35: 4-8 y fig. 6.37: 4-5).

Fig. 6.34. Ejemplos de decoración incisa (1-3), acanalada (4) y estampillada (5-6).

Fig. 6.35. Ejemplos de decoración estampillada (1-8) con distintos motivos.

Fig. 6.36. Ejemplos de decoración bruñida (1-5).

Fig. 6.37. Ejemplos de técnicas compuestas (Fig. 1-6).

7

Conclusiones

Al principio de este trabajo explicábamos las distintas teorías a través de las cuales los investigadores han intentado definir el proceso según el cual los territorios conquistados se integraban dentro del mundo romano. Una de estas teorías apuntaba a la total aculturación de estos pueblos (Sánchez Albornoz, 1959), mientras que otras se decantaban por una escasa influencia del mundo romano dentro de algunos de los territorios integrados en la Romanidad (Blázquez Martínez, 1974). Con el paso de los años surgió una tercera vía donde se establecía que, teniendo en cuenta la cultura local preexistente y las características del territorio conquistado (Fernández Ochoa, 2006), lo que se produce con la entrada del mundo romano en un territorio es un intercambio cultural (Keay, 1996) que da lugar a un proceso bidireccional entre ambas sociedades que acabará en una cultura híbrida (Hales y Hodos, 2010).

Teniendo en cuenta la importancia de la cultura material para tratar de entender todos estos cambios, se estableció que la cerámica sería uno de los factores para tener en cuenta a la hora de interpretar la influencia romana dentro de un territorio determinado. A través de este estudio pretendíamos evaluar los cambios, las continuidades y la presencia o ausencia de formas, técnicas y gustos decorativos en las cerámicas de los distintos yacimientos estudiados.

Las producciones de tradición indígena no presentan una gran variedad formal y tecnológica. En el área próxima a la ciudad de *Lucus Augusti*, están constituidas por una serie de grupos formales que se repiten desde la costa hacia el interior de la provincia de Lugo, pasando por Punta do Castro (Lozano et al, 2015), el castro de Zoñán (Vigo García, 2007), el castro de Vixil (Ramil Rego, 1997) el castro de Viladonga (Arias Vilas, 1985) el castro de Saa (Ramil González, 2016) y el castro de Castromaior (López González et al., 2007) hasta la fecha.

Estás producciones se documentan en este estudio a lo largo del s. I a.C. hasta el s. IV d.C., constituyendo un importante ajuar cerámico dentro de los castros de esta zona durante los primeros siglos (s. I-II d.C.) de la dominación romana, el. El paso del tiempo no mermará el empleo de estas técnicas hasta bien entrada la época bajoimperial, aunque en este momento todavía documentamos continuidades relacionadas con estas cerámicas dentro de los propios recipientes romanos, que también irán cambiando y adaptándose a través del contacto con estas sociedades. Por el momento, el grueso de esta producción no parece estar documentada en la ciudad de *Lucus Augusti* salvo contadas excepciones y, aunque sí la recogemos en castros cercanos como Agra dos Castros, aparece en menor medida que en el resto de los yacimientos mencionados.

Todo esto indica una fuerte permanencia de este tipo de cerámicas en los castros de la zona, lo que refleja una producción elaborada para el autoconsumo dentro de las poblaciones rurales. Esta producción no verá afectado su consumo, por lo menos al inicio de la época romana, por las nuevas producciones.

El subgrupo de cerámica común altoimperial, se constata en todos los yacimientos estudiados, documentándose también en la ciudad de *Lucus Augusti* (Alcorta Irastorza, 2001) y la Asturias trasmontana (Hevia et al., 2009), siendo este un fenómeno extendido por todo el Noroeste de la Península Ibérica y una de las principales evidencias de los cambios producidos a lo largo del s. I d.C. Esta hibridación en la cerámica común no es característica solo de esta zona, sino que también se constatará en otras zonas como Zaragoza (Amaré Tafalla y Aguarod Otal, 1987) y la Rioja (Luezas Pascual, 2001), siendo buena muestra de la hibridación cultural y del intercambio cultural bidireccional a los que hacíamos mención al principio de este trabajo (Wolf, 1998).

La identificación de estos cambios en la cerámica de uso frecuente está indicando un proceso de adaptación dentro de la sociedad de la época, por un lado las técnicas y las formas romanas se van incorporando poco a poco dentro de las sociedades próximas a las ciudades o centros de distribución y, por otro, parece percibirse un deseo por parte de los alfareros locales de adaptarse a los cambios que se producen en los gustos, costumbres y necesidades de la población, acomodándose a esta demanda pero continuando la elaboración con las técnicas anteriores.

Respecto a las producciones romanas, su presencia en los yacimientos de la zona del entorno de la ciudad de *Lucus Augusti* será significativa, aunque no tanto como la de las producciones de tradición indígena, por lo menos hasta comenzar su crecimiento a lo largo del s. II d.C. hasta finales del s. V d.C. Poco a poco, se irán introduciendo nuevas formas y técnicas de elaboración, indicativos de un paulatino y progresivo cambio en los gustos y costumbres imperantes hasta el momento.

Aunque hemos documentado restos de cerámica romana en contextos anteriores al cambio de Era, esta cerámica comenzará a distribuirse de manera significativa a finales del s. I y el s. II, momento en el que todavía convive con las producciones de tradición indígena y en el que vemos como unas complementan a las otras, como es el caso de las ollas y los cuencos, mientras que en otros vendrá a completar el ajuar ya existente con la aportación de nuevas formas como las jarras de boca estrecha, los vasos, los platos engobados o los morteros.

También hemos documentado la presencia de otras producciones de especial interés para este estudio. Es el caso de las CNT-AQTA (Esteban et al., 2008) o las piezas que algunos (Alcorta Irastorza, 2001) denominan imitaciones de la *terra sigillata*, muchas de ellas de época tardía. Respecto a las primeras, de constatarse su procedencia foránea y teniendo en cuenta que se llegan a documentar en yacimientos del interior de Lugo como el castro de Viladonga, esto probaría la importancia de la red comercial cantábrica en el devenir de estas sociedades.

Respecto a las piezas relacionadas con ciertos tipos de la *terra sigillata*, su presencia es indicativo de un intento de los alfareros de la zona por elaborar cerámicas que se asemejen a ciertas producciones romanas, bien por satisfacer una demanda de consumo de unos recipientes que no se están importando en este territorio en ese momento o bien por hacerse un hueco en el mercado ofreciendo precios más competitivos.

Respecto al origen de estas producciones, hay que reseñar que los yacimientos objeto de estudio están todos situados en el entorno de *Lucus Augusti* y que en ellos no se ha documentado ningún resto asociado a la elaboración de este tipo de producciones, además hemos constatado la similitud formal y tecnológica de las piezas estudiadas con las documentadas en la ciudad, sin embargo por el momento en la provincia de Lugo solo conocemos la existencia de varios alfares en la ciudad (Alcorta et al, 2010) y alguna evidencia (Lozano et al., 2018) en la costa Los hornos documentados en la ciudad apenas han sido estudiados, y en ellos no se ha documentado evidencias de restos de producciones fallidos o datos que permitan asegurar la existencia de una gran industria alfarera en la ciudad.

A lo largo de esta investigación, hemos abordado el estudio de yacimientos de sobra conocidos como el castro de Viladonga, junto a otros menos excavados y de reciente descubrimiento como el castro de Saa y, en todos ellos, el estudio de las colecciones cerámicas nos ha permitido constatar algunas de las realidades que se debieron establecer en esta zona durante época romana.

El castro de Agra dos Castros nos ha permitido observar una de ellas. En este yacimiento, al que le hemos dado una cronología altoimperial con posibles ocupaciones en épocas más tardías, la influencia de los núcleos romanos es bastante importante si tenemos en cuenta la información que nos aporta la cerámica. En Agra dos Castros hemos documentado una presencia significativa de producciones romanas y de tradición indígena a lo largo de casi todas las zonas estudiadas. La realidad que se refleja en el castro es la de una dependencia o gusto mayor por las nuevas formas romanas, constatando una preferencia importante por los recipientes romanos y del subgrupo altoimperial, mientras que la cerámica de tradición indígena se reducirá a unas cuantas ollas, no registrándose apenas otras formas que sí documentamos en gran medida en el resto de los yacimientos, como los cuencos.

El subgrupo de cerámica común altoimperial, que prueba la creciente hibridación de ambas tradiciones, será aquí especialmente significativo, con formas no documentadas en la zona previamente como las cazuelas de Asturias, o el único ejemplar de plato indígena altoimperial L17 identificado dentro de las colecciones estudiadas. También hemos identificado en este yacimiento recipientes que no están representados en otras zonas de Lugo, como las fuentes con visera F1 o el I29.

Esta influencia se debe principalmente a la proximidad del castro respecto a la ciudad romana, posibilitando una mayor accesibilidad a las nuevas producciones que se estaban introduciendo en los primeros siglos después del cambio de Era. También pensamos que, teniendo en cuenta la poca superficie excavada y lo sectorial de las intervenciones que hasta el momento se han llevado a cabo en el lugar, Agra dos Castros se muestra como un yacimiento con un ajuar cerámico muy variado. De continuar esta dinámica en el resto del yacimiento, podría tratarse de un asentamiento muy rico en cuanto a restos cerámicos, que podría aportar mucha información al respecto de los cambios que se introdujeron durante los primeros siglos de la presencia romana en el territorio.

En oposición a Agra dos Castros, se encuentra el castro de Saa que, a pesar de que todo apunta a que se trata de un asentamiento contemporáneo al anterior, presenta una realidad totalmente diferente. Este yacimiento muestra una presencia mayoritaria de la cerámica de tradición indígena respecto a la romana, que documentamos de manera casi marginal. Este hecho puede deberse a su distancia respecto a la ciudad, lo cual puede provocar que la influencia de este núcleo tardara más en percibirse aquí, sin embargo hemos de tener en cuenta que en este yacimiento hemos documentado una gran presencia del subgrupo altoimperial del s. I d.C., con numerosos ejemplos que pueden ponerse en relación con la cerámica de tradición indígena que se registra en la ciudad de *Lucus Augusti* en el s. I d.C., como la importante colección de ollas L1 o de borde facetado con decoración estampillada y de arquerías, lo cual puede ser indicativo del comienzo de la influencia romana en la zona, aunque quizás de manera más sutil respecto a lo que hemos constatado en Agra dos Castros.

El castro de Viladonga, el único yacimiento donde se han podido estudiar zonas cronológicamente situadas entre el s. I a.C. /I d.C. y el s. V d.C., es un ejemplo del cambio que se producirá con el paso del tiempo en un lugar situado en el entorno de la ciudad, pero no próximo a ella, como en el caso de Agra dos Castros. Aquí hemos podido constatar los cambios de la cerámica común a lo largo de toda la época romana, documentándose la mayoría de las producciones recogidas a lo largo de esta investigación y pudiendo establecer un compendio de tipos y formas muy variado en el castro.

Podemos poner en relación los niveles más antiguos de la zona 1 y la zona 2 de Viladonga con Agra dos Castros y el castro de Saa, ya que son contemporáneos, sin embargo, volviendo al contraste del que hablábamos anteriormente, observamos una mayor similitud entre estas zonas y el castro de Saa, en detrimento de las semejanzas con Agra dos Castros. Ambas son zonas con abundante cerámica de tradición indígena, una gran presencia de recipientes de cerámica común altoimperial y una menor incidencia de la cerámica común romana, además de que los dos yacimientos comparten la mayoría de los tipos y formas identificadas. Observamos cómo, al igual que el castro de Saa, Viladonga tampoco muestra la temprana influencia romana de Agra dos Castros, tal vez debido a su mayor lejanía respecto a la ciudad. Esta similitud entre ambos castros puede también corroborar la cronología altoimperial que hemos propuesto a lo largo de este trabajo para los llamados niveles prerromanos del castro de Viladonga.

Al analizar el resto de las zonas del castro de Viladonga podemos apreciar como la realidad va cambiando con el paso de los siglos. La zona 3, con presencia tanto de cerámica de tradición indígena como romana, muestra una mayor similitud con Agra dos Castros, pero con tipos algo más tardíos que indican que en el caso de Viladonga esta influencia comenzó a dejar su huella a partir del s. II d.C. En las últimas zonas estudiadas, la zona 4 y la zona 5, constatamos ya la plena entrada del yacimiento en el mundo romano, al menos desde un punto de vista alfarero, con tan solo recipientes romanos documentados y piezas que parecen imitaciones relacionadas con producciones muy tardías. El estudio de este yacimiento permite comprobar como las distancias con los núcleos romanos se acortan con el paso de los siglos, mostrando un proceso integrador en la Romanidad que se produce de manera paulatina en los castros que presentan cierta distancia respecto a la ciudad y con un mayor impulso en aquellos focos de población muy próximos a ella.

A este respecto, apreciamos como los yacimientos de esta zona tienen realidades similares a los de otros de la zona norte de la provincia de Lugo, la costa lucense, o el occidente asturiano en lo referente a las similitudes de las características morfotecnológicas de las producciones de tradición indígena documentadas, al impacto de las nuevas técnicas romanas con la introducción de formas que tienen su correlación en la ciudad de *Lucus Augusti* y a la hibridación entre ambas tradiciones. Estas similitudes van desapareciendo a medida que nos dirigimos hacia otras zonas. Los yacimientos de la zona meridional de Galicia muestran una mayor relación con las producciones alfareras del área bracarense (Delgado et al., 2009; Barbazán Domínguez et al., 2019) en detrimento de la lucense. Hacia la costa atlántica, como ya recogía Fernández Ochoa (2006, 2015) en sus estudios sobre romanización, la dinámica también será distinta, con conjuntos indígenas de características morfotecnológicas muy diferentes a las de la zona estudiada (Rey Castiñeira, 1990) y producciones romanas de muy diverso tipo y procedencia, mientras que, hacia el este, en la zona de El Bierzo y Astorga, la influencia *astur* será mayor, con tipos no documentados en esta zona, mientras que la cerámica

de tradición indígena beberá de la influencia de los tipos *vacceos* (Carretero Vaquero, 2000).

El estudio de todas estas colecciones nos ha permitido confirmar los cambios en los ajuares cerámicos en el entorno de *Lucus Augusti* a lo largo de la época romana. Además de comprobar la influencia de las nuevas aportaciones que entrarán a lo largo de los primeros siglos del cambio de Era también hemos podido evidenciar el peso de las tradiciones regionales a través de la continuidad de formas y decoraciones incluso ya dentro de producciones plenamente romanas. Esto reafirma la teoría de "intercambio cultural" (Keay, 1996) de la que hablábamos al principio de este trabajo, dado que la cultura material, en este caso la cerámica, no nos permite sostener la hipótesis de una aculturación de los pueblos que aquí vivieron o de una total indiferencia de las sociedades indígenas respecto al mundo romano. Por el contrario, estamos ante una mezcla cultural que tendrá especial incidencia durante los s. I y II d.C., difuminándose en cierta manera con el paso de los siglos hacia una cultura más homogénea a medida que la integración en el mundo romano se hace de manera más progresiva.

A lo largo de esta investigación nos hemos encontrado con distintos problemas a los que hemos intentado dar solución. En un principio tratamos de establecer una secuencia cronológica para cada producción, esperábamos poder acotar fases bien diferenciadas basándonos en el contexto estratigráfico y la clasificación tipológica. La información estratigráfica de cada yacimiento es la que nos iba a proporcionar un contexto definido y la que nos permitiría establecer que producciones se hicieron antes, cuales se hicieron después y en qué orden se produjeron los cambios, dándonos las claves para entender su evolución.

En los inicios de la investigación resultó ser precisamente esta estratigrafía la que limitaría el avance de este estudio, encontrándonos con que, en muchos casos, carecíamos de un correcto registro estratigráfico en los yacimientos. La falta de referencias estratigráficas nos obligó a ralentizar el ritmo de nuestro análisis, deteniéndonos a evaluar si su estudio – faltando la estratigrafía – podría aportar los datos que necesitamos para la consecución de los objetivos que nos habíamos establecido en un principio, y obligándonos a replantear las bases de la investigación.

Los estudios de referencia sobre los que íbamos a apoyar el análisis cerámico, también resultaron ser un obstáculo en determinadas ocasiones debido a los problemas de base que presentaban en su definición y la amplia cronología de los tipos. Por todos estos motivos nos decantamos por el análisis en conjunto de las colecciones seleccionadas, atendiendo especialmente a sus características morfotecnológicas y comparándolas con las de otras zonas que sí contaban con un correcto registro estratigráfico. Esto nos permitió adquirir información pormenorizada e inédita sobre materiales y yacimientos que no se habían estudiado todavía y establecer un marco sobre el que poder trabajar en futuras investigaciones, analizando al mismo tiempo la huella producida sobre este territorio tras la llegada de Roma.

Pensamos que, para evitar estos problemas en estudios futuros, sería necesario acometer la revisión de algunos de los trabajos de base concretando algunas clasificaciones y unificando otras con los nuevos datos que aportan los estudios de las colecciones cerámicas. Además, la continuidad de excavaciones en la zona con el correcto registro estratigráfico ayudaría a precisar la cronología de algunos de estos recipientes, al tiempo que aportaría más información sobre los yacimientos estudiados. La realización de estudios arqueométricos también será un camino por seguir, ya que puede ayudar a dilucidar el origen de estas producciones, posibilitando un conocimiento mayor acerca de su procedencia y área de distribución. Por último, esperamos que la continuidad de los estudios sobre materiales en esta zona ayude a definir centros de producción y áreas de difusión que nos permitan seguir caracterizando todas estas producciones.

8

Conclusions

At the beginning of this work, we explained the different theories through which researchers had try to define the process according to which the conquered territories were integrated into the Roman world. One of those theories pointed to the total acculturation of those peoples (Sánchez Albornoz, 1959), while others chose a scant influence of the Roman world on some of the territories integrated into the Romanity (Blázquez Martínez, 1974). With the passing of years, a third branch was borne where it was stablished that, acknowledging the local pre-existing culture and the characteristics of the conquered territory (Fernandez Ochoa, 2006), what developed with the entry of the Roman world in a territory was a cultural exchange (Keay, 1996) that gives place to a bidirectional process between both societies, ending on a hybrid culture (Hales and Hodos, 2010).

Having considered the importance of the material culture for trying to understand all these changes, it was stablished that pottery would be one of the key factors to keep in mind while researching the Roman influence on a determinate territory. Through this study the aim was to evaluate the changes, continuities and presence or absence of forms, techniques and decorative tastes on the different sites studied during the Roman Era.

The productions of indigenous tradition do not present a great formal and technological diversity. The area surrounding the city of *Lucus Augusti* is constituted by a series of formal groups that repeat from the coast to the interior of the Lugo province, from Punta do Castro (Lozano et al, 2015), hillfort of Zoñán (Vigo García, 2007), hillfort of Vixil (Ramil Rego, 1997a) hillfort of Viladonga (Arias Vilas, 1985) hillfort of Saa (Ramil González, 2016) and hillfort of Castromaior (López González et al., 2007) until date.

These productions are documented in this study through the 1st century BC until the 4th century AD, constituting an important pottery collection in the hillforts of this region through the first centuries (1st-2nd century AD) of the Roman domination. The passing of time will not cut down the use of these techniques until well into the low Empire period, although in this moment continuities linked with this pottery among the Roman own types are still documented. Those types will be changing and adapting through contact with these societies.

By the time being, the main body of this production does not appear to be document in the city of *Lucus Augusti* apart from counted exceptions, and even though we collected in nearby hillforts like Agra dos Castros, it was done in lesser amount than on the rest of the sites mentioned. All of this points to a strong permanence of this kind of pottery in the hillforts of the area, which reflects an elaborate production for self-consumption among the rural populations. This production will not see its utilization affected by the new productions, at least at the beginning of the Roman period.

The subgroup of common high Empire pottery, is verified in all the sites studied, being documented also in the city of *Lucus Augusti* (Alcorta Irastorza, 2001) and the west of Asturias (Hevia González y Montes López, 2009), being this a phenomenon spread across the Northwest of the Iberian Peninsula and one of the principal types of evidence of the changes produced through the 1st century AD. This hybridization in the common pottery is not characteristic only of this area, but also verified in others like Zaragoza (Amaré Tafalla and Aguarod Otal, 1987), and La Rioja (Luezas Pascual, 2002), being a good example of the cultural hybridization and the bidirectional cultural interchange that were mentioned at the top of this work (Wolf, 1998).

The identification of these changes in frequent use pottery is pointing to a process of adaptation among the society of the times, on one side the techniques and Roman shapes are slowly being incorporated in the societies closer to the cities or distribution centres, and on the other seems to be a desire by the local potters to accustom to the changes that are taking place regarding taste, habits and needs of the population, adapting to this demand but continuing the elaboration with the previous techniques.

Regarding the Roman productions, its presence into the sites of the city of *Lucus Augusti* area will be significant, even if not as much as the ones of indigenous tradition, at least until starting its growing through the 2nd century AD until ending of the 5th century AD. Bit by bit new types and elaboration techniques will be introduced, indicatives of a gradual and progressive change on the tastes and social habits imperative until the moment.

Although remains of Roman productions had been documented in previous contexts to the change of Era, this pottery will begin to distribute in a significant way by the end of the 1st and 2nd centuries, moment at which we can see how one kind complement another, like on the case of pots and bowls, while in others they will complete an already existing collection with the adding of new shapes like little jugs, glasses, red dishes or mortars.

We also documented the presence of other productions of special interest for this study. That is the case of the CNT-AQTA (Esteban et al., 2008) or the pieces that some (Alcorta Irastorza, 2001) name as imitations of the Samian

Ware, a great part of them from later times. Regarding the firsts, if their foreign origin could be confirmed and having in account that it was documented in sites of the interior of Lugo like the case of Viladonga, this would prove the importance of the commercial Cantabrian network in the becoming of these societies.

Regarding the pieces related with certain types of Samian Ware, its presence is indicative of an attempt from the potters of the area to elaborate pottery to liken certain Roman productions, either to satisfy a demand of consume for a vessel that is not being imported into this territory now, or to make a spot for themselves on the market by offering more competitive prices.

On the matter of the origin of these productions, it's actually true that the object sites of study are all situated in the *Lucus Augusti* environment and that in them it has not been documented any remain associated with the elaboration of this kind of productions, also there is formal and technological similarity of the studied pieces with the ones documented in the city, although by the moment in the Lugo province we only know of the existence of several potteries in the city (Alcorta et al, 2010) and some evidence (Lozano et al., 2018) on the coast. The documented potteries in the city have barely been studied, and in them no evidence of remains of failed productions or data has been documented to ensure the existence of a large pottery industry in the city.

Through this research, we had tackled the study of well-known sites like the hillfort of Viladonga, along with others less excavated and of recent discovery like the hillfort of Saa and in all of them the study of the pottery collections has allow us to state some of the realities that should have been stablished in this area during the Roman period.

The hillfort of Agra dos Castros has allowed to observe one of them. In this site, which we have dated within a high Empire chronology with possible occupations in later periods, the influence of the Roman nucleus is quite important if we have in mind the information that pottery brings us. In Agra dos Castros we documented a significant presence of Roman productions and of indigenous tradition along almost all the studied areas. The reality reflected in the hillfort is one of dependency or liken for the new Roman forms and the types of the high Empire subgroup, while the pottery of indigenous tradition will be reduced to a few pots, not registering almost other forms that we documented in great amount in the rest of the sites, like the bowls.

The common high Empire pottery subgroup that proves the growing hybridization of both traditions will be especially significant here, with undocumented types in the area previously like the casseroles from Asturias, or the only example of high Empire indigenous dish L17 identify among the studied collections. Also, we in this site Roman forms that are not represented in other areas of Lugo, like the F1 or the I29. This influence is due mainly to the proximity of the hillfort regarding the Roman city, allowing

a bigger accessibility to the new productions that were being introduced in the first centuries after the Era change. In addition, we also think that considering the little excavated surface and the sectorial of the interventions that until the moment had been taken place on the area, Agra dos Castros shows to be a site with a highly varied pottery collection. If this dynamic continues in the rest of sites, it could be a very rich settlement regarding pottery remains that can add a lot of information about the changes introduced on the first centuries of the Roman presence in the territory.

In opposition to Agra dos Castros, we found the hillfort of Saa, which even seeming to be a contemporary settlement to the previous, presents a totally different reality. This site shows a mostly indigenous pottery presence against the Roman one, which we documented almost in a marginal way. This fact can be due to its distance from the city, which can cause that the influence of this Roman nucleus took longer in be perceived here, but we have to keep in mind that on this site has been documented a great presence of the high Empire subgroup from the 1st century AD, with numerous examples that can be put in relation with the pottery of indigenous tradition that is registered in the city of *Lucus Augusti* in the 1st century AD, like the important collection of pots L1 with stamp decoration, which can be indicative of the beginning of the Roman influence in the area, although maybe in a more subtle way than in Agra dos Castros.

The hillfort of Viladonga, the only site where it has been possible to study areas chronologically placed between the 1st century BC/1st century AD and the 5th century AD, is an example of the change of dynamic that will take place with the passing of time in a place situated on the city environment, but not close to it, like the case of Agra dos Castros. Here we verified the changes of the common ceramic through the entire Roman period, we documented almost all the productions collected along this investigation and we established a varied catalogue of types and forms in the hillfort. The oldest levels of the zone 1 and zone 2 of Viladonga can be put in relation with Agra dos Castros and the hillfort of Saa, since they are contemporaries, but nevertheless, returning to the contrast we talked about previously we can observe a bigger similitude between these areas and the hillfort of Saa, in detriment of the likeliness with Agra dos Castros. Both are areas with abundant indigenous tradition pottery, a great presence of types of common high Empire pottery, a less incidence of the common Roman pottery, also both sites share most of the identified types and forms. We observed how as in the hillfort of Saa, Viladonga does not show the early Roman influence (confirmed in Agra dos Castros) either, maybe because of its bigger distance from the city. This resemblance between both hillforts can also corroborate the high Empire chronology that we have proposed through this work for the so called "pre-Roman levels" of the Viladonga hillfort.

While analysing the rest of the areas of the Viladonga hillfort we can appreciate how the reality changes with the pass of the centuries. Zone 3, with presence of both traditional indigenous and Roman pottery, shows a bigger likeness to Agra dos Castros but with types much more later which indicates that in the case of Viladonga, this influence began to leave its print from 2nd century AD on. In the last areas studied, zone 4 and zone 5, we confirmed the full entrance of the site on the Roman world, at least from the pottery point of view, with only Roman types documented and Roman pieces that seem imitations related with very late productions. The study of this site allows us to check how the distance within the Roman nucleus is shortened with the pass of the centuries, showing an integrating process in the Roman world that is produced gradually on the hillforts that present some distance regarding the city and, with a bigger impulse on those population focus closer to it.

On this regard, we can appreciate how the sites of this area have dynamics like those on the North area of the Lugo province, the coast of Lugo, or the West of Asturias in the referent of similarities of the morpho-technology characteristics from the indigenous tradition productions documented, such impact of the new Roman techniques with the introduction of forms that had its correlation in the city of *Lucus Augusti* and the hybridization between both traditions. Those similarities disappear as we head to other places. The sites of the southern Galician area show a bigger relation with the pottery productions of the *Bracarense* area in detriment of the *Lucense* one. Towards the Atlantic coast, as Fernández Ochoa (2015) recalled in his studies about Romanization the dynamic will also be different, with indigenous sets of morpho-technology characteristics very different from the ones in the studied area (Rey Castiñeira, 1990) and Roman productions of very diverse type and origin, while to the East, in the areas of El Bierzo and Astorga, the *Astur* influence will be bigger, with types not documented in this area, and the indigenous tradition pottery are related to the *Vacceo* type influence (Carretero Vaquero, 2000).

The study of all these collections has allowed to confirm the changes of the pottery collections in the environment of *Lucus Augusti* through the Roman period. In addition to checking the influence of the new contributions that will enter along the first centuries of the change of Era we can also evidence the weight of the regional traditions through the continuity of forms and decorations even on the fully Roman productions. This reassures the theory of the "cultural exchange" (Keay, 1996) that we talked about at the beginning of this work, since the material culture, in this case pottery, doesn`t allows us to sustain the hypothesis of an acculturation of the peoples that lived here or of a total indifference of the indigenous societies regarding the Roman world. On the contrary we are faced with a cultural mixture that will have special incidence during the 1st and 2nd centuries AD, fading off in certain way with the pass of the centuries towards a more homogeneous culture as the integration of the Roman dynamics becomes more progressive.

Along this investigation we have encounter ourselves with different problems to which we have tried to give answer. In the beginning we tried to establish a chronological sequence to each production, we hoped to tie down well differentiated phases based on the stratigraphic context and the typological classification. The stratigraphic information of each site it was going to provide us with a defined context, and it would allow us to establish which productions were made earlier, which were made after and in what order did the changes took place, giving us the keys to understand their evolution.

In the beginning of the investigation, it turned out to be precisely this stratigraphy the one that would limit the advance of the study, finding out that in a lot of cases we lacked a correct stratigraphic register in the sites. The lack of stratigraphic references forced us to slow down the rhythm of our analysis, stopping to evaluate if its study – lacking stratigraphy- could contribute with the data necessary for the consecution of the objectives that we have stablished initially and forcing us to rethink the bases of our research.

The studies of reference on which we were going to rest the pottery analysis, turn out to be also an obstacle on certain occasions because of the base problems presented in their definition of types and their wide chronology. Because of this we choose an altogether analysis of the selected collections, paying attention especially to their morpho-technology characteristics and comparing them with those of other areas that have a correct stratigraphic register. This allow us to acquire detailed and unedited information about materials and sites that would not been studied yet and to establish a frame within which being able to work in future investigations, analysing at the same time the footprint inflicted on this territory after the arrival of Rome.

We think that to avoid those problems in future studies it would be necessary to undertake the revision of the previous typological works detailing some types and unifying others with the new data brought by the studies of the pottery collections. Besides that, the continuity of excavations in the area with the correct stratigraphic register could maybe help to frame the chronology of some of those types, while adding more information about the studied sites. The realization of archaeometry studies will also be a point to follow since it can help to clarify the origin of these productions, allowing for a bigger knowledge about its origins and area of distribution. Lastly, we hope that the continuity of the studies of materials in this area helps to define centres of production and areas of diffusion that allow us to keep characterizing all these productions.

Bibliografía

ABASCAL PALAZÓN, J.M., (1986): *La cerámica pintada romana de tradición indígena en la Península Ibérica. Centros de producción, comercio y tipología.* Madrid.

AGUAROD OTAL, C. (1984): "Avance al estudio de un posible alfar romano en Tarazona: II. Las cerámicas engobadas, no decoradas", *Tvriaso*, V, pp. 27-105.

AGUAROD OTAL, C. (1991): *Cerámica romana importada de cocina en la Tarraconense,* Zaragoza. Institución Fernando el Católico.

AGUAROD OTAL, C. (2017): "Cerámica común de mesa y de cocina en el valle del Ebro y producciones periféricas", en C. Fernandez Ochoa, M. Zarzalejos Prieto y A. Morillo Cerdán (eds.), *Manual de Cerámica Romana III,* pp. 15-95.

ALARÇAO, J. (1975): *Cerámica común local y regional de Conímbriga.* Porto, Universidade de Coimbra.

ALCORTA IRASTORZA, E. (2001): *Cerámica común romana de cocina y mesa hallada en las excavaciones de la ciudad.* Lugo. Fundación Barrié de la Maza.

ALCORTA IRASTORZA, E. (2005a): "Algunas notas en torno a la decoración de arquerías de la cerámica de tradición indígena halladas en Lucus Augusti", *Croa,* 15, pp. 37-44.

ALCORTA IRASTORZA, E (2005b): "Anotaciones a las primeras vasijas engobadas tempranas, sobre cerámicas indígenas, de Lucus Augusti", *Boletín do Museo Provincial de Lugo,* 12, pp. 15-40.

ALCORTA IRASTORZA, E., BARTOLOMÉ ABRAIRA, R., SANTAMARÍA GÁMEZ, G. (2009-2011): "Un novo obradoiro de olería en " Lucus Augusti". Resultados da escavación arqueolóxica en área da parte traseira do inmoble n° 8 da rúa Quiroga Ballesteros de Lugo", *Boletín do Museo Provincial de Lugo,* 14, pp. 65-82.

ALCORTA IRASTORZA, E. J., BARTOLOMÉ ABRAIRA, R. Y FOLGUEIRA CASTRO, A. (2014): "Acercamiento a los modelos arquitectónicos, funcionales y productivos generales y de imitación de una ínsula alfarera en *Lucus Augusti* (Lugo)", en R. Morais, A. Fernández y M. J. Sousa (eds.): *As produçoes cerámicas de imitaçao na Hispania* Tomo I. Monografías EX OFFICINA HISPANA II. Facultade de Letras da Universidade do Porto, pp. 425-446.

ÁLVAREZ GONZÁLEZ, Y., LÓPEZ GONZÁLEZ, L. Y LÓPEZ MARCOS, M.A. (2006): La secuencia cultural en el castro de Vilela, Cuadernos de Estudios Gallegos, LIII, N.° 119, pp. 9-31.

ÁLVAREZ GONZÁLEZ, Y., LÓPEZ MARCOS, M.A. Y LÓPEZ GONZÁLEZ L. (2020): "Primeiras valoracions dos resultados da excavación e restauración no Castro de Viladonga do ano 2019", *Croa,* 30, pp. 10-19.

ÁLVAREZ GONZÁLEZ, Y., LÓPEZ MARCOS, M.A. Y LÓPEZ GONZÁLEZ L. (2021): "Escavación do sector nordés do Castro de Viladonga do ano 2019", *Croa,* 31, pp. 8-27.

AMARÉ TAFALLA, M. T. (1987): *Lucernas Romanas: Generalidades y Bibliografía,* Zaragoza.

AMARÉ TAFALLA, M. T. Y AGUAROD OTAL, C. (1987): "Pervivencia de tradiciones cerámicas celtibéricas en época imperial romana", en *I Simposium sobre celtibéros,* Institución Fernando el Católico, pp. 97-104.

ANTONACCIO, C.M. (2010): "(Re)defining ethnicity: culture, material culture, and identity", in S. Hales y T. Hodos (eds.), *Material Culture and Social Identities in the Ancient World,* Cambridge, pp. 32-53

ARIAS VILAS, F. (1985): *Castro de Viladonga. Campaña 1983,* Arqueoloxía/Memorias 2, Santiago de Compostela. Xunta de Galicia.

ARIAS VILAS, F. (1987): *Castro de Viladonga (Lugo). Memorias dos traballos realizados en 1984.* Ejemplar depositado en el Museo de Villalonga.

ARIAS VILAS, F. (1991): "Excavación e limpeza no Castro de Viladonga (Castro de Rei, Lugo), Campaña 1988", *Arqueoloxía, Informes,* 2, pp.71-75 y pp. 203-205.

ARIAS VILAS, F. (1992a): *A romanización de Galicia.* Vigo: Edicións A Nosa Terra.

ARIAS VILAS, F. (1992b): *Campaña de excavación, limpeza e consolidación no Castro de Viladonga. Outono 1992. Informe sucinto sobre o desenvolvemento dos traballos.* Ejemplar depositado en el Museo de Villalonga.

ARIAS VILAS, F. (1996): "Excavación arqueolóxica e limpeza no Castro de Viladonga (Castro de Rei, Lugo), Campaña 1989", *Arqueoloxía, Informes,* 3, pp.25-28.

ARIAS VILAS, F. (2000): "Os últimos traballos arqueolóxicos no castro de Viladonga (Castro de Rei, Lugo):1988-1998", *Brigantium,* 12, pp. 187-198.

ARIAS VILAS, F. y FÁBREGAS VALCARCE, R. (2003): "Datacións radiocarbónicas do Castro de Viladonga (Lugo)", *Gallaecia,* 22, pp. 193-210.

ARIAS VILAS, F., BASTOS BERNÁRDEZ, D., DURÁN FUENTES M. C. y VARELA ARIAS, E. (2016): *Museo del Castro de Viladonga*. Xunta de Galicia.

BALIL, A. (1973): "Algunos aspectos y problemas de la Galicia romana", *CEG*, 28. Santiago de Compostela, pp. 161-180.

BALSEIRO GARCÍA, A. Y BARTOLOMÉ ABRAIRA, R. (2018): "Arracada de Agra dos Castros", *Boletín do Museo Provincial de Lugo,* 15, pp. 15-31.

BARBAZÁN DOMÍNGUEZ S., CAAMAÑO GESTO, J.M., LOZANO HERMIDA, H., y RAMIL REGO, E. (2014): "La cerámica común del campamento romano de Cidadela (Sobrado dos Monxes, A Coruña). Campaña 2007", *Gallaecia,* 33, pp. 189-214.

BARBAZÁN DOMÍNGUEZ, S., MARTÍNS, M., RAMIL REGO, E., y MAGALHAES, F. (2019): "La cerámica de producción bracarense como indicador de las actividades económicas, gustos y costumbres de los habitantes de Bracara Augusta: Nuevas aportaciones." En Actas II Congresso Histórico Internacional: As cidades na História, Sociedade, pp. 361-386.

BARBAZÁN DOMÍNGUEZ, S., RAMIL REGO, E., y LOZANO HERMIDA, H. (2020): "Un conjunto peculiar de ollas decoradas en castros del entorno de Lucus Augusti", *Boletín Ex Officina Hispana*, n° 11, pp. 35-39.

BARBI ALONSO, V. (1991): "Estudio dos materiais do Castro de Fazouro (Lugo)", *Arqueoloxía/Informes,* 2, pp. 319-322.

BARTOLOMÉ ABRAIRA, R. (2008a). "Primeiras valoracións da intervención realizada en Agra dos Castros, Marcelle (Lugo)", *Croa*, 18, pp. 28-33.

BARTOLOMÉ ABRAIRA, R. (2008b): *Sondeos arqueológicos manuales en Agra do Castro, Marcelle (Lugo).* Informe Valorativo Inédito.

BARTOLOMÉ ABRAIRA, R. (2009): "O castro da Piringalla e a súa relación con Lucus Augusti", en M.D. Dopico Caínzos, M. Villanueva Acuña, P. Rodríguez Álvarez, X.R. Cuba Rodríguez (coords.), *Do castro a cidade: a romanización na Gallaecia e na Hispania Indoeuropea: actas do curso de actualización sobre a romanización en Galiza*, Lugo, pp. 143-177.

BELTRÁN LLORÍS, M. (1970): *Las ánforas romanas en España*, Institución Fernando el Católico, Zaragoza.

BELTRÁN LLORIS, M. (1990): *Guía de la cerámica romana.* Zaragoza. Pórtico.

BERROCAL-RANGEL, L., MARTÍNEZ SECO, P., RUIZ TRIVIÑO, C. (2002): *El castiellu de Llagú (Latores, Oviedo). Un castro astur en los orígenes de Oviedo.* Real Academia de la Historia, Madrid.

BISI, A.M. (1977): "Le lucerne fitlili dei nuovi scavi di Ercolano, L'instrumentum domesticum di Ercolano e Pompeii nella prima età imperiale", *Quaderni di Cultura Maleriale*, 1, Roma, pp. 73-107.

BRÉZILLON, M.N. (1968): *La dénomination des objets de pierre taillée. Matériaux pour un vocabulaire des préhistoriens de langue française.* CNRS., Paris.

BLAZQUEZ MARTÍNEZ, J.M. (1974): *Ciclos y temas de la Historia de España, la romanización.* Madrid, Istmo.

BLANCO GARCÍA, J. F. (2017): "Cerámica común romana altoimperial de cocina y de mesa, de fabricación local, en la Meseta", en C. Fernandez Ochoa, M. Zarzalejos Prieto y A. Morillo Cerdán (eds.), *Manual de Cerámica Romana III,* pp. 15-95

BUCETA BRUNETTI, G. y PÉREZ PÉREZ, C. (2011): "Da teoría á praxe: intervención na estrutura 25/26 do Castro de Viladonga", *Croa*, 21, pp. 12-19.

BUSTAMANTE ÁLVAREZ, M. (2011): *La cerámica romana en "Augusta Emerita" en la época Altoimperial: entre el consumo y la exportación,* Asamblea de Extremadura, Mérida.

CAAMAÑO GESTO, J. M. y LÓPEZ RODRÍGUEZ, J. R. (1984): "Sigillatas del castro de Viladonga (Lugo)", *Gallaecia*, 7-8, pp. 158-177.

CAILLEUX, A. (2000): *Code des couleurs des sols.* Ed. Boubée, Paris.

CABALLERO ZOREDA, L. y ARGENTE OLIVER, J.L. (1975): Cerámica paleocristiana gris y anaranjada, producida en España. Cerámicas Tardo-Romanas de la Villa de Baños de Valdearadoss (Burgos). T.P., pp. 113-150.

CARBALLO ARCEO, X. (1984): *Castro da Forca. Campaña 1984,* Arqueoloxía/Memorias, 8, Xunta de Galicia.

CARRERA RAMÍREZ, F., IGLESIAS SANTOMÉ, E., LUACES ANCA, J. F. Y Toscano NOVELLA M. C. (1989): "Fornos romanos en Lugo: una experiencia de conservación", *Lucus*, 39, pp. 16-17.

CARRETERO VAQUERO, S. (2000): *El campamento romano del Ala II Flavia en Rosinos de Vidriales (Zamora). La Cerámica.* Zamora. Instituto de Estudios Zamoranos Florián de Ocampo.

CALO LOURIDO F. Y SOEIRO, T. (1984): *Castro de Baroña. Campañas 1980-1984,* Arqueología/Memorias, 6, Xunta de Galicia.

CONCHEIRO COELLO, A. (2008): *Castro do Achadizo, cultura material, economía, subsitencia na Idade do Ferro. Memoria das escavacións 1991-1994*, Concello de Boiro.

DA CRUZ, M. (2007): "Vidros do castro de Viladonga (Lugo). Um caso exemplar", *Croa*, 17, pp. 14-25.

DELGADO, M., MORAIS, R. y; RIBEIRO, J. (2009): *Guia das ceramicas de produçao local de Bracara Augusta.* Braga, CITCEM.

DEMARS, P.Y. (1990): "Proposition pour une nouvelle liste typologique des outillages lithiques du Paléolithique supérieur", *Páleo*, 2, pp.: 191-201.

DÍAZ ÁLVAREZ, I. Y GARÍN GARCÍA, A. (1999): "Estudio de los materiales arqueológicos de Castro Ventosa", *Estudios Bercianos*, 25, pp. 74-95.

DORREGO MARTÍNEZ, F. y RUBIERO DA PENA, A. M. (1998): "Consideracións sobre os temas decorativos na cerámica castrexa de Viladonga", *Croa*, 8, pp. 21-28.

DORREGO MARTÍNEZ, F. y RUBIERO DA PENA, A. M. (2001): "Apuntes acerca das asas na cerámica castrexa de Viladonga", *Croa*, 11, pp. 25-28.

DRAGENDORFF, H. (1895): "Terra Sigillata", *Bonner jahrbücher*, 96-97. Bonn, pp. 18-155

DRESSEL, H. (1899): *Lucernae Formae*, C.I.L. XV, 11, 1; Lam. III.

DURÁN FUENTES, M. C. (1994): "Algúns útiles de bronce no Castro de Viladonga", *Croa*, 4, pp. 14-15.

DURÁN FUENTES, M. C. (2008/2009): *Catálogo de las monedas del Castro de Viladonga*. Santiago de Compostela, Xunta de Galicia.

DURÁN FUENTES, M. C., FERNÁNDEZ VÁZQUEZ, P. y VILA MARTÍNEZ, M. (1992): "Grafitos na cerámica do Castro de Viladonga (Lugo)", en F. Acuña Castroviejo (coord.), *Finis Terrae, Estudios en Lembranza do Prof. Dr. Alberto Balil*. Santiago de Compostela, Universidade de Santiago de Compostela, pp. 315-332.

DURÁN FUENTES, M.C., RUBIERO DA PENA, A., PÉREZ ROZAS, A. (1996-2017): Fichas de Catálogo. Museo de Viladonga.

ESTEBAN DELGADO, M., IZQUIERDA MARCULETA, M. T., MARTÍNEZ SALCEDO Y A., RÉCHIN, F. (2008): "Producciones de cerámica común no torneada en el País Vasco peninsular y Aquitania meridional: grupos de producción, tipología y difusión", *Sautuola*, XIV, pp. 183-216.

ESTEBAN DELGADO, M., MARTÍNEZ SALCEDO, A., IZQUIERDO MARCULETA, M. T., ORTEGA CUESTA, L. A., ZULUAGA IBARGALLARTU, M. C., ALONSO OLAZABAL, A. y RÉCHIN, F. (2012): *La cerámica común romana no torneada de difusión aquitano-tarraconense (s. II a.C.-V d.C.): Estudio arqueológico y arqueométrico*, Kobie, Anejo, 12, Bilbao.

ESPARZA ARROYO, A (1987): Los castros de la Edad del Hierro del Noroeste de Zamora. Zamora, Diputación D.L.

FERNÁNDEZ FERNÁNDEZ, A. (2008): "Cerámicas del mundo castrexo del NO Peninsular. Problemática y principales producciones", en D. Bernal Casasola y A. Ribera i Lacomba, *Cerámicas hispanorromanas. Un estado de la cuestión*, Cádiz, pp. 221-245.

FERNÁNDEZ OCHOA, C. (2006): "Los castros y el inicio de la Romanización en Asturias. Historiografía y debate", *Zephyrus*, LIX, pp. 275-288.

FERNÁNDEZ OCHOA, C.; RUBIO, I. (1983). "Materiales arqueológicos de Los Castros (Ribadeo, Lugo)". En *Homenaje al prof. Martín Almagro Basch*, Vol.3, Madrid: Ministerio de Cultura, pp. 173-188.

FERNÁNDEZ OCHOA, C. y MORILLO CERDÁN, A. (2002): "Romanización y asimilación cultural en el norte peninsular. Algunas reflexiones sobre un topos historiográfico desde una perspectiva arqueológica", en M. A. De Blas, y A. Villa Valdés (eds.), *Coloquios de Arqueología en la cuenca del Navia: Formación y desarrollo de la cultura castreña*, Navia, pp. 261-277.

FERNÁNDEZ OCHOA, C. y MORILLO CERDÁN, A. (2007): "Astures y romanos. Claves para una interpretación historiográfica de la romanización en Asturias", en J. Fernández Tresguerras, (coord.), *Astures y romanos: nuevas perspectivas*, IDEA, Oviedo, pp. 11-26.

FERNÁNDEZ OCHOA, C. y MORILLO CERDÁN, A. (2015): "La romanización atlántica: modelo o modelos de implantación romana en el noroeste peninsular", *Portvgalia, Nova Série*, vol. 36, Porto, DCTP-FLUP, pp. 183-197.

FERNÁNDEZ RODRÍGUEZ, C. (2002): "Análisis de los restos faunísticos recuperados en el Castro de Viladonga (Castro de Rei Lugo)", *Croa*, 12, pp. 7-14.

FORTEA PÉREZ, J. (1973): *Los complejos microlaminares y geometricos del Epipaleolítico Mediterraneo Español*. Universidad de Salamanca. Salamanca.

GOMES, A. (2000): *Cerâmicas pintadas de época romana: tecnología, morfología e cronología*. Dissertaçao de Mestrado em Arqueología, Braga: Universidade do Minho.

HALES, S. y HODOS, T. (2010): *Material culture and social identities in the ancient world*. Cambridge, New York, Cambridge University Press.

HEVIA GONZÁLEZ, S., MONTES LÓPEZ, R. y BENÉITEZ GONZÁLEZ, C. (1999): "Cerámica común romana del Chao Samartín (Grandas de Salime – Asturias): Vajilla de cocina y almacenamiento", *BSAA*, 65, pp. 11-48.

HEVIA GONZÁLEZ, S. y MONTES LÓPEZ, R. (2009): "Cerámica Romana Altoimperial de fabricación regional del Chao Samartín (Grandas de Salime, Asturias)", *Cuadernos de Prehistoria y Arqueología de la Universidad Autónoma de Madrid*, 35, pp. 27-190.

HIDALGO CUÑARRO, J. M. (1988): "La cerámica con decoración bruñida en el Noroeste peninsular", *Gallaecia*, 6, pp. 81-100.

HIDALGO CUÑARRO, J.M. Y RODRÍGUEZ PUENTES, E. (1984): *Castro de Fozara, Campaña*

1984, Arqueoloxía/Memorias, 9, Xunta de Galicia. Santiago de Compostela.

HINGLEY R, (1996): "The legacy of rome, the rise, decline and fall of the theory of romanisation" en J Webter, N cooper, (eds.), *Roman Imperialism, post-colonial perspectives*, Leicester, pp. 35-48.

HOPKINS, K. (1996): "La romanización: asimilación, cambio y resistencia", en J.M. Blázquez y J. Alvar (eds.), *La Romanización en Occidente*. Madrid, pp. 15-44.

HUGUET ENGUITA, E. (2013): "El material más usado por los antiguos. La cerámica común y de cocina", en A. Ribera i Lacomba, (coord.), *Manual de Cerámica Romana. Del Mundo Helenístico al Imperio Romano*, Madrid, Museo Arqueológico Regional, pp. 291-330.

KEAY, S. (1996): "La romanización en el Sur y en el Levante de España hasta la época de Augusto", en J.M. Blázquez y J. Alvar (eds.), *La Romanización en Occidente*. Madrid, pp. 147-178.

KRIEGER, A.D. (1960): "Archaeology typology in theory and practice", en Wallance (ed.), *Selected papers of the International Congress of Anthropological and Ethnological Sciences*, 5, pp.: 141-151. Philadelphia.

LA PUENTE MERCADAL, M. P., PEREZ-ARANTEGUI, C.; AGUAROD OTAL, C. Y ALCORTA IRASTORZA, E. (1996): "Caracterización de imitaciones provinciales micáceas de engobe interno rojo-pompeyano en el norte de la Península Ibérica", en *Actes du colloque de Périguéux 1995, Suplement à la Revue d Archéometrie*, pp. 89-94.

LAGE PILLADO, M. (2004): *Fíbulas galaico-romanas do Castro de Viladonga*. Consellería de Cultura, Comunicación Social e Turismo, Xunta de Galicia.

LAMBOGLIA, N., (1950): *Gli scavi di Albintimilium e la cronología della ceramica romana, Campagne di scavo 1938-1940*, Bordighera.

LAMBOGLIA, N., (1952): "Per una classificazione della cerámica campana", en Atti del Iº Congresso Internazzionale di Studi Liguri (Bordighera 1950), Bordighera, pp. 139-206.

LEITE, F. (1997): *Contribuição para o estudo da cerâmica fina de Braga: a cerâmica dita Bracarense*. Dissertação de Mestrado em Arqueologia. Braga: Instituto de Ciências Sociais, Universidade do Minho.

LÓPEZ GONZÁLEZ, L. Y ÁLVAREZ GONZÁLEZ, Y. (1996): *Memoria da intervención arqueolóxica do Castro de Viladonga*. Xunta de Galicia, Lugo. Ejemplar depositado en el Museo de Villalonga.

LÓPEZ GONZÁLEZ, L., ÁLVAREZ GONZÁLEZ, Y., GIL VÁZQUEZ, H., CURRÁS REFOXOS, B., LÓPEZ SÁNCHEZ, M. Y LÓPEZ, M. Á. (2016): *Escavación, acondicionamento e consolidación arqueoloxica no Castro de Viladonga (Castro de Rei, Lugo). Memoria 2016*. Consellaria de Cultura, Educación e Ordenación Universitaria. Xunta de Galicia. Ejemplar depositado en el Museo de Villalonga.

LÓPEZ GONZÁLEZ, L., LÓPEZ MARCOS, M.A., LÓPEZ GONZÁLEZ, P. Y ÁLVAREZ GONZÁLEZ, Y. (2017): "Campaña de intervención no Castro de Viladonga (2016)", *Croa*, 27, pp.16-31.

LÓPEZ GONZÁLEZ, L., Y ÁLVAREZ GONZÁLEZ, Y. (2008): Memoria da intervención arqueolóxica no castro de CASTROMAIOR (Portomarín, Lugo). Campañas 2007-08-09. Memoria Inédita. Lugo.

LÓPEZ MARCOS, M.A., ÁLVAREZ GONZÁLEZ, Y. Y LÓPEZ GONZÁLEZ L. (2019): "Campaña de escavación e restauración no Castro de Viladonga do ano 2018", *Croa*, 29, pp. 8-25.

LÓPEZ PÉREZ, C. (2007): *Aportaciones al estudio del comercio romano a través de la cerámica de importación: la Terra Sigillata de la provincia de A Coruña*, Brigantium, A Coruña.

LOZANO HERMIDA, H., CAAMAÑO GESTO, J. M., RAMIL REGO, E. y BARBAZÁN DOMÍNGUEZ, S. (2015): "El yacimiento galaico-romano de Punta do Castro (Barreiros, Lugo). Nuevas aportaciones", *Férvedes*, 8, pp. 221-229.

LOZANO HERMIDA, H., BARBAZÁN DOMÍNGUEZ, S. Y RAMIL REGO, E. (2016): "Cerámica común romana no torneada de difusión aquitano-tarraconense en castros de la costa de Lugo", *Boletín Ex Officina Hispana*, 7, pp. 47-51.

LOZANO HERMIDA, H., RAMIL REGO, E., Y BARBAZÁN DOMÍNGUEZ, S. (2018): "Un horno en Esteiro (Ribadeo, Lugo). Contribución al estudio de la producción cerámica de época romana en el occidente cantábrico", *Férvedes*, 9, pp. 179-185.

LOZANO HERMIDA, H., RAMIL REGO, E., Y BARBAZÁN DOMÍNGUEZ, S. (2021): New perspectives on hand-built potteries on the western Cantabrian coast (Lugo, Spain). En S. Sánchez de la Parra-Pérez, S. Díaz-Navarro, J. Fernández-Lozano y J. Jiménez Gadea (eds.), The Archaeology of 'Underdog Sites' in the Douro Valley. From Prehistory to the Modern Age. Archaeopress, pp. 207-216.

LLANOS ORTÍZ, A. Y VEGAS ARAMBURU, J. I. (1974): "Ensayo de un método para el estudio y clasificación tipológica de la cerámica", *Estudios de Arqueología Alavesa*, 6, pp. 265-313.

LUEZAS PASCUAL, R. A., (2001): *Cerámica común romana en La Rioja*, Instituto de Estudios Riojanos, Logroño.

MANZANO HERNÁNDEZ, P. (1986): "Avance sobre la cerámica común del castro de San Chuís, Pola de Allande", *Zephirus*, 39-40, pp. 397-410.

MARABINI, M.T. (1973): *The Roman Thin Walled Pottery from Cosa (1948-1954)*. Memoirs of the American Academy at Rome XXXII. Roma.

MARÍN SUÁREZ, C. (2008): "Revisión y estudio de los materiales del castru d'Arancedo (El Franco, Asturias)", *Férvedes*, 5, pp. 297-306.

MARTINEZ PEÑÍN, R. (2016): "Estudio preliminar de las producciones cerámicas tardoantiguas y altomedievales localizadas en la ciudad de Braga (Portugal*)*", *Estudios Humanísticos: Historia*, 12, pp. 65-89.

MARTÍNEZ SALCEDO, A. (2004): *La cerámica común de época romana del País Vasco.* Servicio central de publicaciones del gobierno vasco, Victoria-Gasteiz.

MARTINS, M. (1987): "A cerámica proto-histórica do Vale do Cavado: Tentativa de sitematizaçao", *Cadernos de Arqueologia*, Serie II.

MAYA GONZÁLEZ, J. L. (1988): *La cultura material de los castros asturianos,* Estudios de La Antigüedad 4/5, Barcelona. Universitat Autónoma de Barcelona.

MAYA GONZÁLEZ, J. L. y CUESTA TORIBIO, F. (2001): *El Castro de La Campa Torres. Período Prerromano.* Gijón, VTP Edito-rial/Ayuntamiento de Gijón.

MAYET, F. (1975): *Les céramiques à parois fines dans la Péninsule Ibérique,* Publications du Centre Pierre Paris 1. París.

MAYET, F. (1983-1984): *Les céramiques sigillées hispaniques. Contribution à l'histoire économique de la Péninsule Ibérique sous l'Empire Romain.* Pubuclations du Centre Pierre Paris, París.

MATTINGLY, D. (2011): *Imperialism, Power and Identity. Experiencing the Roman Empire,* Princeton University Press, Princeton and Oxford.

MEZQUÍRIZ DE CATALÁN, M. A. (1961): *Terra Sigillata Hispánica,* The William L. Bryant Foundation, Valencia.

MILLER, D. (1985): *Artefacts as categories: a study of ceramic variability in Central India.* Cambridge, Cambridge University Press.

MORILLO CERDÁN, A.; AMARÉ TAFALLA, M.T. Y GARCÍA MARCOS, V. (2005): "Asturica Augusta como centro de producción y consumo cerámico", en C. Fernández Ochoa y P. García Díaz (eds.): *Unidad y diversidad en el Arco Atlántico en época romana, III Coloquio Internacional de Arqueología en Gijón,* BAR Internacional Series 1371, Oxford, pp. 139-161.

MUNSELL, A.H. (1977): *Munsell soil color charts.* 2 Vol., 2ª Ed. Baltimore.

NOZAL CALVO, M. y PUERTAS GUTIÉRREZ, F. (1995): *La terra sigillata paleocristiana gris en la villa romana de La Olmeda,* Valladolid, Universidad de Valladolid.

OLCESE, G. (1993): *Le ceramiche comuni di Albintimilium. Indagine archeologica e archeometrica sui materiali dell'area del Cardine,* Florencia.

ORTON, C., TYERS, P. Y VINCE, A., (1997): *La cerámica en Arqueología,* Ed. Crítica. Barcelona.

PALOL, P. DE (1949): La cerámica estampada romano-cristiana. *IV Congre. Arq. Sudeste Español (Elche 1948),* Cartagena. pp. 450-469.

PAUNIER, D. (1981): *La céramique gallo-romaine de Genève,* Société d'Histoire et d'Archéologie de Genève, Genève.

PEACOCK, D.P.S. (1977): *Pottery and early commerce: characterization and trade in Roman and Later ceramics.* Academic Press. London.

PEACOCK, D.P.S. Y WILLIAMS, D.F (1986): *Amphorae and the Roman economy. An introductory guide,* Longman Archaeology Series, London and New York.

PEÑA SANTOS, A. DE (1983): *Yacimiento Galaico-Romano de Santa Trega,* Arqueoloxía/Memorias, 5. Xunta de Galicia.

PÉREZ ROZAS, A. (2017): "A produción téxtil na cultura castrexa: as fusaiolas do castro de Viladonga (Castro de Rei, Lugo)", *Croa,* 27, pp.32-51.

PÉREZ ROZAS, A. Y TORRES IGLESIAS, D. (2021): "Os niveis prerromanos do Castro de Viladonga. Unha aproximación ao seu estudo", Croa, 31, pp. 28-39.

PIAY AUGUSTO, D., CANO PAN, J. A., NAVEIRO LÓPEZ, J. (2015): "La construcción anular y el enclos de ventosiños (Coeses, Lugo). Estudio preliminar de un conjunto del bronce final", *Zephyrus,* LXXVI, pp. 57-76.

RAMIL REGO, E. (1997a): "El castro de Vixil (Vilalba, Lugo). Estudio de materiales y nuevas perspectivas", *Férvedes,* 4, pp. 81-105.

RAMIL REGO E. (1997b): "El castro de Cuiñas (A Fonsagrada, Lugo). Estudio preliminar de sus materiales", *Férvedes*, 4, pp. 133-141.

RAMIL REGO, E. (2010): "Análisis del objeto arqueológico: morfología descriptiva y tipología", en A.J. López Díaz y E. Ramil Rego (eds.), *Arqueoloxía: Ciencia e Restauración. Vilalba (Lugo), Monografías, 4,* Museo de Prehistoria e Arqueoloxía de Vilalba. Vilalba, pp. 155-166.

RAMIL REGO, E. (2011): *Las industrias líticas del Paleolítico Superior europeo: bases para su estudio tecnotipológico.* Vilalba: Museo de Prehistoria e Arqueoloxía de Vilalba.

RAMIL REGO, E., FERNÁNDEZ RODRÍGUEZ, C., RODRÍGUEZ LÓPEZ, C., LÓPEZ PÉREZ, C. y FERNÁNDEZ PINTOS, P. (1995): "El yacimiento de Punta do Castro (Reinante, Barreiros, Lugo). Materiales de superficie y perspectivas", *Férvedes,* 2, pp. 87-115.

RAMIL REGO, P., MARTÍNEZ CORTIZAS, A., ARIAS VILAS, F., RODRÍGUEZ LOVELLE, B. y GEY VITURRO, P. (1994): "Estudio edafológico y paleobotánico realizado en el Castro de Viladonga

(Castro de Rei, Lugo). Campaña 1990", en J.F. Jordá Pardo (ed.), *Actas de la II Reunión Nacional de Geoarqueología, (Madrid 1992),* pp. 163-174.

RAMIL GONZÁLEZ, E. (2017*): Limpeza, escavación arqueolóxica en área e consolidación no xacemento arqueolóxico. Castro de saa-A Pastoriza.* Memoria técnica Inédita. LUGO.

RAMIL GONZÁLEZ, E. (2018): *Limpeza, escavación arqueolóxica en área e consolidación no xacemento arqueolóxico. Castro de saa-A Pastoriza.* Memoria técnica Inédita. LUGO.

RAMIL GONZÁLEZ, E (2019): *Limpeza, escavación arqueolóxica en área e consolidación no xacemento arqueolóxico. Castro de saa-A Pastoriza. Terceira Campaña.* Memoria técnica Inédita LUGO.

REY CASTIÑEIRA, O. (1991): *Yacimientos castreños de la vertiente atlántica. Análisis de la cerámica indígena.* Universidad de Santiago de Compostela. Santiago de Compostela.

RIGOIR, J. (1968): "Les sigillées paléochrétiennes grises et orangées", *Gallia,* XXVI (1), pp.177-244.

RIGOIR, J. (1971): "Les derivées des sigillées paléochrétiennes en Espagne", *Rivista di Studi Liguri,* XXXVIII, 1971.

RIGOIR, Y. Y J. (1972): "Les dérivées des sigillés paléochrétiennes en Espagne", *Riv. Di Studi Liguri,* XXXVII. Bordighera, pp. 33-68.

ROCA ROUMENS, M. Y FERNÁNDEZ GARCÍA, M. I. (2005): *Introducción al estudio de la cerámica romana. Una breve guía de referencia,* Servicio de Publicaciones de la Universidad de Málaga, Málaga.

RODRÍGUEZ NOVOA, A.A. (2020): *Yacimientos castrexos de la cuenca del Miño: análisis de la cerámica indígena.* Tesis doctoral inédita. Santiago de Compostela.

RODRÍGUEZ NOVOA, A.A. (2021): "Evolución cronológica de la cerámica de finales de la Edad del Hierro en la cuenca media del Río Miño: una propuesta de repertorios – tipo", *Minius,* n.º 26, pp. 301-326

ROMERO MASIÁ, A. (1984): *Castro de Borneiro. Campañas 1983-84,* Arqueoloxía/Memorias, 7, Xunta de Galicia.

SÁNCHEZ ALBORNOZ, C. (1956): "Panorama general de la romanización de Hispania", *Revista de la Universidad de Buenos Aires* I, Buenos Aires (reed. Misceláneas de Estudios Históricos, León, 1979, pp. 149-187).

SÁNCHEZ PALENCIA, F.J. Y FERNÁNDEZ POSSE, M.D. (1985): *La corona y el castro de Corporales 1. Truchas (León). Campañas de 1978 a 81.* Madrid.

SANTROT, M.H. (1979): *Céramiques Communes Gallo-Romaines d`Aquitanie.* Paris, C.N.R.S.

SERONIE-VIVIEN M.R. (1975): *Introduction à l'étude des poteries préhistoriques.* Société spéléologique et préhistorique de Bordeaux, Bordeaux.

SERRANO RAMOS, E. (2000): Cerámica común romana: siglos II a.C. al VII d.C.: materiales importados y de producción local en el territorio malacitano.

SILVA, M.A.D. DA (1997): *A cerámica castreja da citània de Briteiros,* Guimarâes.

SHEPARD, A.O. (1956): *Ceramics for the archaeologist.* Carnegie Institution of Washington Publication, 609. Washington.

SOEIRO, T. (1981): Monte Mozinho: cerámica cinzenta fina, Portugalia, II-III, pp. 97-120.

SUAREZ PIÑEIRO, A.M. (2006): *A vida cotiá na Galicia Romana.* Santiago de Compostela, Lóstrego D.L.

SUTTON, A.D. (2018): *At the interface of makers, matter, and material culture: techniques and society in the ceramics of the southern British Later Iron Age.* PhD thesis: University of Reading.

STUVIER, M. y REIMER, P. J. (1993): "Extended 14C data base and revised CALIB 3.0 14C Age calibration program", *Radiocarbon,* 35, pp. 215-230.

TEJERIZO GARCÍA, C.; RODRÍGUEZ GONZÁLEZ, C. y FERNÁNDEZ PEREIRO, M. (2018): "Materiais cerámicos tardíos (s. IV-VI d.C.) no castro de Viladonga", *Croa,* 28, pp.36-53.

TEJERIZO GARCÍA, C. (2020): "Cerámicas altomedievales en contextos rurales del centro y noroeste peninsular: secuencia cronotipológica, tecnología y regionalización productiva", *Archivo Español de Arqueología,* 93, pp. 275-301.

TUFFREAU-LIBRE, M., (1980): *La céramique commune gallo- romaine dans le Nord de la France (Nord, Pas-de-Calais).* Université de Lille.

USCATESCU BARRÓN, A., FERNÁNDEZ OCHOA, C. y GARCÍA DÍAZ, P. (1994): "Producciones atlánticas de terra sigillata gálica tardía en la costa cantábrica de hispania", *CuPAUAM,* 21, pp.183-233.

VEGAS, M. (1973): *Cerámica común romana del Mediterráneo Occidental.* Barcelona. Instituto de Arqueología y Prehistoria.

VIGO GARCIA, A. (2007): *O castro de Zoñán (Mondoñedo, Lugo) Escavacións 2002-2004.* Mondoñedo. Concello de Mondoñedo.

VILA MARTÍNEZ, M. (1994): "Cerámica de paredes finas no castro de Viladonga", *Croa,* 4, pp. 12-13.

VILLA VALDÉS, A. (2002): "Periodización y registro arqueológico en los castros del occidente de Asturias", en M.A. Blas Cortina y A. Villa Valdés (eds.), *Los poblados fortificados del NO de la Península Ibérica: formación y desarrollo de la cultura castreña.* Ayuntamiento de Navia, Navia, pp. 159-188.

VILLA VALDÉS, A., MONTES LÓPEZ, R., HEVIA GONZÁLEZ, S., MENÉNDEZ GRANDA, A., SÁNCHEZ HIDALGO, E. Y MADARIAGA GARCÍA, B. (2008): "El ajuar doméstico en los castros de Asturias (cerámica, vidrio, metalurgia y orfebrería)". *La prehistoria en Asturias,* pp.753-800.

WEBSTER, G. (1964): *Romano-British coarse pottery: a students guide.* Council for British Archaeology Research Report, 6. Londres.

WOLF, A., (1998): "Romancing the celts. A segmentary approach to acculturation, en R. Laurence y J. Berry (coords.), *Cultural Identitiy in the Roman Empire*, pp. 111-122.